Sixth Edition

Spanish for Law Enforcement

Ana C. Jarvis
Chandler-Gilbert Community College

Luis Lebredo

in association with

Walter Oliver

Houghton Mifflin Company

Boston   New York

Director, Modern Language Programs: E. Kristina Baer
Development Manager: Beth Kramer
Associate Development Editor: Rafael Burgos-Mirabal
Project Editor: Tracy Patruno
Manufacturing Manager: Florence Cadran
Associate Marketing Manager: Tina Crowley Desprez

Cover design: Rebecca Fagan
Cover image: "Ocean Park #72" Richard Diebenkorn, 1975 (Philadelphia Museum of Art)

Printed in the U.S.A.

ISBN: 0-395-96304-4

4 5 6 7 8 9-VG-05 04 03 02

Contents

The Sixth Edition of *Spanish for Law Enforcement* presents realistic situations and the specialized vocabulary that law enforcement professionals need in the course of their daily work in order to communicate with Spanish-speaking people. Personalized questions, grammar exercises, dialogue completions, and roleplays provide students with numerous opportunities to apply, in a wide variety of practical contexts, the grammatical structures introduced in the corresponding lessons of the *Basic Spanish Grammar*, Sixth Edition, core text. In this Sixth Edition, *Spanish for Law Enforcement* contains a preliminary lesson, twenty regular lessons, four readings, and four review sections.

New to the Sixth Edition

In preparing the Sixth Edition, we have kept in mind suggestions from reviewers and from users of the previous editions along with the need to develop students' ability to communicate effectively in Spanish. The following list highlights the major changes in the manual and its components designed to respond to those needs.

- The fine-tuned grammatical sequence parallels all changes made in *Basic Spanish Grammar*, Sixth Edition.
- A *Lectura* section features four basic readings related to the law enforcement professions.
- The dialogues have been revised as necessary to conform to the changes in the scope and sequence and in the vocabulary.
- Updated *Notas culturales* highlight Hispanic customs and traditions, as well as background information on behaviors and values, to assist law enforcement personnel in their interactions with the Spanish speakers with whom they come in contact.
- Grammar exercises have been revised to reflect the changes to the grammatical sequence and vocabulary.
- The appendices feature an answer key to all the *Vamos a practicar* sections, as well as a handy reference to the Spanish verb system including charts with conjugations.
- The Testing Program includes one vocabulary quiz for each of the twenty regular lessons.
- The Audio Program now comes in audio CDs and in cassettes.
- The *Spanish Phrasebook for Law Enforcement and Social Services Professionals* is now available.

Organization of the Lessons

- Realistic dialogues model typical conversations in Spanish, using key vocabulary and grammatical structures that law enforcement professionals need in their daily work.
- The *Vocabulario* section summarizes the new, active words and expressions presented in the dialogue and categorizes them by part of speech. A special subsection of cognates heads up the vocabulary list so students can readily identify these terms, and, where applicable, special notations identify useful regionalisms. The optional *Vocabulario adicional* subsection supplies supplementary vocabulary related to the lesson theme.
- *Notas culturales* equip students with practical insights into culturally determined behavior patterns and other pertinent information regarding Hispanics in North America.
- The *¿Recuerdan ustedes?* questions check students' comprehension of the dialogue.
- The *Para conversar* section provides personalized questions spun off from the lesson theme. Students are encouraged to work in pairs, asking and answering each of the questions.
- The *Vamos a practicar* section reinforces essential grammar points and the new vocabulary through a variety of structured and communicative activities.
- *Conversaciones breves* encourages students to use their own imaginations, experiences, and the new vocabulary to complete each conversation.
- The *En estas situaciones* section develops students' communication skills through guided roleplay situations related to the lesson theme.
- Open-ended *Casos* offer additional opportunities for improving oral proficiency as students interact in situations they might encounter in their law enforcement work. These roleplays require spontaneous use of Spanish and are intended to underscore the usefulness of language study.

- The optional *Un paso más* section features one or two activities to practice the supplementary words and expressions in the *Vocabulario adicional* section.

Lecturas

One short reading appears after every fifth regular lesson. The four texts included are documents related to law enforcement. Each reading is followed by a comprehension exercise. The selections (an excerpt from a pamphlet about reporting suspicious activities, an excerpt from a pamphlet for shop owners on shoplifting, information about home burglaries, and an excerpt on a pamphlet on sexual abuse) are recorded in the corresponding place of the Audio Program.

Repasos

A comprehensive review section, containing the following materials, appears after every five lessons. Upon completion of each section, students will know precisely what material they have mastered.

- *Práctica de vocabulario* exercises check students' cumulative knowledge and use of active vocabulary in a variety of formats: matching, true/false statements, identifying related words, sentence completion, and crossword puzzles. Solutions to the crossword puzzles appear in Appendix F so students can verify their responses independently.
- The *Práctica oral* section features questions that review key vocabulary and grammatical structures presented in the preceding five lessons. To develop students' aural and oral skills, the questions are also recorded on the Audio Program.

Appendices

- Appendix A, "Introduction to Spanish Sounds and the Alphabet," explains vowel sounds, consonant sounds, linking, rhythm, intonation, syllable formation, accentuation, and the Spanish alphabet.
- Appendix B, "Verbs," presents charts of the three regular conjugations and of the *-ar, -er,* and *-ir* stem-changing verbs, as well as lists of orthographic-changing verbs and of some common irregular verbs.
- Appendix C, "English Translations of Dialogues," contains the translations of all dialogues in the preliminary lesson and the twenty regular lessons.
- Appendix D, "Weights and Measures," features conversion formulas for temperature and metric weights and measures, as well as Spanish terms for U.S. weights and measures.
- Appendix E, "Answer Key to *Vamos a practicar* Sections," includes answers to all cloze grammar exercises in the manual so that the students may have immediate access to feedback.
- Appendix F, "Answer Key to the *Crucigramas,*" allows students to check their work on the crossword puzzles in the *Repaso* sections.

End Vocabularies

Completely revised, the comprehensive Spanish-English and English-Spanish vocabularies contain all words and expressions from the *Vocabulario* sections followed by the lesson number in which this active vocabulary is introduced. All passive vocabulary items in the *Vocabulario adicional* lists and the English glosses in the exercises and activities are also included.

Audio Cassette Program and Audioscript

The *Spanish for Law Enforcement*, Sixth Edition, Audio Program opens with a recording of the vowels, consonants, and linking sections in the "Introduction to Spanish Sounds and the Alphabet," that appears as Appendix A of the manual. The five mini-dialogues and the main vocabulary list of the preliminary lesson are also recorded. For the twenty regular lessons, the audio program, now available in audio CDs as well as in cassettes, contains recordings of the lesson dialogues (paused and unpaused versions), the active vocabulary list, and the supplementary words and expressions in the *Vocabulario adicional* section. The recordings of the *Lecturas* and of the *Práctica oral* sections of the *Repasos* appear on the audio CDs and cassettes following Lessons 5, 10, 15, and 20 in accordance with their order in *Spanish for Law Enforcement*. For students' and instructors' convenience, a CD icon in the manual signals materials recorded on the Audio Program.

The complete tapescript for the *Spanish for Law Enforcement* Audio Program is available in a separate booklet that contains the audioscripts for the *Basic Spanish Grammar* program.

Testing

The *Testing Program/Transparency Masters* booklet for the *Basic Spanish Grammar* program includes a vocabulary quiz for each of the twenty regular lessons and two sample final exams for *Spanish for Law Enforcement*, Sixth Edition. For instructors' convenience, answer keys for the tests and suggestions for scheduling and grading the quizzes and exams are also supplied.

The New Spanish Phrasebook for Law Enforcement and Social Services Professionals

This phrasebook contains the combined vocabularies of *Spanish for Law Enforcement*, Sixth Edition, and of *Spanish for Social Services*, Sixth Edition. The book comes in a convenient pocket size and the terminology is arranged alphabetically to serve as a handy and quick reference during the course and in professional settings.

A Final Word

The many students who have used the previous editions of *Spanish for Law Enforcement* have enjoyed learning and practicing a new language in realistic contexts. We hope that the Sixth Edition will prepare today's students to communicate better with the Spanish-speaking people whom they encounter in the course of their work as law enforcement professionals.

We would like to hear your comments on and reactions to *Spanish for Law Enforcement* and to the *Basic Spanish Grammar* program in general. Reports of your experience using this program would be of great interest and value to us. Please write to us care of Houghton Mifflin Company, College Division, 222 Berkeley Street, Boston, MA 02116.

Acknowledgments

We wish to thank our colleagues who have used previous editions of *Spanish for Law Enforcement* for their constructive comments and suggestions. We also appreciate the valuable input of the following law enforcement professionals and reviewers of *Spanish for Law Enforcement*, Fifth Edition:

Melania Aguirre-Rabon, *Wake Technical College*
Hope Hernández, *Community College of Southern Nevada*
Lina Llerena, *Fullerton College*
Carmen Sobrino, *Wichita Friends University*

Finally, we extend our sincere appreciation to the Modern Languages Staff of Houghton Mifflin Company, College Division: E. Kristina Baer, Director; Beth Kramer, Development Manager; Rafael Burgos-Mirabal, Associate Development Editor; and Tracy Patruno, Project Editor.

Ana C. Jarvis
Luis Lebredo

⊛ *Conversaciones breves* (*Brief conversations*)

A. —Décima Estación de Policía, buenos días. ¿En qué puedo servirle?
—Buenos días. El[1] teniente Donoso, por favor.
—Un momento, por favor.

---

[1]When talking about a third person and giving that person a title, a definite article is used in Spanish: *el* **señor Pérez**, *la* **señora Robles**.

B. —Buenas tardes, señora. Soy María Inés Fabio.

—Buenas tardes, señorita Fabio. Pase y tome asiento, por favor. ¿Cómo está usted hoy?

—Bien, gracias. ¿Y usted[1]?

—Muy bien. ¿Qué se le ofrece?

---

[1]**Usted** and **ustedes** are abbreviated **Ud.** and **Uds.**, respectively.

C. —Buenas noches, sargento, y muchas gracias por la información.
—De nada, señora. Para servirle. Adiós.

D.
—Hola, Mario. ¿Qué hay de nuevo?
—Nada, agente.
—Bueno, hasta luego.
—Hasta luego.

E.   —¿Nombre y apellido[1]?

—Roberto Santacruz.

—¿Dirección?

—Avenida Magnolia, número treinta.[2]

—¿Número de teléfono?

—Cuatro, veintiocho, noventa y dos, sesenta y tres.

—¿Estado civil? ¿Es usted soltero, casado… ?

—Soy divorciado.

---

[1]See **Notas culturales** on Spanish surnames in **Lección 5**.

[2]In Spanish addresses, the name of the street precedes the number of the house.

Vocabulario (*Vocabulary*)

COGNADOS (*Cognates*)

la avenida   avenue
la conversación   conversation
la información   information
el momento   moment

SALUDOS Y DESPEDIDAS (*Greetings and farewells*)

Adiós.   Good-bye.
Buenos días.   Good morning., Good day.
Buenas tardes.   Good afternoon.
Buenas noches.   Good evening., Good night.
¿Cómo está usted?   How are you?
Hasta luego.   So long., See you later.
Hola.   Hello., Hi.
¿Qué hay de nuevo?   What's new?

EXPRESIONES DE CORTESÍA (*Expressions of courtesy*)

De nada., **No hay de qué**.   You're welcome., Don't mention it.
¿En qué puedo (podemos) servirle?, **¿Qué se le ofrece?**   What can I (we) do for you?
Gracias.   Thank you.
Muchas gracias.   Thank you very much.
para servirle   at your service
por favor   please

TÍTULOS (*Titles*)

agente (Agte.)   officer
sargento (Sgto.)   sergeant
señor (Sr.)   Mr., sir, gentleman
señora (Sra.)   Mrs., lady, Ma'am, Madam
señorita (Srta.)   Miss, young lady
teniente (Tte.)   lieutenant

NOMBRES (*Nouns*)

el apellido   last name, surname
la dirección, el domicilio   address
la estación de policía, la jefatura de policía, la comisaría   police station
el estado civil   marital status
el nombre   name
el número de teléfono   telephone number

VERBO (*Verb*)

ser   to be

ADJETIVOS (*Adjectives*)

breve(s)   brief
casado(a)[1]   married
décimo(a)   tenth
divorciado(a)   divorced
soltero(a)   single

OTRAS PALABRAS Y EXPRESIONES (*Other words and expressions*)

Bien.   Fine., Well.
bueno   okay
con   with
hoy   today
muy   very
nada   nothing
Pase.   Come in.
por   for
Tome asiento.   Take a seat.
y   and

---

[1]**Viudo(a):** *widower, widow.*

El español que ya usted conoce (The Spanish you already know)

Cognates (**cognados**) are words that are similar in spelling in two languages. Some Spanish cognates are identical to English words. In other instances, the words differ only in minor or predictable ways. There are many Spanish cognates related to law enforcement, as illustrated in the following list. Learning to recognize and use cognates will help you to acquire vocabulary more rapidly and to read and speak Spanish more fluently.

el accidente
el adulto
la asociación
la autoridad
el banco
el caso
el cheque
la condición
el contrabando
la copia
la delincuencia
la división
el doctor
el documento
elegible
la familia
el homicidio
el hospital
el hotel
humano

la identificación
la información
legal
menor
la mercancía
la oficina
la opción
el paramédico
la persona
el plan
el problema
el programa
el (la) recepcionista
el (la) residente
el restaurante
el sargento
la sección
el teléfono
el transporte
la zona

Note: Many people who were born in the United States and whose ancestors came from Spanish-speaking countries use certain Spanish words that appear to be cognates. However, the traditional meanings of these words differ from one language to the other, sometimes slightly, but sometimes dramatically. This is one aspect of what is known as "Spanglish" (half Spanish, half English) or **espanglés**. For example, the word equivalent of *gang* is not **ganga**, but **pandilla**. The Spanish word **ganga** means *bargain*. *Officer* is an **agente de policia**, not an **oficial. Oficial** is used to designate any enlisted man ranking above a sergeant. *Felony* is not a **felonía**, but **delito grave** or **delito mayor. Felonía** means *treachery, disloyalty*. A *fatality* is not a **fatalidad** but a **muerto. Fatalidad** is the Spanish word for *ill luck* or *predetermined order of events*.

Notas culturales (Cultural notes)

- Personal interactions in the Spanish-speaking world are generally more formal than they are in the United States. Expressions of familiarity that often characterize friendly relations in the country—calling a person you just met by his or her first name right from the start, for example—may be interpreted in the Hispanic world as a lack of respect rather than a sign of friendship.

- The title of **señorita** is given only to a woman who has never been married. A divorcée or widow is addressed or referred to as **señora.**

¿Recuerdan ustedes? (*Do you remember?*)

Write an appropriate response to the following statements.

1. Buenos días.

   _____

2. Buenas tardes. ¿Cómo está usted?

   _____

3. Pase y tome asiento, por favor.

   _____

4. ¿Nombre y apellido?

   _____

5. ¿Dirección?

   _____

6. ¿Número de teléfono?

   _____

7. ¿Estado civil?

   _____

8. Muchas gracias.

   _____

9. Buenas noches.

   _____

10. Adiós.

    _____

11. ¿Qué hay de nuevo?

    _____

Vamos a practicar (*Let's practice*)

A. You are a 911 dispatcher routing several phone calls. Write in Spanish the name of the place and the telephone number (in words) you would call in each of the following situations. Since many of the words are cognates, guess at their meaning.

Garaje municipal 257–8493	Policía 112
Ambulancia 235–3001	Paramédicos 110
Clínica veterinaria 265–9267	

1. A distraught woman reports that her dog was run over by a car.

   _____

2. A bystander was shot at the scene of a drive-by shooting.

   _____

3. A husband says his wife is having a heart attack.

   _____

4. A caller reports a car with a flat tire on the highway.

   _____

5. A citizen calls in that a burglary is in progress at his/her neighbor's house.

   _____

B. You are responsible for logging all calls received at the police station today. In order to verify that you have written the following names correctly in the log book, spell each one aloud in Spanish.

1. Sandoval   4. Ugarte

2. Fuentes   5. Barrios

3. Varela   6. Zubizarreta

C. **Write the definite article before each word and then write the plural form.**

1. _____ estación   _____

2. _____ señorita   _____

3. _____ agente (m.)   _____

4. _____ señor   _____

5. _____ momento   _____

6. _____ información   _____

7. _____ calle   _____

8. _____ número   _____

D. **Complete the following, using the present indicative of the verb *ser*.**

1. —¿ _____ usted casado, Sr. Arreola?

   —No, yo _____ soltero.

   —¿Y Adela?

   —Ella _____ divorciada.

2. —¿Ustedes _____ tenientes?

   —No, nosotros _____ sargentos.

3. —¿Tú _____ de (*from*) México?

   —No, _____ de Guatemala. Jorge _____ de México.

En estas situaciones (*In these situations*)

What would you say in the following situations? What might the other person say?

1. You greet a colleague in the morning and ask how he/she is.

2. Someone knocks on the door of your office.

3. You thank someone for giving you information.

4. You receive a phone call and ask what you can do for the caller.

5. You say good night to a colleague.

6. You ask someone whether he is single or married.

🔊 *En una estación de policía*

Son las dos de la tarde. El señor Pérez llama por teléfono para notificar un accidente.

SEÑOR PÉREZ	—Yo no hablo inglés, pero deseo avisar de un accidente.
TELEFONISTA	—¿Dónde? Yo hablo un poco de español.
SEÑOR PÉREZ	—Aquí, frente a mi casa, en la calle Central, entre Florida y Terracina.
TELEFONISTA	—Despacio, por favor.
SEÑOR PÉREZ	—Calle Central, entre Florida y Terracina. (*Deletrea.*) Te-e-erre-a-ce-i-ene-a.
TELEFONISTA	—Muy bien, gracias. ¿Hay personas heridas?
SEÑOR PÉREZ	—Sí, hay dos heridos graves: una mujer anciana y un niño pequeño.
TELEFONISTA	—Bien. Ahora necesito sus datos personales. ¿Quién habla? Necesito su nombre y apellido, por favor.
SEÑOR PÉREZ	—José Antonio Pérez.
TELEFONISTA	—¿Domicilio?
SEÑOR PÉREZ	—Calle Central, mil quinientos cuarenta y seis, apartamento siete.
TELEFONISTA	—¿Número de teléfono?
SEÑOR PÉREZ	—Siete, setenta y tres, cincuenta y nueve, cero, ocho.
TELEFONISTA	—Enseguida mando para allá a los paramédicos y un carro patrullero. Muchas gracias por su información.
SEÑOR PÉREZ	—De nada.

En persona, la señora Vera denuncia un robo.

SEÑORA VERA	—Yo no hablo inglés, pero necesito ayuda. Deseo hablar con un policía.
TELEFONISTA	—¿Habla español? Un momento.
AGENTE LÓPEZ	—Buenos días, señora. ¿Qué desea usted?
SEÑORA VERA	—Deseo denunciar un robo.
AGENTE LÓPEZ	—Un momento. Usted necesita hablar con el sargento Viñas, de la Sección de Robos, pero primero necesita llenar un informe de robo.

La señora Vera llena el reporte de robo.

🔵 Vocabulario

el accidente accident
el apartamento apartment
central central
el (la) paramédico(a) paramedic
la persona person
la policía police (force)

el (la) policía police officer
el reporte report
el (la) sargento (a) sergeant
la sección, la división section, division
el teléfono telephone

NOMBRES (*Nouns*)

la ayuda help
la calle street
el carro patrullero patrol car
la casa house, home
el dato personal personal data, information
el español Spanish (language)
el (la) herido(a) injured person
el informe report
el inglés English (language)
la mujer woman
la niña child, girl
el niño child, boy
el robo robbery, burglary
la tarde[1] afternoon
el (la) telefonista, el (la) operador(a) telephone operator, dispatcher

VERBOS (*Verbs*)

avisar de, notificar to inform, to give notice, to report
deletrear to spell
denunciar to report (a crime)
desear to want, to wish
hablar to speak, to talk
llamar to call
llenar to fill out
mandar, enviar[2] to send
necesitar to need

ADJETIVOS (*Adjectives*)

anciano(a) old
grave serious
herido(a) hurt, injured
mi my
pequeño(a) little, small
su your

OTRAS PALABRAS Y EXPRESIONES (*Other words and expressions*)

ahora now
aquí here
de of
despacio slowly
¿dónde? where?
en in, on, at
en persona personally, in person
enseguida right away
entre between
frente a in front of
hay there is, there are
muy very
para for
para allá there, over there
pero but
por teléfono on the phone, by phone
primero first
¿qué? what?
¿quién?, ¿quiénes? who?, whom?
sí yes
un poco de a little

---

[1]**la mañana:** *morning;* **la noche:** *evening*
[2]Irregular forms: **envío, envías, envía, enviamos, envían.**

12

Vocabulario adicional (Additional vocabulary)

ACTIVIDADES DELICTIVAS (Criminal activities)

asaltar   to assault, to mug, to hijack
el asalto   assault, mugging, hold-up, hijacking
asesinar   to murder
el asesinato   murder
el chantaje   blackmail
chantajear   to blackmail
contrabandear   to smuggle
el contrabando   contraband, smuggling
la estafa   swindle, fraud
estafar   to swindle
la falsificación   falsification, counterfeit, forgery
falsificar   to falsify, to counterfeit, to forge
el fuego intencional, el incendio intencional   arson
el homicidio   homicide, manslaughter
la infracción de tránsito   traffic violation
pegar fuego, dar fuego, incendiar   to set on fire
secuestrar   to kidnap
el secuestro   kidnapping
la violación   rape
violar   to rape

Notas culturales

- Most Spanish-speaking people usually say their phone numbers in Spanish using a sequence other than the one used in English. For example, 549-2732 would be said as **cinco–cuarenta y nueve–veintisiete–treinta y dos** (5–49–27–32). The phone number 890-1106 would be said as **ocho-noventa-once-cero-seis** (8–90–11–0–6). Puerto Ricans are an exception to this rule, as they generally say their phone numbers one digit at a time. Notice that Spanish speakers say **cero** and not "o" as is frequent in English.
- Different words are used to answer the telephone in different Spanish-speaking countries: in Mexico, **bueno** or **mande**; in Puerto Rico, **hola**, **diga**, or **aló**; in Cuba, **hola**, **oigo**, or **diga**; in Spain, **diga** or **¿sí?**

¿Recuerdan ustedes?

Answer the following questions, basing your answers on the dialogues.

1. ¿Qué hora es cuando (when) el señor Pérez llama por teléfono?

   _____

2. ¿Habla inglés el señor Pérez?

   _____

3. Y la telefonista, ¿habla español?

   _____

4. ¿Qué desea el señor Pérez?

   _____

5. ¿Hay heridos?

_____

6. ¿Quiénes son las personas heridas?

_____

7. ¿Cuál es (*What is*) el número de teléfono del señor Pérez?

_____

8. ¿Qué necesita la señora Vera?

_____

9. ¿Con quiénes habla la señora Vera?

_____

10. ¿Qué desea la señora Vera?

_____

11. ¿Con quién necesita hablar la señora Vega?

_____

12. ¿Qué necesita llenar?

_____

Para conversar (*To talk*)

Interview a classmate, using the following questions. When you have finished, switch roles.

1. ¿Nombre y apellido, por favor?

_____

2. ¿Domicilio?

_____

3. ¿Número de teléfono?

_____

4. ¿Necesita usted un carro patrullero?

_____

5. ¿Habla usted español bien?

_____

6. ¿Con quién desea hablar?

_____

7. ¿Necesita ayuda?

_____

Vamos a practicar

A. **Write affirmative sentences using the subjects and verbs given. Then rewrite them in the negative form.**

Modelo: yo / desear

Yo deseo hablar con un policía.

Yo no deseo hablar con un policía.

1. usted / necesitar

_____

_____

2. yo / llenar

_____

_____

3. la telefonista / mandar

_____

_____

4. la señora / desear

_____

_____

5. nosotras / denunciar

_____

_____

6. el señor Pérez / hablar

_____

_____

7. tú / notificar

_____

_____

8. ustedes / llamar

_____

_____

B. Write appropriate questions that would elicit the following answers.

1. _____

   Sí, la señora Vera denuncia un robo.

2. _____

   No, la señora Vera no necesita llenar un informe de robo ahora.

3. _____

   Sí, ellos mandan un carro patrullero enseguida.

4. _____

   No, yo no deseo notificar un robo; deseo notificar un accidente.

C. Give the Spanish equivalent of the following expressions. Remember to use the preposition _de_ in each answer.

   Modelo: police station

   estación de policía

1. telephone number

   _____

2. robbery division

   _____

3. accident report

   _____

4. police officer

   _____

D. Write the following numbers in Spanish.

1. 596 _____

2. 358 _____

3. 715 _____

4. 969 _____

5. 1.670 _____

E. Change each adjective according to the new nouns.

1. señor anciano

   mujeres _____

2. niña pequeña

   niños _____

3. señora divorciada

   señores _____

F. ¿Qué hora es? (*What time is it?*)

1. _____ 2. _____ 3. _____

   _____   _____   _____

Conversaciones breves

Complete the following dialogues, using your imagination and the vocabulary from this lesson.

Al teléfono:

TELEFONISTA   —Estación de policía, buenos días.

SEÑOR SOTO   —_____

TELEFONISTA   —¿Quién habla?

SEÑOR SOTO   —_____

TELEFONISTA   —¿Domicilio, por favor?

SEÑOR SOTO   —_____

TELEFONISTA   —¿Número de teléfono, por favor?

SEÑOR SOTO   —_____

TELEFONISTA   —En seguida mando un carro patrullero, señor Soto.

SEÑOR SOTO   —_____

TELEFONISTA   —_____

Un accidente:

SEÑORA MESA —Necesito ayuda.

TELEFONISTA —_____

SEÑORA MESA —Un accidente de tráfico (*traffic*) en la calle Magnolia.

TELEFONISTA —_____

SEÑORA MESA —¿El agente Muñoz... ?

TELEFONISTA —_____

En estas situaciones

What would you say in the following situations? What might the other person say?

1. You are a sergeant in the Traffic Division. Someone calls to report an accident in front of his/her house. Get the person's name, address, and telephone number. Thank the person for the information.

2. While patrolling a neighborhood you come across an elderly Hispanic American who has fallen down and needs help. Tell the person you don't speak Spanish very well; ask if he/she speaks English. Ask the person to talk slowly.

3. You are the switchboard operator at the police station. Someone calls to report a robbery. Refer the caller to officer Rojas of the Robbery Division.

Casos (*Cases*)

Act out the following scenarios with a partner.

1. You are a traffic officer helping a witness complete the standard accident report form.

2. Imagine yourself to be an excited witness reporting an accident to an officer.

3. You are a police officer talking to someone who has come to the station to report a robbery.

Un paso más (*One step further*)

A. Review the *Vocabulario adicional* in this lesson and match the terms in column A with their English equivalents in column B.

A	B
1. _____ el homicidio	a. *assault*
2. _____ el asesinato	b. *kidnapping*

3. _____ la infracción de tránsito   c. *forgery*

4. _____ la falsificación   d. *swindle*

5. _____ el asalto   e. *blackmail*

6. _____ el contrabando   f. *rape*

7. _____ el secuestro   g. *homicide*

8. _____ el chantaje   h. *smuggling*

9. _____ la estafa   i. *murder*

10. _____ la violación   j. *traffic violation*

B. List each verb under the appropriate categories.

asaltar	falsificar
asesinar	pegar fuego
contrabandear	secuestrar
chantajear	violar
estafar	

1. Crimes that involve money

2. Crimes that involve physical assault

3. Crimes that involve fire

🔊 *Con un agente hispano, en una calle de la ciudad*

Una señora solicita información.

SEÑORA	—Ud. habla español, ¿verdad?
AGENTE	—Sí, señora. ¿En qué puedo servirle?
SEÑORA	—Por favor, ¿dónde queda el Banco de América?
AGENTE	—En la calle Magnolia, entre las avenidas Roma y París.
SEÑORA	—¿Cómo llego allá?
AGENTE	—Debe seguir derecho hasta llegar a la calle Magnolia. Allí dobla a la izquierda.
SEÑORA	—¿Cuántas cuadras debo caminar por Magnolia?
AGENTE	—Unas cinco o seis cuadras.
SEÑORA	—Muchas gracias por la información.
AGENTE	—Para servirle, señora.

El agente habla con un muchacho en bicicleta.

AGENTE	—Un momento, por favor. ¿Por qué no llevas puesto el casco de seguridad?
MUCHACHO	—El casco es muy incómodo, señor.
AGENTE	—En este estado la ley exige el uso del casco y, además, los cascos salvan muchas vidas. ¿Dónde vives?
MUCHACHO	—Vivo a una cuadra de aquí, en la calle Madison.
AGENTE	—Bien, debes regresar a tu casa a pie y buscar el casco.
MUCHACHO	—¿Debo dejar mi bicicleta aquí?
AGENTE	—No, debes caminar y llevar tu bicicleta de la mano.

El agente ve a una niña que anda sola por la calle y habla con ella.

AGENTE	—Niña, ¿por qué andas sola?
NIÑA	—Yo ya soy grande...
AGENTE	—No, todavía eres muy pequeña para andar sola por la calle.
NIÑA	—No es muy tarde...
AGENTE	—Sí, es tarde. ¿Dónde vives?
NIÑA	—Vivo en la calle California, número doscientos sesenta y siete, apartamento dieciocho.
AGENTE	—Bien, vamos. Yo necesito hablar con tu mamá.

Más tarde el agente habla can la mamá de la niña.

MADRE	—¡Ay, Dios mío! ¿Qué sucede? ¿Qué pasa con la niña?
AGENTE	—Nada, señora, pero su hija es muy pequeña para andar sola por la calle.
MADRE	—Desde luego, pero no me hace caso.

Vocabulario

COGNADOS

el banco   bank
la bicicleta   bicycle
hispano(a)   Hispanic
el uso   use

NOMBRES

el casco de seguridad   safety (bike) helmet
la ciudad   city
la cuadra   block
el estado   state
la hija   daughter
el hijo   son
la ley   law
la mamá, la madre   mom, mother
el (la) muchacho(a)   boy, girl
la vida   life

VERBOS

andar, caminar   to walk
buscar   to look for
deber   must, should
dejar   to leave (behind)
doblar, voltear (*Méx.*)   to turn
exigir[1]   to demand
llegar (a)   to arrive (at), to reach
llevar   to take; to carry; to wear
quedar   to be located
regresar   to return
salvar   to save
solicitar   to ask for
suceder, pasar   to happen
ver[2]   to see
vivir   to live

ADJETIVOS

este(a)   this
grande   big, large
incómodo(a)   uncomfortable
muchos(as)   many
solo(a)   alone
tu   your
unos(as)   about, around

OTRAS PALABRAS Y EXPRESIONES

a   to, at, on
a la izquierda, a la derecha   to the left, to the right
a pie   on foot
a una cuadra de aquí   a block from here
a veces   sometimes
además   besides
allá, allí   there
¡Ay, Dios mío!   Oh, goodness gracious!
¿cómo?   how?
¿cuántos(as)?   how many?
de la mano   by hand
desde luego   of course
en bicicleta   on a bike
hasta   until
llevar puesto(a)   to wear
más tarde   later
No me hace caso.   He/She doesn't pay attention to me.
por   on (by way of), through
¿por qué?   why?
que   who, what, that
seguir derecho   to go straight ahead
tarde   late
todavía   still, yet
Vamos.   Let's go.
¿verdad?   right?, true?
ya   already

[1]First person singular: **yo exijo**
[2]First person singular: **yo veo**

Vocabulario adicional

EN LA CIUDAD

el banco   bank
el cine   movie theater
la escuela   school
la estación de bomberos   fire department
la estatua, el monumento   statue, monument
la farmacia, la botica   drugstore
la gasolinera, la estación de servicio   gas station
el hospital   hospital
el hotel   hotel
la iglesia   church
el mercado, el supermercado   market, supermarket
el mercado al aire libre, el tianguis (*Méx.*)   open-air market
la oficina de correos, la estación de correos   post office
la parada de autobuses, la parada de guaguas (*Cuba y Puerto Rico*), **la parada de ómnibus**   bus stop
el parque   park
el restaurante   restaurant
el teatro   theater

PUNTOS CARDINALES
(CARDINAL POINTS)

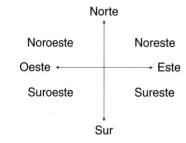

Notas culturales

- The word *Hispanic* should be used to refer to someone whose language and culture derive from Spain or Spanish America. It does not refer to race. A Hispanic person can be caucasian, black, Asian, or native American. When we speak of *Latinoamérica* (Latin America), we are including Brazil (colonized by Portugal) and Haiti and other countries colonized by France. When we speak of *Hispanoamérica* (Hispanic America), we are not including those countries.
- Many Spanish-speaking immigrants in the United States come from countries in which the police force is a repressive institution that often fails to respect the rights of citizens. As a result, many Latinos become frightened when they see a police officer arrive at their home. They also often prefer not to ask questions of police officers.

¿Recuerdan ustedes?

Answer the following questions, basing your answers on the dialogues.

1. ¿En qué calle queda el Banco de América?

   _____

2. ¿Entre qué avenidas queda el banco?

   _____

3. ¿Cuántas cuadras debe seguir derecho la señora?

   _____

4. ¿Por qué no lleva puesto el muchacho el casco de seguridad?

   _____

5. ¿Qué exige la ley? ¿Por qué?

_____

6. ¿Dónde vive el muchacho?

_____

7. ¿El muchacho debe dejar su bicicleta en la calle?

_____

8. ¿Es grande o (*or*) pequeña la niña que anda sola?

_____

9. ¿Dónde vive ella?

_____

10. ¿Con quién habla el agente?

_____

Para conversar

Interview a classmate, using the following questions. When you have finished, switch roles.

1. ¿Dónde queda la estación de policía en esta ciudad?

_____

2. ¿Vive Ud. en una casa o (*or*) en un apartamento? ¿Es grande o pequeño(a)? ¿Dónde queda?

_____

3. ¿A veces regresa a su casa a pie?

_____

4. ¿Dónde vive su mamá?

_____

5. Por la noche, ¿regresa Ud. a su casa tarde?

_____

Vamos a practicar

A. Write sentences using the subjects and verbs provided. Add words from the dialogues, as needed.

1. Ud. / deber

_____

2. nosotras / vivir

_____

3. el agente Smith / exigir

_____

4. yo / vivir

_____

5. tú / deber

_____

6. yo / ver

_____

B. **Complete the following sentences with the Spanish equivalent of the words in parantheses.**

1. Nosotros no vemos _____ los domingos.   (*Mrs. Carreras's daughter*)

2. Yo debo llevar _____ a la estación de policía.   (*my mother*)

3. _____ no andan _____ por la calle.   (*Our daughters / alone*)

4. Hay _____ aquí.   (*many small children*)

5. Hay _____ en la calle.   (*an injured woman*)

Conversaciones breves

Complete the following dialogues, using your imagination and the vocabulary from this lesson.

El agente Varela habla con un niño.

NIÑO —_____

AGENTE VARELA —¿El Restaurante Azteca? Queda en la calle Magnolia.

NIÑO —_____

AGENTE VARELA —Debes caminar cinco cuadras y doblar a la izquierda en la calle Magnolia. ¿Dónde vives?

NIÑO —_____

El agente Varela llega a la casa de la Sra. Vega.

SRA. VEGA —Buenas tardes, señor.

AGENTE VARELA —_____

SRA. VEGA	—Pase, por favor.
AGENTE VARELA	— _____
SRA. VEGA	—¿Qué pasa con mi hijo?
AGENTE VARELA	— _____

En estas situaciones

What would you say in the following situations? What might the other person say?

1. You are on traffic duty. Someone asks if you speak Spanish and wants to know where the bank is. Tell the person to go straight ahead to Seventh Street. There he/she should turn left and walk about three blocks.

2. Two teenagers are riding their bikes without helmets. Ask them why. Explain the law to them and point out that helmets save lives. Tell them they must wear their helmets.

3. You find a little girl who is apparently lost. Find out where she lives. Tell her she shouldn't walk in the street alone. Say that you need to speak with her mom.

Casos

Act out the following scenarios with a partner.

1. You are a lost tourist who asks a police officer how to get to a famous landmark.

2. You are a police officer, speaking to a lost child.

3. You have been asked to explain to a class of first-graders why bike helmets must be worn.

Un paso más

A. Review the *Vocabulario adicional* in this lesson and write the place that you would go to in each situation.

Modelo: You want to visit a sick friend. __**el hospital**_____

1. You want to go out to dinner. _____

2. You want to attend a wedding. _____

3. You need to buy groceries. _____

4. You need to take a bus. _____

5. You want to see a play. _____

6. You need to buy medicine. _____

7. You need to mail a package. _____

8. You need gas for your car. _____

9. You need lodging. _____

10. You want to see a movie. _____

B.   Say where the following states are.

   Modelo: Ariz<u>ona</u>   <u>**en el suroeste**</u>

1. Rhode Island _____

2. California _____

3. Florida _____

4. Washington _____

5. Wisconsin _____

💿 *Con el agente Smith*

El agente Smith habla con dos miembros de una pandilla.

AGENTE SMITH	—(*Al mayor de ellos*) ¿Qué hacen Uds. en la calle a esta hora?
JOSÉ	—Nada. ¿Por qué?
AGENTE SMITH	—Porque hay un toque de queda para las personas menores de edad y Uds. deben estar en su casa antes de la medianoche.
MARIO	—Nosotros siempre estamos en esta esquina con nuestros amigos.
AGENTE SMITH	—Vamos a la comisaría. Voy a llamar a sus padres.

Los muchachos protestan, pero suben al carro patrullero del agente sin problema.

A las seis de la mañana, el agente Smith habla con un hombre que está en el patio de una casa desocupada.

AGENTE SMITH	—Buenos días, señor. ¿Por qué está Ud. en el patio de una casa desocupada?
HOMBRE	—Soy el jardinero del Sr. Rodríguez. El dueño va a vender la casa.
AGENTE SMITH	—Su identificación, por favor.
HOMBRE	—Mi tarjeta verde, ¿está bien?
AGENTE SMITH	—Necesito una identificación con su fotografía.
HOMBRE	—Bien, aquí está mi licencia de conducir.
AGENTE SMITH	—Muy bien, muchas gracias por su cooperación.
HOMBRE	—A sus órdenes, agente.

El agente Smith arresta a un ladrón.

AGENTE SMITH	—¡Policía! ¡Alto! ¡Alto o disparo! ¡Quieto!

⊕ Vocabulario

NOMBRES

el (la) amigo(a)   friend
el (la) dueño(a)   owner
la esquina   (street) corner
el hombre   man
la hora   time, hour
el (la) jardinero(a)   gardener
el ladrón, la ladrona   thief, burglar
**la licencia de conducir, la licencia para
  manejar**   driver's license
la medianoche   midnight
el (la) menor de edad   minor
el (la) miembro[1]   member
los padres   parents
la pandilla   gang
el patio   yard
la tarjeta   card
el toque de queda   curfew

VERBOS

arrestar, prender   to arrest
dar[2]   to give
disparar   to shoot
estar[3]   to be
hacer[4]   to do, to make
ir[5]   to go
protestar   to complain, to protest
subir   to get in (*a car, etc.*)
vender   to sell

ADJETIVOS

desocupado(a)   vacant, empty
mayor   older, oldest
verde   green

OTRAS PALABRAS Y EXPRESIONES

a esta hora   at this time, at this hour
a sus órdenes   at your service, any time
al   to the
¡Alto!   Halt!, Stop!
antes de   before
del   of the, to the
¿Está bien?   Is that okay?
o   or
porque   because
¡Quieto(a)!   Freeze!
siempre   always
sin   without

---

[1]The feminine form **miembra** is rarely used.
[2]Irregular first-person present indicative: **yo doy**.
[3]Irregular first-person present indicative: **yo estoy**.
[4]Irregular first-person present indicative: **yo hago**.
[5]**Ir** is irregular in the present indicative: **voy, vas, va, vamos, van.**

Vocabulario adicional

LA FAMILIA HISPÁNICA

la abuela grandmother
el abuelo grandfather
la esposa, la mujer wife
el esposo, el marido husband
la hermana sister
el hermano brother
la hija daughter
el hijo son
los hijos[1] children
la madre mother
la nieta granddaughter
el nieto grandson
el padre father
los parientes relatives
el (la) primo(a) cousin
la sobrina niece
el sobrino nephew
la tía aunt
el tío uncle

LOS PARIENTES POLÍTICOS (*The in-laws*)

la cuñada sister-in-law
el cuñado brother-in-law
la nuera daughter-in-law
la suegra mother-in-law
el suegro father-in-law
el yerno son-in-law

OTROS MIEMBROS DE LA FAMILIA (*Other members of the family*)

la hermanastra stepsister
el hermanastro stepbrother
la hijastra stepdaughter
el hijastro stepson
la madrastra stepmother
el padrastro stepfather

OTROS TIPOS DE RELACIONES (*Other types of relationships*)

la ahijada goddaughter
el ahijado godson
la madrina[2] godmother
la novia girlfriend
el novio boyfriend

los padres de crianza foster parents
el padrino[2] godfather
la prometida fiancée
el prometido fiancé

---

[1]The plural form **hijos** may mean *sons* or it may mean *children* if it refers to son(s) and daughter(s).
[2]**La comadre** and **el compadre** are the names by which the parents of a child and the godparents address each other.

Notas culturales

- In many Spanish-speaking countries, adults must always carry an official identification card, and the police can ask anyone to show his/her identification document. Because of this, Spanish-speaking immigrants generally cooperate with the police when asked to identify themselves.

- It is important to remember that Latinos in the United States and Canada do not constitute a homogeneous ethnic group. They have significant cultural, racial, and ethnic differences resulting from various combinations of Spanish, indigenous, African, European, and mestizo traditions. They have different immigration stories, even within a single national group. The term "Mexican American," for example, may identify both recent immigrants and persons whose families have lived in what is now the United States since the sixteenth century. Nevertheless, certain underlying cultural traditions and values prevail; familiarity with them may provide law enforcement professionals with insights into the behaviors and attitudes of Hispanic Americans with whom they interact.

¿Recuerdan ustedes?

Answer the following questions, basing your answers on the dialogues.

1. ¿Con quiénes habla el agente Smith?

   _____

2. ¿Por qué deben estar los muchachos en su casa antes de la medianoche?

   _____

3. ¿Adónde van el agente Smith y los muchachos? ¿Por qué?

   _____

4. ¿Dan los muchachos problemas antes de subir al carro patrullero?

   _____

5. ¿Es inmigrante el jardinero?

   _____

6. ¿Quién es el dueño de la casa donde está el jardinero?

   _____

7. ¿Qué identificación desea el agente Smith?

   _____

8. ¿Qué tiene (*has*) el jardinero?

   _____

9. ¿A quién arresta el agente Smith?

   _____

Para conversar

Interview a classmate, using the following questions. When you have finished, switch roles.

1. ¿Está Ud. solo(a) ahora?

    _____

2. ¿Es Ud. menor de edad?

    _____

3. ¿Está Ud. siempre con sus amigos(as) por la noche (*at night*)?

    _____

4. ¿Da Ud. muchos problemas?

    _____

5. ¿Va a vender Ud. su casa?

    _____

Vamos a practicar

A. **Complete the following exchanges, using the present indicative of *estar, ir,* or *dar*.**

    Modelo: Yo _____ a la estación de policía.

    Yo _____**voy**_____ a la estación de policía.

1. —¿Dónde _____ Uds.?

    —Nosotros _____ en la calle Quinta.

2. —¿Adónde _____ Ud.?

    — _____ a la casa de mi hija.

3. —¿Tú _____ tu número de teléfono?

    —No, yo no _____ mi número de teléfono.

4. —¿Tú _____ herido?

    —No, no _____ herido.

B. **Complete each sentence with the correct forms of *ser* or *estar,* as needed.**

1. Ellas _____ agentes de policía.

2. ¿Dónde _____ el carro?

3. ¿ _____ Ud. herido(a)?

4. Él y ella _____ en el patio.

5. Yo no _____ la mamá de Roberto.

6. El sargento Viñas _____ agente de policía.

7. Él _____ en la estación de policía.

8. Tú _____ menor de edad.

9. ¿Dónde _____ tus padres?

10. Mi papá _____ en el patio. Mi mamá _____ en casa.

11. A esta hora debes _____ en casa.

12. ¿ _____ Ud. el amigo de Roberto?

C. Give the Spanish equivalent of the words in parentheses.

1. Necesito ver _____ . (*Mr. Lima's green card*)

2. El agente Morales _____ . (*is going to arrest the thief*)

3. _____ es Jorge Rodríguez.   (*The owner's name*)

4. _____ la hija de Amanda _____ . (*I'm going to take / to the hospital*)

Conversaciones breves

Complete the following dialogues, using your imagination and the vocabulary from this lesson.

El agente Robles habla con el papá de María Soto.

AGENTE ROBLES —_____

SR. SOTO   —Sí, señor. Soy el papá de María Soto. ¿Qué pasa?

AGENTE ROBLES —_____

SR. SOTO   —¿En la esquina? ¿Con quiénes?

AGENTE ROBLES —_____

El agente Robles habla con la Srta. Roca.

AGENTE ROBLES —_____

SRTA. ROCA   —Mariana Roca, señor.

AGENTE ROBLES —_____

SRTA. ROCA —Aquí está mi tarjeta verde.

AGENTE ROBLES — _____

En estas situaciones

What would you say in the following situations? What might the other person say?

1. You see a fifteen-year-old girl walking on the street late at night. Ask her why she's not home and where her parents are. Tell her she is a minor and she must be home before midnight.

2. Tell someone you need to see an I.D. with a photograph. Thank the person for cooperating.

3. You want a suspect to stop. Tell him to halt or you'll shoot. Another man appears. Tell him to freeze.

Casos

Act out the following scenarios with a partner.

1. Stop a suspect who is attempting to flee the scene of a crime.

2. While working the graveyard shift, you see a minor walking alone. Find out why he/she is on the street alone at this time of night.

Un paso más

Review the *Vocabulario adicional* in this lesson and complete the following definitions.

1. La esposa de mi hermano es mi _____.

2. El esposo de mi hermana es mi _____.

3. La mamá de mi esposa(o) es mi _____.

4. El papá de mi esposa(o) es mi _____.

5. El hermano de mi mamá es mi _____.

6. La hija de mi tía es mi _____.

7. El hijo de mi hermana es mi _____.

8. La mamá de mi papá es mi _____.

9. La esposa de mi hijo es mi _____.

10. El hijo de mi hija es mi_____.

11. La hija de mi hermano es mi _____.

12. Yo soy el nieto (la nieta) de mi_____.

13. El hijo de mi tío es mi _____.

14. El esposo de mi hija es mi _____.

15. Es la esposa de mi papá, pero no es mi mamá. Es mi _____.

16. Es el esposo de mi mamá, pero no es mi papá. Es mi _____.

17. Mis tíos, primos, abuelos, etcétera, son mis_____.

18. Mi mamá y mi papá son mis _____.

19. No es mi hijo; es el hijo de mi esposa(o). Es mi_____.

20. Ella es mi madrina y él es mi _____.

21. El hijo de mi madrastra es mi _____.

22. Adela va a ser la esposa de Sergio. Es su_____.

🎵 *Llamadas telefónicas*

La telefonista de la Comisaría Cuarta recibe una llamada de emergencia.

TELEFONISTA	—Departamento de Policía, buenas noches.
SEÑORA	—¡Por favor! ¡Necesito ayuda urgente!
TELEFONISTA	—¿Qué sucede, señora?
SEÑORA	—Hay un hombre extraño en el patio de mi casa y estoy sola con mis hijos. Tengo mucho miedo.
TELEFONISTA	—Bien. ¿Cuál es su dirección?
SEÑORA	—Avenida Tercera, número setecientos nueve, entre las calles Once y Trece. A dos cuadras del hospital.
TELEFONISTA	—Enseguida mando un carro patrullero. Si el hombre trata de entrar, debe prender la luz.
SEÑORA	—¡Tiene que mandar a alguien pronto! Mi esposo tiene un revólver en la casa...
TELEFONISTA	—¿Está Ud. entrenada en el uso de armas de fuego?
SEÑORA	—No, señora.
TELEFONISTA	—Entonces, usar el revólver es más peligroso para Ud. que para él. ¿Cómo es el hombre? ¿Es alto o bajo?
SEÑORA	—Es alto y creo que es blanco.
TELEFONISTA	—¿Cómo está vestido?
SEÑORA	—Con ropa oscura. El pantalón es azul o negro y la camisa es azul... no tan oscura como el pantalón.
TELEFONISTA	—¿Lleva sombrero?
SEÑORA	—Una gorra roja. ¿Cuándo vienen los agentes?
TELEFONISTA	—Ya están en camino.

La telefonista recibe otra llamada.

SEÑOR	—Llamo para avisar que hay un hombre y una mujer en la casa de mis vecinos y ellos están de vacaciones y no vienen hasta la semana próxima.
TELEFONISTA	—El hombre y la mujer, ¿están dentro o fuera de la casa?
SEÑOR	—Dentro. La casa está oscura, pero ellos tienen una linterna.
TELEFONISTA	—¿Cómo son ellos?
SEÑOR	—El hombre es de estatura mediana y la muchacha es un poco más bajita que él.
TELEFONISTA	—¿Son jóvenes?
SEÑOR	—Sí, pero ella parece mucho menor que él. Ella debe tener menos de veinte años.
TELEFONISTA	—Muy bien. Ahora necesito la dirección de la casa de sus vecinos.

● Vocabulario

COGNADOS

el departamento department	**la pistola** pistol
la emergencia emergency	**el revólver** revolver
el hospital hospital	**urgente** urgent
mucho much	

NOMBRES

el arma de fuego firearm
la camisa shirt
el esposo, el marido husband
la gorra cap
los hijos children
la linterna flashlight
la llamada call
la luz light
el pantalón, los pantalones trousers, pants
la ropa clothes, clothing
la semana week
el sombrero hat
el (la) vecino(a) neighbor

VERBOS

creer to believe, to think
entrar (en) to go in
parecer[1] to seem
prender to turn on (a light)
recibir to receive
tener[2] to have
tratar (de) to try (to)
usar to use
venir[3] to come

ADJETIVOS

alto(a) tall
azul blue
bajo(a), bajito(a) (*Cuba*), **chaparro(a)** (*Méx.*) short
blanco(a) white
cuarto(a) fourth

entrenado(a) trained
extraño(a) strange
joven[4] young
menor younger
negro(a) black
oscuro(a) dark
otro(a) other, another
peligroso(a) dangerous
próximo(a) next
rojo(a) red
telefónico(a) telephone
vestido(a) dressed

OTRAS PALABRAS Y EXPRESIONES

alguien someone
¿Cómo es? What does he/she/you look like?
¿cuál? which?, what?
¿cuándo? when?
de estatura mediana of medium height
de vacaciones[5] on vacation
dentro inside
entonces then
fuera outside
más... que (de)[6] more . . . than
menos que (de)[6] less than, fewer than
pronto soon
si if
tan... como as . . . as
tener... años[7] to be . . . years old
tener (mucho) miedo to be (very) scared
tener que (+ *inf.*) to have to (do something)
Ya están en camino. They are on their way.

---

[1]Irregular first-person present indicative: **yo parezco**.
[2]**Tener** is irregular in the present indicative: **tengo, tienes, tiene, tenemos, tienen**.
[3]**Venir** is irregular in the present indicative: **vengo, vienes, viene, venimos, vienen**.
[4]The plural of **joven** is **jóvenes**.
[5]**Vacación** (*f.*) is rarely used in the singular.
[6]**De** is used with numbers: **más de ochenta pesos**.
[7]To ask how old a person is, use: **¿Cuántos años tiene(s)?**

Vocabulario adicional

LA ROPA

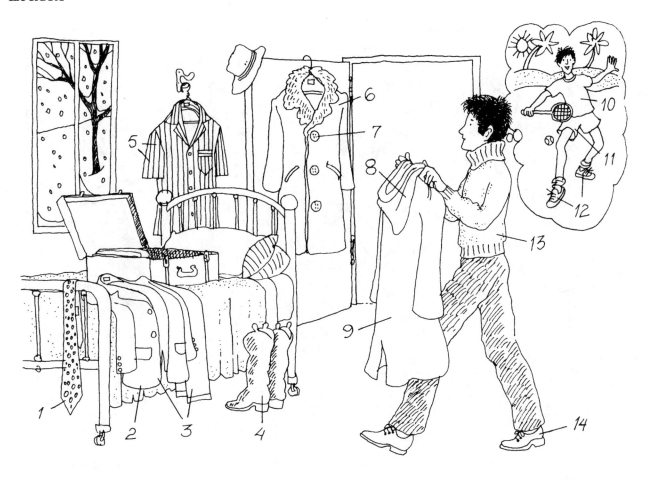

1. la corbata	8. la capucha
2. el saco (*jacket*)	9. el impermeable (*raincoat*)
3. el traje	10. la camiseta (*T-shirt*)
4. las botas	11. los shorts
5. a rayas (*pinstriped*)	12. el zapato de tenis
6. el abrigo	13. el suéter
7. el botón	14. el zapato

1. la blusa
2. floreado(a) (*flowered*)
3. de mangas cortas (*short-sleeved*)
4. de cuadros (*plaid*)
5. el cuello
6. de mangas largas (*long-sleeved*)
7. el abrigo de piel
8. sin mangas (*sleeveless*)
9. de lunares (*polka dot*)
10. el cinturón, el cinto
11. la falda
12. la sandalia
13. estampado(a) (*print*)
14. el vestido
15. los guantes
16. la bolsa, la cartera
17. la chaqueta
18. el bolsillo

Nota cultural

Generally, Latino families interact socially with their neighbors more than do other North American families. They tend to make and receive unannounced visits and to do small favors for each other with some frequency. In addition, in many neighborhoods in Spanish-speaking countries, the local grocery store often becomes a sort of mini social center at which people gather to chat and exchange community information.

¿Recuerdan ustedes?

Answer the following questions, basing your answers on the dialogues.

1. ¿Por qué llama la señora a la comisaría? ¿Tiene miedo ella?

   _____

2. ¿Cuál es la dirección de la señora?

   _____

3. ¿Debe usar el revólver de su esposo la señora? ¿Por qué?

   _____

4. ¿Cómo es el hombre que está en el patio?

   _____

5. ¿Qué ropa lleva puesta el hombre?

   _____

6. ¿Qué tiene que mandar enseguida la telefonista?

   _____

7. ¿Por qué llama el señor a la comisaría?

   _____

8. ¿Dónde están los vecinos del señor?

   _____

9. ¿Dónde están el hombre y la mujer? ¿Dentro o fuera de la casa?

   _____

10. ¿Qué tienen ellos? ¿Por qué?

    _____

11. ¿El hombre es alto o bajo? ¿Quién es más alto: el hombre o la mujer?

    _____

41

12. ¿Quién parece menor: el hombre o la muchacha?

_____

Para conversar

Interview a classmate, using the following questions. When you have finished, switch roles.

1. ¿Cómo es Ud.? ¿Alto(a)? ¿Bajo(a)? ¿De estatura mediana?

_____

2. ¿Tiene un revólver en la casa?

_____

3. Si una persona desea usar un revólver, ¿debe estar entrenada? ¿Por qué?

_____

4. ¿Manda Ud. un carro patrullero enseguida si hay una emergencia?

_____

5. ¿Qué tiene que hacer hoy?

_____

6. ¿Cuántos años tiene Ud.? _____

_____

7. ¿Es Ud. mayor o menor que su mejor (*best*) amigo?

_____

8. ¿Quién es más alto(a): Ud. o su mamá?

_____

Vamos a practicar

A. Write sentences using the elements given.

1. yo / tener / un pantalón azul oscuro

_____

2. ella / tener / una pistola

_____

3. nosotros / no tener / armas de fuego en la casa

_____

4. yo / venir / vestido(a) con ropa oscura

_____

5. Ud. / venir / con mi esposo(a)

_____

6. nosotras / venir / la semana próxima

_____

B. **Express comparisons by giving the Spanish equivalent of the words in parentheses.**

1. Los pantalones son _____(*darker than*) la camisa.

2. El revólver es _____(*more dangerous*) para Ud. que para el ladrón.

3. Este accidente no es _____(*as serious as*) el otro.

4. Ud. tiene que mandar _____(*as many patrol cars as*) yo.

5. Esta gorra no es _____(*as big as*) mi sombrero.

6. Mi casa es _____(*the smallest on*) la calle.

7. Ella es _____(*younger than*) Uds.

8. ¿Es este hospital _____(*the best in*) la ciudad?

9. Mi hermana es _____(*much taller than*) yo.

10. Yo _____(*am as afraid as*) tú.

Conversaciones breves

Complete the following dialogue, using your imagination and the vocabulary from this lesson.

La telefonista y la Sra. Díaz:

TELEFONISTA — _____

SRA. DÍAZ —Necesito ayuda. Hay un hombre extraño en el patio de mi casa.

TELEFONISTA — _____

SRA. DÍAZ —Estoy con mi hijo de seis años, pero mi esposo no está.

TELEFONISTA — _____

SRA. DÍAZ —De estatura mediana.

TELEFONISTA — _____

SRA. DÍAZ —Creo que lleva puesto un pantalón verde o azul. No tiene camisa.

TELEFONISTA — _____

SRA. DÍAZ —Calle Quinta, número seiscientos treinta y dos.

TELEFONISTA — _____

En estas situaciones

What would you say in the following situations? What might the other person say?

1. You are a police dispatcher, and a child calls to report a strange man in the yard. Ask if the child is alone, find out the address, including the cross streets, and get a description of the intruder.

2. You receive an emergency call from someone who says a strange man with a gun is trying to enter his/her apartment. He/She says you have to send a patrol car right away.

3. Someone calls to report a robbery at a bank. The caller says a woman and a man with guns are in the bank. You ask for a description, and the caller says the man is white and the woman is Hispanic; both are dressed in dark clothes and wearing caps. You get the address of the bank and thank the caller.

Casos

Act out the following scenarios with a partner.

1. You are a police dispatcher taking a call about an intruder in someone's yard.

2. While working the night shift as a police dispatcher, you receive a call from a person reporting that someone with a gun is trying to enter his/her house.

Un paso más

A. Review the *Vocabulario adicional* in this lesson and name the following
articles of clothing and other clothing-related terms.

1. _____
2. _____
3. _____
4. _____
5. _____
6. _____
7. _____
8. _____
9. _____

10. _____
11. _____
12. _____
13. _____
14. _____
15. _____
16. _____
17. _____

B. Identify the articles of clothing and other clothing-related terms in the spaces provided.

1. _____   10. _____

2. _____   11. _____

3. _____   12. _____

4. _____   13. _____

5. _____   14. _____

6. _____   15. _____

7. _____   16. _____

8. _____   17. _____

9. _____   18. _____

● *Buenos vecinos*

Los lunes y miércoles, el agente Martí ayuda a establecer programas especiales. Hoy está hablando con un grupo de vecinos que quieren organizar un programa de vigilancia en el barrio.

AGENTE MARTÍ	—¿Quieren saber la mejor manera de prevenir los robos, los secuestros y otros delitos? ¡Tener un vecindario unido!
SR. LIMA	—El problema es que casi todos estamos mucho tiempo fuera de la casa.
AGENTE MARTÍ	—Entonces tenemos que comenzar por identificar a las personas que generalmente están en su casa durante el día.
SRA. PAZ	—Mi mamá, por ejemplo, está en casa cuidando a los niños mientras yo trabajo.
AGENTE MARTÍ	—Su mamá y las demás personas que no trabajan deben tratar de observar cualquier actividad no usual en el barrio. Si notan algo sospechoso deben llamar a la policía inmediatamente.
SR. VEGA	—¿Al nueve, uno, uno?
AGENTE MARTÍ	—No, ese número es sólo para emergencias. Deben tener, en un lugar visible, el número de la estación de policía más cercana.
SR. ALBA	—También tenemos que tomar otras medidas para evitar los robos.
AGENTE MARTÍ	—Lo primero es cerrar las puertas con llave y no dejar ventanas abiertas. Es una buena idea instalar cerrojos de seguridad en las puertas.
SR. LIMA	—Nosotros siempre encendemos la luz del portal por la noche.
AGENTE MARTÍ	—Buena idea, y la puerta de la calle debe tener un agujerito para mirar quién está tocando el timbre.
SRA. PAZ	—¡Y si es un extraño no entra en la casa!
SRA. CASO	—Yo pienso que lo más importante es proteger a los niños…
AGENTE MARTÍ	—En primer lugar, los niños no deben estar solos en su casa y, cuando regresan de la escuela, deben tener un lugar adonde ir si hay problemas. ¡Ah! Son las seis. Es la hora de la cena. Regreso el próximo lunes.
SRA. CASO	—Si es posible, nosotros preferimos tener la próxima reunión el miércoles.

🎵 Vocabulario

COGNADOS

la actividad activity	**inmediatamente** immediately
especial special	**posible** possible
generalmente generally	**el programa** program
el grupo group	**usual** usual
la idea idea	**visible** visible
importante important	

NOMBRES

el agujerito peep hole
la cena dinner
el cerrojo de seguridad deadbolt
el delito crime
el delito mayor (grave) felony
el delito menor (leve) misdemeanor
el (la) extraño(a) stranger
el lugar place
la manera, el modo way
el número number
el portal porch
la puerta door
la puerta de la calle front door
la reunión, la junta (*Mex.*) meeting
el secuestro kidnapping
el tiempo time
el vecindario, el barrio neighborhood
el (la) vecino(a) neighbor
la ventana window

VERBOS

ayudar to help
cerrar (e:ie) to close
comenzar (e:ie), empezar (e:ie) to begin
cuidar to take care of
encender (e:ie), prender to turn on (*i.e. the light*)
establecer[1] to establish
evitar to avoid
identificar to identify
instalar to install
mirar to look at, to watch
notar to notice
observar to observe
organizar to organize
pensar (e:ie) to think
preferir (e:ie) to prefer

prevenir to prevent
proteger to protect
querer (e:ie) to want, to wish
saber[2] to know

ADJETIVOS

abierto(a) open
cercano(a) close, nearby
cualquier any
ese, esa that
primero(a) first
sospechoso(a) suspicious
todos(as) all, everybody
unido(a) united

OTRAS PALABRAS Y EXPRESIONES

a donde, adonde where (to)
algo something
casi almost
cerrar (e:ie) con llave to lock
cuando when
durante during
en casa at home
en primer lugar in the first place
lo más importante the most important thing
lo primero the first thing
los (las) demás the others
mientras while
no usual unusual
para to, in order to
por ejemplo for example
sólo, solamente only
también also, too
tocar el timbre to ring the doorbell
tomar medidas to take measures
la vigilancia del barrio neighborhood watch

---

[1]Irregular first-person present indicative: **yo establezco.**
[2]Irregular first-person present indicative: **yo sé.**

Vocabulario adicional

LA CASA

el baño, el escusado[1] (*Méx.*) bathroom
el comedor dining room
el cuarto, la habitación room
el dormitorio, la recámara (*Méx.*) bedroom
la entrada entrance
el garaje garage
el jardín garden
la pared wall
el pasillo hall
la sala living room
la sala de estar family room
el sótano basement
el techo (de tejas) (tile) roof
la terraza terrace

ALGUNAS PALABRAS RELACIONADAS CON LA SEGURIDAD (*Some words related to safety measures*)

la alarma alarm
el (la) bombero firefighter
cortar el césped to mow the lawn
dejar encendido(a), dejar prendido(a) to leave turned on
podar arbustos (árboles) to trim bushes (trees)
¡Socorro!, ¡Auxilio! Help!
suspender la entrega to stop delivery
  ...de la correspondencia of the mail
  ...del periódico of the newspaper

Notas culturales

- In Spanish-speaking countries, people generally have two surnames: the father's surname and the mother's maiden name. For example, the children of María *Rivas* and Juan *Pérez* would use the surnames *Pérez Rivas*. In this country, this custom may cause some confusion when completing forms, making appointments, or filing records. In addition, many Spanish surnames include **de, del, de la(s),** or **de los.** When this happens, these words are placed after the name. The proper order for alphabetizing Spanish names is to list people according to the father's surname.

Nodal Ortiz, Fernando	Alba, Antonio de
Orta Sánchez, Josefina	Casas, Juan Carlos de las
Peña Aguilar, Rosa María	Cerros, Andrés de los
Peña Gómez, Ricardo	Torre, Margarita de la
Peña Gómez, Tomás	Valle, Fernando del

- In Spanish-speaking countries a woman doesn't change her last name when she marries, but she may add her husband's last name after her own, preceded by **de:** i.e., if Teresa Gómez marries Juan Pérez she may sign Teresa Gómez de Pérez. Many Hispanic American women, living in the U.S., however, do use their husband's last name.

¿Recuerdan ustedes?

Answer the following questions, basing your answers on the dialogue.

1. ¿Qué hace el agente Martí los lunes y miércoles?

   _____

2. ¿Con quiénes está hablando hoy?

   _____

---

[1]Also **excusado.**

3. ¿Cuál es la mejor manera de prevenir los robos y otros delitos?

   _____

4. ¿Qué es lo primero que tienen que hacer?

   _____

5. ¿Qué hace la mamá de la Sra. Paz mientras ella trabaja?

   _____

6. ¿Qué deben hacer las personas que no trabajan durante el día?

   _____

7. ¿Qué deben hacer si notan algo sospechoso?

   _____

8. ¿Qué deben tener las personas en un lugar visible?

   _____

9. ¿Qué hacen siempre la Sra. Lima y su esposo?

   _____

10. ¿Qué es lo más importante según (*according to*) la Sra. Caso?

    _____

Para conversar

Interview a classmate, using the following questions. When you have finished, switch roles.

1. ¿Hay un programa de vigilancia en su barrio?

   _____

2. ¿Qué medidas debemos tomar para prevenir los robos?

   _____

3. ¿Pasa Ud. mucho tiempo fuera de su casa?

   _____

4. ¿Qué hace Ud. si nota algo sospechoso?

   _____

5. ¿Qué números de teléfono tiene Ud. en un lugar visible?

   _____

6. ¿Tiene Ud. un cerrojo de seguridad en la puerta de la calle?

   _____

7. ¿Enciende Ud. la luz del portal por la noche?

   _____

8. Cuando tocan a la puerta, ¿mira Ud. por el agujerito?

   _____

Vamos a practicar

A. **Complete the following exchanges, using the present indicative of the verbs given.**

1. pensar —¿Qué _____ Uds. que es lo más importante?

   —Nosotros _____ que lo más importante es estar unidos.

2. querer —¿Tú _____ organizar el programa?

   —Sí, y también _____ hablar con el teniente.

3. encender —¿Teresa va a _____ la luz?

   —No, ella no _____ la luz durante el día.

4. empezar —¿A qué hora _____ la reunión?

   —_____ a las dos.

5. cerrar —¿Tú _____ las puertas con llave?

   —Sí, y también _____ las ventanas.

B. **Complete the following sentences, using the present progressive of the verbs given to indicate that the action is taking place right now.**

1. El agente _____ (ayudar) a los vecinos.

2. Ellos _____ (encender) las luces.

3. Yo _____ (proteger) a los niños.

4. Nosotros _____ (instalar) un cerrojo de seguridad.

5. ¿Qué _____ (hacer) tú?

C. **Complete the following sentences with the Spanish equivalent of the words in parentheses.**

1. Ella viene _____ (*on Tuesdays*).

2. Son _____ (*two-thirty*).

3. Los niños van _____ (*to school*).

4. Ellos regresan _____ (*next week*).

5. _____ (*Children*) necesitan mucho amor (*love*).

Conversaciones breves

Complete the following dialogues, using your imagination and the vocabulary from this lesson.

En una reunión para organizar un programa de vigilancia del barrio.

SR. COTA —_____

AGENTE —Identificar a las personas que no trabajan.

SR. COTA —_____

AGENTE —Entonces, su mamá debe ayudar a vigilar el barrio.

SR. COTA —_____

AGENTE —Debe llamar a la policía.

SR. COTA —_____

AGENTE —No, no debe llamar a ese número.

SR. COTA —_____

AGENTE —Debe llamar al teléfono de la estación de policía más cercana.

SR. COTA —_____

AGENTE —En un lugar visible.

SR. COTA —_____

AGENTE —Lo primero es cerrar las puertas y ventanas.

SR. COTA —_____

AGENTE —Deben mirar por el agujerito de la puerta.

SR. COTA —_____

AGENTE —Si es posible, prefiero tener la reunión mañana.

En estas situaciones

What would you say in the following situations? What might the other person say?

1. You tell a neighbor that you are going to organize a neighborhood watch. Tell her the meeting starts at seven-thirty.

2. You tell a friend that you spend a lot of time outside the house and that you are not at home during the day.

3. You ask a friend if he wants to install a deadbolt on his door. Ask him also if he always turns the porch lights on.

Casos

Act out the following scenarios with a partner.

1. You and a neighbor are discussing security measures to prevent burglaries.

2. You and a friend are discussing measures to keep the neighborhood children safe.

Un paso más

A. Review the *Vocabulario adicional* in this lesson and then draw a floor plan of your dream house in which you label each part and room of the house.

B. Review the vocabulary related to safety measures in the *Vocabulario adicional*. What words or phrases come to mind when you think of the following?

1. You are going to go on vacation.

_____

_____

2. You are screaming for help.

_____

_____

3. There is a fire next door.

_____

_____

4. Someone breaks into a house.

_____

_____

◉ Lectura 1

Denunciando actividades sospechosas

Read the information in the following pamphlet about reporting suspicious activities. Try to guess the meaning of all cognates. Then, do the exercise item that follows.

Denunciando actividades sospechosas°

¡La policía necesita la ayuda de todos los miembros de la comunidad! Cuando° Ud. ayuda a la policía, también se ayuda a sí mismo.° Si Ud. toma responsabilidad, puede evitar° ser víctima de un crimen. ¡La atención de la comunidad es la mejor prevención!

Recuerde°:

1. Si Ud. ve° alguna° actividad criminal, llame a la policía enseguida. Describa con exactitud lo que vio.°
2. No deje de° llamar a la policía si Ud. sospecha° algo.° No importa si es una falsa alarma.
3. En cuanto pueda,° anote° lo que recuerda.
4. Guarde° una copia de las siguientes° formas. Es posible que Ud. las necesite° en el futuro.

Reporting suspicious activities

When
sí... *yourself*
avoid

Remember
see / any
lo... *what you saw*
No... *Don't fail to / suspect / anything*

En... *As soon as you can / write down*
Keep / following
Ud... *you may need them*

Descripción de la persona	Descripción del vehículo	
Sexo_____	2 puertas°_____ 4 puertas _____	*doors*
Raza_____	Convertible/camión°_____	*truck*
Edad_____	Carro deportivo°_____	**Carro...** *sports car*
Estatura_____	Motocicleta_____	
Peso°_____	Otro_____	*weight*
Pelo°_____	Marca°_____	*hair / make*
Ojos°_____	Modelo_____ Año ____	*eyes*
Armas _____	Color_____	
Ropa _____	Nº de placa°_____	*license plate number*
Complexión° (delgado,° grueso,°	Estado_____	*build / thin / fat*
mediano°)_____	Nº de personas en el vehículo _____	*average*
Características (lentes,° bigote,°	Hombre(s) _____ Mujer(es)_____	*glasses / moustache*
cicatrices,° etc.)_____	¿Dónde fue visto últimamente?	*scars*
	_____	
¿Dónde fue visto últimamente°?	_____	**fue...** *was he/she last seen?*
_____		
_____	Dirección en que se fue° _____	**se...** *he/she went*
Dirección en que se fue_____	_____	
_____	_____	

Which of the following points does the brochure recommend?
Si Ud. ve alguna actividad criminal...

_____ a. debe esperar (*wait*) hasta mañana para llamar a la policía.

_____ b. Ud. necesita guardar una copia de la descripción de la persona
y de la descripción del vehículo.

_____ c. primero debe hablar con los vecinos.

_____ d. debe anotar una descripción exacta de lo que vio.

Repaso

LECCIONES 1–5

PRÁCTICA DE VOCABULARIO

A. Circle the word or phrase that does not belong in each group.

1. rojo   extraño   blanco

2. notar   observar   dejar

3. padres   delito   hijos

4. instalar   cuidar   ayudar

5. establecer   evitar   organizar

6. cena   mañana   tarde

7. lugar cercano   a una cuadra de aquí   enseguida

8. llegar   doblar   voltear

9. sucede   denuncia   pasa

10. ¡Alto!   ¡Siempre!   ¡Quieto!

B. Circle the word or phrase that best completes each sentence.

1. La señora necesita (robo / ayuda / estado).

2. La casa (queda / deletrea / llena) en la calle Campbell.

3. Es un hombre (solo / incómodo / anciano). Tiene noventa años.

4. Hablan (pero / por / muy) teléfono.

5. ¿Tienes el (herido / lugar / casco) de seguridad?

6. Arizona es (un estado / una ciudad / un barrio).

7. Ellos (deben / salvan / andan) solos por la calle.

8. Debe seguir derecho hasta (llevar / llegar / quedar) a la calle Estrella.

9. Vivo en la calle Heather, (como / entre / ya) Arroyo y Puente.

10. La ley (sucede / dobla / exige) el uso del casco.

11. Los cascos salvan muchas (cuadras / gorras / vidas).

12. Necesito mi licencia para (manejar / disparar / arrestar).

13. Hay un (patio / toque / padre) de queda para las personas menores de 18 años.

14. Ella es de México, pero tiene su (pandilla / licencia / tarjeta) verde.

15. El dueño va a (disparar / vender / protestar) la casa.

16. Es una mujer muy (joven / cuarta / azul). Tiene veintidós años.

17. ¿Está Ud. (alta / extraña / entrenada) en el uso de armas?

18. ¿(Cómo, Cuál, Cuánto) es ella? ¿Alta o baja?

C. **Match the questions in column A with the answers in column B.**

	A		*B*
1. _____	¿Cuál es el mejor modo de prevenir robos?	a.	El próximo viernes.
2. _____	¿Quién cuida a los niños?	b.	A las tres y media.
3. _____	¿Notan algo sospechoso?	c.	Calle Sexta, número 589.
4. _____	¿A qué hora regresa de la escuela?	d.	Sí, pero no graves.
5. _____	¿Cierran las puertas?	e.	Mi mamá.
6. _____	¿Qué van a instalar?	f.	Sí, son las siete.
7. _____	¿Cuándo tenemos la reunión?	g.	Sí, de la Sección de Robos.
8. _____	¿La puerta tiene un agujerito?	h.	Un cerrojo de seguridad.
9. _____	¿Es la hora de la cena?	i.	Tener un vecindario unido.
10. _____	¿Cuál es su domicilio?	j.	Sí, con llave.
11. _____	¿Es Ud. el sargento Villa?	k.	Sí, vamos a llamar a la policía.
12. _____	¿Hay heridos?	l.	Sí, para mirar quién está tocando el timbre.

D. Crucigrama

HORIZONTAL

2. operador(a)

3. avisar de

5. opuesto de bajo

6. desear

9. mandamos

10. Voy a encender la _____.

11. las doce de la noche

12. Van a instalar un _____ de seguridad.

15. barrio

18. empiezan

19. opuesto de izquierda

21. esposo

22. siete días

24. opuesto de menor

25. opuesto de dentro

VERTICAL

1. Van a enviar un carro _____.

4. ¿Es una mujer o un _____?

7. opuesto de negro

8. Tienen muchas armas de _____.

9. prende

13. *clothes*, en español

14. manera

16. En Washington hablan _____.

17. La casa es de ella; ella es la _____.

20. Está en la _____ de las calles Quinta y Magnolia.

23. Es de estatura _____.

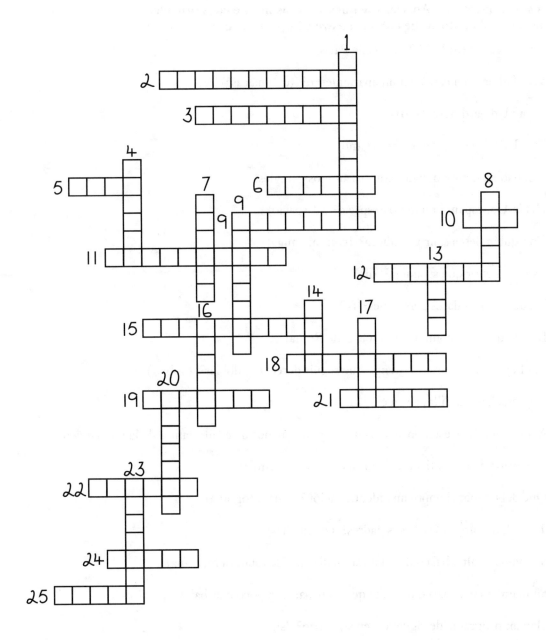

🔊 PRÁCTICA ORAL

Listen to the following exercise on the audio program. The speaker will ask you some questions. Answer the questions, using the cues provided. The speaker will confirm the correct answer. Repeat the correct answer.

1. ¿En qué calle vive Ud.? (en la calle París)

2. ¿Vive Ud. en una casa o en un apartamento? (en una casa)

3. ¿Tiene Ud. jardinero? (no)

4. ¿Está Ud. con sus amigos ahora? (no)

5. ¿Ud. habla español o inglés con sus amigos? (inglés)

6. ¿Habla Ud. español rápido o despacio? (despacio)

7. ¿Con quién desea salir Ud. ahora? (con mi amiga)

8. ¿Es Ud. menor que su amiga? (no)

9. ¿Tiene Ud. mis datos personales? (sí)

10. ¿Dónde queda la comisaría? (en la calle Roma)

11. Para llegar a la comisaría, ¿tengo que seguir derecho o doblar? (doblar)

12. ¿Hay muchas pandillas en su ciudad? (sí)

13. ¿A qué hora debe estar en su casa una persona menor de edad? (antes de la medianoche)

14. ¿Qué arma de fuego tiene Ud. en su casa? (una pistola)

15. ¿Qué debe tener siempre una identificación? (una fotografía)

16. ¿Tiene Ud. fotografías de sus padres? (sí, muchas)

17. ¿Su mamá es alta, baja o de estatura mediana? (de estatura mediana)

18. ¿Su mamá es más baja o más alta que su papá? (un poco más baja)

19. ¿Hay un programa de vigilancia en su barrio? (sí)

20. ¿Cuándo está Ud. en su casa durante el día? (los sábados)

21. Si Ud. nota algo sospechoso, ¿a quién llama? (a la policía)

22. ¿Qué es lo más importante? (proteger a los niños)

23. ¿Cierra Ud. la puerta con llave? (sí)

24. ¿Qué luz enciende Ud. por la noche? (la luz del portal)

25. ¿Qué necesita instalar Ud. en la puerta de calle? (un cerrojo de seguridad)

🔊 *El agente Chávez lee la advertencia Miranda*

El agente detiene a dos jóvenes que están escribiendo en la pared de un edificio.

AGENTE CHÁVEZ	—¡Policía! ¡Alto! ¡No se muevan! ¡Están detenidos!
JOVEN 1	—¿Por qué? No estamos haciendo nada malo.
AGENTE CHÁVEZ	—Están cometiendo un delito de vandalismo. Está prohibido escribir en la pared de un edificio. (*El agente saca una tarjeta de su bolsillo y lee la advertencia Miranda.*)

LA ADVERTENCIA MIRANDA

1. Ud. tiene el derecho de permanecer callado.

2. Si decide hablar con nosotros, cualquier cosa que diga puede usarse y se usará en contra de Ud. en el juicio.

3. Ud. tiene el derecho de hablar con un abogado, y de tenerlo presente durante el interrogatorio.

4. Si Ud. no puede pagar un abogado, se le nombrará uno para que lo represente antes de que lo interroguen, si Ud. lo desea.

AGENTE CHÁVEZ	—¿Entienden Uds. cada uno de estos derechos?
JOVEN 1	—Sí, los entendemos. ¿Y qué? ¿Nos va a llevar presos?
JOVEN 2	—Conmigo pierde su tiempo. Yo tengo menos de quince años; dentro de unas horas estoy en mi casa otra vez.
AGENTE CHÁVEZ	—Ahora van a la estación de policía conmigo. Yo no decido lo demás.

Horas después, el agente detiene al chofer de un automóvil que comete una infracción de tránsito. Cuando habla con él, nota que el hombre está endrogado.

AGENTE CHÁVEZ	—Buenos días. Su licencia de manejar y el registro del carro, por favor.
CHOFER	—¿Me va a arrestar? ¿Por qué? No estoy borracho. Además, yo manejo mejor que nunca cuando tomo un par de tragos.

El agente nota marcas de aguja en el brazo y en la mano del hombre. Las marcas son nuevas.

AGENTE CHÁVEZ	—A ver el brazo. ¿Tiene diabetes?
CHOFER	—No.
AGENTE CHÁVEZ	—¿Da Ud. sangre a menudo?
CHOFER	—Sí, doy sangre a veces.
AGENTE CHÁVEZ	—¿Dónde está el banco de sangre?
CHOFER	—En... No recuerdo ahora.
AGENTE CHÁVEZ	—Mire aquí, por favor. Debe tratar de no parpadear.
CHOFER	—No puedo dejar de parpadear. Tengo mucho sueño... No duermo bien últimamente.
AGENTE CHÁVEZ	—Lo siento, pero tiene que ir conmigo. Ud. no está en condiciones de manejar.
CHOFER	—¡Pero tengo que volver a mi casa! ¿Por qué estoy detenido? ¿Cuál es mi delito?
AGENTE CHÁVEZ	—Conducir bajo los efectos de alguna droga. (*El agente lee la advertencia Miranda.*)

 ## Vocabulario

COGNADOS

el automóvil automobile	**el interrogatorio** interrogation, questioning
el caso case	**la marca** mark
la condición condition	**presente** present
la diabetes diabetes	**el vandalismo** vandalism
la droga drug	

NOMBRES

el (la) abogado(a) lawyer
la aguja needle
el banco de sangre blood bank
el bolsillo pocket
el brazo arm
el carro, el coche, la máquina (*Cuba*) car
la cosa thing
el (la) chofer driver
el derecho right
el edificio building
la infracción de tránsito traffic violation
el (la) joven young man, young woman
el juicio trial
la mano hand
la pared wall
el registro registration
el trago drink

VERBOS

cometer to commit, to perpetrate
decidir to decide
detener[1] to detain, to stop
dormir (o:ue) to sleep
entender (e:ie) to understand
escribir to write
interrogar to question, to interrogate
leer to read
manejar, conducir[2] to drive
mover (o:ue) to move
negarse (e:ie) to refuse
pagar to pay (for)
parpadear to blink
perder (e:ie) to waste, to lose
permanecer[3] to stay, to remain
poder (o:ue) can, to be able
recordar (o:ue) to remember
sacar to take out
tomar to drink; to take
volver (o:ue) to return, to come back

---

[1]**Detener** is irregular in the present indicative: **detengo, detienes, detiene, detenemos, detienen.**
[2]Irregular first-person present indicative: **yo conduzco.**
[3]Irregular first-person present indicative: **yo permanezco.**

ADJETIVOS

algún, alguno(a)   some, any
borracho(a)   drunk
cada   each, every
callado(a)   silent, quiet
cualquier   any
detenido(a), arrestado(a), preso(a)   arrested
endrogado(a)   on drugs, drugged
estos(as)   these
malo(a)   bad
nuevo(a)   new, fresh
prohibido(a)   forbidden

OTRAS PALABRAS Y EXPRESIONES

a menudo   often
a ver   let's see
la advertencia Miranda   Miranda warning
antes de que lo interroguen   before they
  question you
bajo los efectos (de)   under the influence (of)
con él   with him
conmigo   with me
cualquier cosa que diga   anything you say
cuando   when
dejar de (+ *inf.*)   to stop (doing something)
dentro de   in, within
después   later
en contra de   against
estar en condiciones de (+ *inf.*)   to be in a
  condition to (do something)
lo   you, him, it
lo demás   the rest
Lo siento.   I'm sorry.
mejor que nunca   better than ever

Mire.   Look.
negarse a hablar   to refuse to speak
¡No se muevan![1]   Don't move!, Freeze!
¿Nos va a llevar presos?   Are you going to arrest
  us?
nunca   never
otra vez   again, once again
para que lo represente   to represent you
puede usarse   can be used
se le nombrará uno   one will be appointed for
  you
se usará   will be used
si Ud. lo desea   if you wish
tener el derecho de (tenerlo presente)   to have
  the right to (have him present)
tener (mucho) sueño   to be (very) sleepy
últimamente   lately, these days
un par de   a couple of
¿Y qué?   So what?

Vocabulario adicional

el (la) compañero(a)   pal, peer
la declaración falsa   false statement
el (la) delincuente juvenil   juvenile delinquent
el (la) droguero(a)   drug user, drug pusher
el grafiti   graffiti
el juramento   oath
bajo juramento   under oath
jurar   to take an oath, to swear
el juzgado, la corte   court (of law)
la mentira   lie
la pregunta   question
la respuesta, la contestación   answer
la verdad   truth

---

[1]When speaking to only one person: **¡No se mueva!**

> ## Notas culturales
>
> - Alcoholism and cirrhosis are important health issues that affect the Latino population in North America. The incidence rate is particularly high among Mexican Americans and Puerto Ricans. In addition, Hispanic Americans have a disproportionate number of deaths due to narcotic addictions. In a recent Hispanic Health and Nutrition Survey done in the United States, 21.5% of Puerto Ricans reported having used cocaine, while the figure was 11.1% for Mexican Americans and 9.2% for Cuban Americans.
> - In Spanish, the word **droga** does not mean *medicine* as in English. Latinos use this term to refer to narcotics and other illegal drugs. Similarly, a **droguero(a)** is a person who uses or sells illicit drugs.

¿Recuerdan ustedes?

Answer the following questions, basing your answers on the dialogues.

1. ¿A quiénes detiene el agente Chávez?

   _____

2. ¿Qué están haciendo?

   _____

3. ¿Cuál es el delito que están cometiendo?

   _____

4. ¿Qué lee el agente Chávez?

   _____

5. Según (*According to*) el joven 2, ¿por qué pierde el agente Chávez su tiempo con él?

   _____

6. ¿Adónde van los tres?

   _____

7. ¿Qué comete el chofer de un automóvil?

   _____

8. Cuando el agente Chávez habla con el chofer, ¿qué nota? ¿Qué tiene en el brazo y en la mano?

   _____

9. ¿Por qué cree Ud. que el chofer no recuerda dónde está el banco de sangre?

_____

10. ¿Por qué tiene que ir el chofer con el agente Chávez a la estación de policía? ¿Cuál es su delito?

_____

Para conversar

Interview a classmate, using the following questions. When you have finished, switch roles.

1. ¿Puede Ud. escribir en las paredes de los edificios? ¿Por qué o por qué no?

_____

2. ¿Da Ud. sangre a veces?

_____

3. ¿Siempre toma un par de tragos antes de manejar?

_____

4. ¿Está Ud. en condiciones de manejar ahora? ¿Por qué?

_____

5. ¿Puede venir a la estación de policía conmigo?

_____

6. ¿Lee Ud. la advertencia Miranda a veces?

_____

Vamos a practicar

A. Rewrite the following sentences using the new subjects and making all necessary changes.

1. No podemos arrestar al chofer. (yo)

_____

2. Volvemos al edificio con ella. (ellos)

_____

3. No recordamos nada. (Ud.)

_____

4. Nosotros dormimos en la estación de policía. (ellos)

   _____

5. Podemos leer la advertencia ahora. (Ud.)

   _____

B. **Answer the following questions in the negative, using one of the fol-lowing words in your answer.**

   nada   nunca
   nadie   tampoco

1. ¿Da sangre a veces?

   _____

2. ¿Tiene que hacer algo (*something*) hoy?

   _____

3. ¿Siempre toma un trago cuando maneja?

   _____

4. ¿Hay alguien en su carro ahora?

   _____

5. Yo no escribo en las paredes de los edificios. ¿Y Ud.?

   _____

C. **Answer the following questions in the affirmative, using the appropri-ate object pronouns to replace the underlined words.**

   Modelo: ¿Tienes el casco de seguridad?
             Sí, **lo** tengo.

1. ¿Vas a leer la advertencia Miranda?

   _____

2. ¿El policía arresta a los jóvenes?

   _____

3. ¿Necesitas estas lintemas?

   _____

4. ¿Puedes llevarme en tu coche?

   _____

5. ¿Tus amigos te recuerdan?

   _____

Conversaciones breves

Complete the following dialogue, using your imagination and the vocabulary from this lesson.

El agente Mora detiene a un chofer.

AGENTA MORA —_____

CHOFER —Tengo marcas de aguja en el brazo porque doy sangre muy a menudo.

AGENTA MORA —_____

CHOFER —No recuerdo en este momento. Además, las marcas de aguja no son nuevas...

AGENTA MORA —_____

CHOFER —Trato de no parpadear, pero tengo mucho sueño...

AGENTA MORA —_____

CHOFER —No, no uso drogas nunca.

AGENTA MORA —_____

CHOFER —¿Yo? ¿Detenido? Pero, ¿cómo puede ser?

AGENTA MORA —_____

En estas situaciones

What would you say in the following situations? What might the other person say?

1. You catch three teenagers vandalizing cars. Identify yourself as a police officer and tell them to halt. They say they're not afraid because they are minors. Inform them that they are under arrest and that they are going to the police station with you.

2. You see someone trying to break into a bank. Tell the person to halt and not to move, or you'll shoot and arrest him/her. The suspect says he/she isn't doing anything. Read the Miranda warning.

3. You stop a driver and ask to see a driver's license and car registration. Say that you think that he/she is drunk and is under arrest for driving under the influence of alcohol. The driver doesn't want to go to the police station with you.

Casos

Act out the following scenarios with a partner.

1. You are a police officer talking to someone who shows signs of being under the influence of alcohol and/or drugs.

2. You arrest some minors for committing vandalism.

Un paso más

Review the *Vocabulario adicional* in this lesson and complete the following sentences.

1. ¡Es mentira! Él nunca dice _____ .

2. Tengo las preguntas, pero no tengo _____ .

3. En la pared hay mucho _____ , pero mi _____ y yo no escribimos

   nada. ¡No somos _____ !

4. Ella jura que no está endrogada, pero ésa es una _____ .

5. Antes de contestar, debe recordar que Ud. está _____ .

🔊 *Problemas de la ciudad*

Por la mañana: El agente Flores habla con el dueño de una licorería después de un robo, y le pide información sobre los ladrones.

AGENTE FLORES	—¿Dice Ud. que los ladrones son muy jóvenes? ¿Puede describirlos?
DUEÑO	—Sí. El hombre es rubio, de ojos azules, y la mujer es pelirroja, de ojos verdes.
AGENTE FLORES	—¿Puede decirme qué más recuerda?
DUEÑO	—El hombre mide unos seis pies, y ella mide unos cinco pies, dos pulgadas. Él es delgado. Ella es más bien gorda.
AGENTE FLORES	—¿Algunas marcas visibles?
DUEÑO	—Él tiene un tatuaje en el brazo izquierdo. Ella tiene pecas.
AGENTE FLORES	—Ud. no los conoce, ¿verdad? No son clientes...
DUEÑO	—No, pero sé que los puedo reconocer si los veo otra vez.
AGENTE FLORES	—¿Qué clase de carro manejan?
DUEÑO	—Un Chevrolet amarillo, de dos puertas. Es un carro viejo.
AGENTE FLORES	—¿Algo más?
DUEÑO	—Sí, creo que sí. Él fuma cigarrillos negros... de México... ¡y es zurdo!
AGENTE FLORES	—Si recuerda algo más, puede llamarme a este número. Si no estoy, puede dejarme un mensaje.
DUEÑO	—Cómo no, señor.

Por la tarde: El agente Flores ve a un hombre que está parado frente a una escuela. Sospecha que el hombre les vende drogas a los estudiantes, porque sabe que muchos de ellos toman drogas.

AGENTE FLORES	—¿Qué hace Ud. aquí? ¿Espera a alguien?
HOMBRE	—No... no hago nada...
AGENTE FLORES	—¿Tiene alguna identificación? ¿Su licencia de conducir, por ejemplo?
HOMBRE	—No, aquí no. La tengo en casa, pero puedo mostrarle mi tarjeta de Seguro Social.
AGENTE FLORES	—¿Quiere acompañarme al carro, por favor? Quiero hablar con Ud.

Por la noche: El agente Flores sale de la comisaría para ir a su casa. En la zona de estacionamiento, ve a un hombre en el suelo. Corre hacia él.

AGENTE FLORES	—¿Qué tiene? ¿Está lastimado?
HOMBRE	—No... creo que... un ataque al corazón...
AGENTE FLORES	—¿Tiene alguna medicina para el corazón?
HOMBRE	—Sí... en la guantera del carro...
AGENTE FLORES	—(*Trae la medicina.*) Aquí está. (*Le da la medicina al hombre.*) Ahora voy a llamar a los paramédicos.

Vocabulario

COGNADOS

el (la) estudiante   student
la medicina   medicine

NOMBRES

el cigarrillo   cigarette
la clase   kind, type, class
el (la) cliente(a)   customer
el corazón   heart
la guantera   glove compartment
la licorería   liquor store
el mensaje   message
la peca   freckle
el pie   foot
la pulgada   inch
el suelo   floor
el tatuaje   tattoo
la zona de estacionamiento   parking lot

VERBOS

acompañar   to accompany, to go (come) with
conocer[1]   to know
correr   to run
decir (e:i)[2]   to say, to tell
describir   to describe
esperar   to wait (for)
fumar   to smoke
medir (e:i)   to measure
mostrar (o:ue), enseñar   to show
pedir (e:i)   to ask for, to request
reconocer[3]   to recognize
sospechar   to suspect
traer[4]   to bring

ADJETIVOS

amarillo(a)   yellow
delgado(a)   thin, slender
gordo(a)   fat
izquierdo(a)   left
lastimado(a)   hurt, injured
parado(a)   standing
pelirrojo(a)   red-haired
rubio(a), güero(a)[5] (Méx.)   blonde
viejo(a)   old
zurdo(a)   left-handed

OTRAS PALABRAS Y EXPRESIONES

¿Algo más?   Anything else?
el ataque al corazón   heart attack
¡Cómo no!   Certainly!, Gladly!, Sure!
Creo que sí.   I think so.
de ojos (azules)   with (blue) eyes
después de   after
hacia   toward
más bien, medio   rather
mide seis pies   he is (measures) six feet tall
por la mañana   in the morning
por la noche   in the evening
por la tarde   in the afternoon
¿Qué más?   What else?
¿Qué tiene?   What's wrong?

---

[1]Irregular first-person present indicative: **yo conozco.**
[2]Irregular first-person present indicative: **yo digo.**
[3]Irregular first-person present indicative: **yo reconozco.**
[4]Irregular first-person present indicative: **yo traigo.**
[5]Also applies to anyone with fair skin.

Vocabulario adicional

EL TAMAÑO (*Size*)

flaco(a) thin, skinny
grueso(a) portly

LA RAZA/EL COLOR DE LA PIEL
(*Race/Color of the skin*)

asiático(a) Asian
blanco(a) white/caucasian
mestizo(a) mixed (any of two or more races)
mulato(a) mixed (black and white)
negro(a) black

EL PELO (*Hair*)

calvo(a), pelón(ona) bald
canoso(a) grey-haired
castaño(a), café brown
claro(a) light
corto(a) short
lacio(a) straight
largo(a) long
rizado(a), rizo(a), crespo(a) curly

LOS OJOS (*Eyes*)

azules blue
castaños,[1] café (*Méx.*) brown
grises gray
verdes green

OTRAS CARACTERÍSTICAS

ciego(a) blind
cojo(a) lame
inválido(a), paralítico(a) disabled, crippled
mudo(a) mute
sordo(a) deaf
tartamudo(a) person who stutters

Nota cultural

The extensive use of drugs is a relatively recent phenomenon in Spanish-speaking countries, and it is generally limited to the large cities. Because the majority of Hispanic immigrants come from villages and small towns, there are few drug addicts among first-generation immigrants. Nonetheless, their numbers increase dramatically beginning with the second generation, owing possibly to culture shock and living conditions.

¿Recuerdan ustedes?

Answer the following questions, basing your answers on the dialogues.

1. ¿Con quién habla el agente Flores después del robo?

   _____

2. ¿Puede el dueño describir a los ladrones?

   _____

3. ¿Cómo es el hombre? ¿Y la mujer?

   _____

---

[1]In Spanish very dark brown eyes are called **ojos negros.**

4. ¿Qué marcas visibles tiene el hombre? ¿Y la mujer?

_____

5. ¿Conoce el dueño de la licorería a los ladrones?

_____

6. ¿Cree el dueño que puede reconocer a los ladrones si los ve otra vez?

_____

7. ¿Qué clase de carro manejan los ladrones?

_____

8. ¿Qué ve el agente Flores por la tarde?

_____

9. ¿Qué sospecha el agente Flores?

_____

10. ¿Tiene el hombre alguna identificación?

_____

11. ¿Qué ve el agente Flores en la zona de estacionamiento?

_____

12. ¿Qué tiene el hombre?

_____

13. ¿Qué hace el agente Flores para ayudar al hombre?

_____

Para conversar

Interview a classmate, using the following questions. When you have finished, switch roles.

1. ¿Cómo es Ud.? ¿Cuánto mide?

_____

2. ¿Puede describir a alguien de su familia?

_____

3. ¿Qué clase de coche maneja Ud.?

_____

4. ¿Su coche está en la zona de estacionamiento?

_____

5. ¿Puede Ud. llamarme por teléfono mañana?

_____

6. ¿Sabe Ud. qué drogas les venden a los estudiantes en las escuelas?

_____

Vamos a practicar

A. Rewrite the following sentences, using the new subjects and making all necessary changes.

1. Nosotros medimos la puerta. (ellos)

_____

2. Nosotros seguimos (*follow*) a los ladrones. (yo)

_____

3. Nosotras pedimos (*ask for*) más información. (el policía)

_____

4. Nosotros conseguimos (*get*) la medicina. (Ud.)

_____

5. Nosotros decimos la verdad (*truth*). (tú)

_____

B. Imagine that you are officer Flores. Form sentences to tell what you do in your investigation of the liquor store hold-up.

Modelo: ir / a la licorería

   Voy a la licorería.

1. ver / al dueño de la licorería

_____

2. pedir / información

_____

3. hacer / la descripción de los ladrones

_____

4. decir / lo que (*what*) el dueño debe hacer mañana

_____

5. salir / de la licorería

_____

6. conducir / a la estación de policía

_____

C.   Answer the following questions using the cues provided.

Modelo: ¿Quién les vende drogas a los estudiantes? (un hombre alto)

Un hombre alto les vende las drogas.

1. ¿Qué drogas les venden a los jóvenes? (marihuana y cocaína)

_____

2. ¿Ud. puede darme información? (sí) (*Use* **Ud.** *form.*)

_____

3. ¿Tú puedes decirme dónde está José? (sí) (*Use* **tú** *form.*)

_____

4. ¿Sus padres les hablan a Uds. de las drogas? (no)

_____

5. ¿Qué le va a dar Ud. al señor? (la medicina)

_____

Conversaciones breves

Complete the following dialogue, using your imagination and the vocabulary from this lesson.

El Sr. Rivas describe a una ladrona.

AGENTE ALCALÁ   — _____

SR. RIVAS   —Sí, es alta, rubia, de ojos verdes, más bien delgada y muy bonita.

AGENTE ALCALÁ   — _____

SR. RIVAS   —No recuerdo mucho... Mide unos cinco pies y diez pulgadas.

AGENTE ALCALÁ   — _____

SR. RIVAS   —No, no tiene ninguna (*any*) marca visible.

AGENTE ALCALÁ   — _____

SR. RIVAS — —Sí, yo creo que puedo reconocerla.

AGENTE ALCALÁ — _____

SR. RIVAS — —Un Mazda amarillo de cuatro puertas.

AGENTE ALCALÁ — _____

SR. RIVAS — —¡Ah, sí! ¡Ahora recuerdo! ¡Es zurda!

AGENTE ALCALÁ — _____

En estas situaciones

What would you say in the following situations? What might the other person say?

1. You are investigating a burglary. Ask if the witness can recognize the burglar if he/she sees him/her again. Ask how tall the burglar is, and if he/she has any visible marks. Ask also what kind of car the burglar drives.

2. You see a suspect standing near a school. Ask what he/she is doing there. Ask if he/she is waiting for a student, and if he/she has any identification.

3. You see someone who seems to be sick. Ask what's wrong. You get the person's heart medicine from his/her pocket and then say that you're going to call the paramedics.

4. Your partner is hurt. Ask a passerby to please call the police because there is a police officer who needs help.

Casos

Act out the following scenarios with a partner.

1. You are a police officer. Interview a witness of a burglary.

2. You are a police officer and you see a suspicious-looking person standing near a playground. Approach the person and question him/her.

3. You are a police officer and notice a person lying on the sidewalk. Find out what the person's problem is and try to help him/her.

Un paso más

**Review the *Vocabulario adicional* in this lesson and describe several people
you know using as many words as possible from the list.**

1. _____

   _____

2. _____

   _____

3. _____

   _____

4. _____

   _____

5. _____

   _____

🔊 *Casos de maltrato de miembros de la familia*

Julia, una niña, llama a la policía porque su padrastro le está pegando a su mamá. El agente Vera va a la casa de la familia Aguirre para investigar la denuncia.

AGENTE VERA	—Buenas tardes. ¿Es ésta la casa de la familia Aguirre?
JULIA	—Sí. Pase, por favor. Mi mamá y mi padrastro están encerrados en su recámara.
AGENTE VERA	—¿Cuál es el problema?
JULIA	—Mi padrastro no tiene trabajo ahora y, en lugar de buscar otro trabajo, todos los días va a la cantina y vuelve borracho.
AGENTE VERA	—¿Cómo consigue el dinero para la bebida?
JULIA	—Se lo pide a mi mamá, y si ella no se lo da, le pega, y se lo quita a la fuerza.
AGENTE VERA	—¿Le pega con la mano?
JULIA	—Con la mano y con el cinto. A veces le dice que la va a matar.
AGENTE VERA	—¿Tiene algún arma él?
JULIA	—Sí, tiene una navaja y una pistola.
AGENTE VERA	—(*Toca a la puerta de la recámara.*) Sr. Aguirre, soy agente de policía y necesito hablar con Ud. ¿Quiere salir un momento, por favor?
SR. AGUIRRE	—(*Desde adentro*) Ésta es mi casa. ¿Ud. tiene una orden del juez para entrar? Yo no tengo nada que hablar con Ud.
AGENTE VERA	—No me hace falta una orden del juez para hablar con Ud.
SRA. AGUIRRE	—(*Saliendo de la recámara*) Está enojado conmigo porque quiere dinero para comprar bebidas. Lo único que a él le gusta es beber.
SR. AGUIRRE	—(*Saliendo también*) Ése es un problema entre mi mujer y yo.
AGENTE VERA	—Sra. Aguirre, Ud. está bastante lesionada.
SRA. AGUIRRE	—Sí, me duele todo el cuerpo.
AGENTE VERA	—Debe ver a un médico inmediatamente. ¿Está dispuesta a acusar a su marido de maltrato?
SR. AGUIRRE	—No. Ella hace lo que yo le digo. Y si Ud. quiere saber algo, me lo pregunta a mí.
SRA. AGUIRRE	—(*No le hace caso a su marido y le contesta al policía.*) Sí, señor agente.
SR. AGUIRRE	—(*A su esposa*) Tú no me debes hacer eso. Tú sabes que yo te trato bien cuando no estoy borracho. Te pido perdón.
SRA. AGUIRRE	—No. Esta vez no te perdono. Ya estoy cansada de tus maltratos.

El Dr. Andrade notifica a la policía sus sospechas de que el niño Carlos Jiménez está siendo maltratado. La agente Rodríguez, a cargo del caso, habla con sus padres.

AGENTE RODRÍGUEZ	—Buenos días. ¿Es Ud. el padre del niño Carlos Jiménez?
SR. JIMÉNEZ	—Sí, soy yo. ¿Qué se le ofrece?
AGENTE RODRÍGUEZ	—Soy la agente Rodríguez, de la policía local. Ésta es mi identificación.
SR. JIMÉNEZ	—Pase y siéntese. ¿En qué puedo servirle?
AGENTE RODRÍGUEZ	—Su hijo está ingresado en el hospital desde ayer. Ésta es la tercera vez que el niño ingresa en el hospital con lesiones más o menos graves y el médico sospecha que alguien lo está maltratando frecuentemente.
SR. JIMÉNEZ	—¿Qué? ¿Quién dice eso? Eso es mentira. Además, nadie tiene autoridad para decirnos cómo debemos castigar a nuestros hijos.
AGENTE RODRÍGUEZ	—Está equivocado, Sr. Jiménez. En este país no se aceptan ciertas formas de disciplinar a los niños.

 # Vocabulario

COGNADOS

la autoridad   authority
la familia   family
frecuentemente   frequently
local   local

NOMBRES

el arma (*fem.*)   weapon
la bebida   drinking, drink
la cantina, la barra, el bar   bar
el cinto, el cinturón, la correa   belt
el cuerpo   body[1]
el dinero   money
la forma   way
el (la) juez(a)   judge
la lesión   injury
el maltrato   abuse
el (la) médico(a), el (la) doctor(a)   doctor
la mentira   lie
la navaja   switchblade, razor
la orden   warrant, order
el padrastro   stepfather
el país   country
el perdón   pardon, forgiveness
el porqué   reason
la recámara (*Méx.*), **el dormitorio**   bedroom
la sospecha   suspicion
el trabajo   work, job
la vez   time

VERBOS

aceptar   to accept
acusar   to accuse
beber, tomar   to drink
castigar   to punish
conseguir (e:i)   to get, to obtain
disciplinar   to discipline
doler (o:ue)   to hurt, to ache
gustar   to be pleasing, to like
hacer falta   to need, to lack
ingresar   to be admitted (to), to enter
investigar   to investigate
maltratar, abusar (de)   to abuse
matar   to kill
pedir (e:i)   to ask (for)
pegar   to beat
perdonar   to forgive
preguntar   to ask (a question)
quitar   to take away
tratar   to treat

---

[1]In Spanish a dead person is referred as a **cadáver** not as a **cuerpo**.

ADJETIVOS

cansado(a)   tired
cierto(a)   certain
dispuesto(a)   willing
encerrado(a)   locked up, closeted
enojado(a)   angry
ingresado(a)   admitted (to)
lesionado(a)   injured
tercero(a)   third
todo(a)[1]   whole

OTRAS PALABRAS Y EXPRESIONES

a cargo de   in charge of
a la fuerza   by force
adentro   inside
ayer   yesterday
bastante   quite, rather
desde   from
en lugar de   instead of
ése, ésa   that one
eso   that
esta vez   this time
estar equivocado(a)   to be wrong
éste, ésta   this one
hacerle caso a   to pay attention (to someone)
lo que   what, that which
lo único   the only thing
más o menos   more or less
nadie   nobody
Siéntese.   Sit down.
tocar a la puerta   to knock at the door
todos los días   every day
ya   at last, finally

Vocabulario adicional

ARMAS DE FUEGO

la ametralladora   machine gun
la escopeta   shotgun
el rifle   rifle

ARMAS BLANCAS (*Blades*)

el cuchillo   knife
el puñal, la daga   dagger

EXPLOSIVOS (*Explosives*)

la bomba (de tiempo)   (time) bomb
la dinamita   dynamite
la granada de mano   hand grenade

ALGUNOS CASTIGOS CORPORALES (*Some corporal punishments*)

la bofetada, la galleta (*Cuba y Puerto Rico*)   slap
la mordida   bite
la nalgada   spanking, slap on the buttocks
la paliza   beating
la patada   kick
la trompada, el puñetazo   punch

---

[1]The adjective **todo(a)** precedes the article or the possessive: **todo el cuerpo; toda mi casa.**

Notas culturales

- In Spanish-speaking cultures, the concept of **machismo**, in which males are seen as aggressive and authoritative, plays a part in traditional views of gender roles and family. Degrees of male authoritarianism vary widely, and in general, women are important contributors to decision making and share authority in the family. Many Latina women are also part of the work force, and more and more Latino men help with household chores and care of the children.
- In some Spanish-speaking countries, parents are still accustomed to disciplining their children through corporal punishment. This type of discipline is either not prohibited by law or it is tolerated by the authorities. Generally speaking, mothers do the spanking, but if the misbehavior is serious, the father administers more serious punishment. He may hit the children with a belt or a leather strap. It is important, however, not to over-generalize this disciplinary practice and to keep in mind that, in general, Latino families tend to be close-knit units in which all family members spend time together and help and support each other. Usually, unless questions of study or work arise, children continue to live with their parents until they get married, even beyond the time when they are no longer minors.

¿Recuerdan ustedes?

Answer the following questions, basing your answers on the dialogues.

1. ¿Cuál es el problema en la casa de Julia?

   _____

2. ¿Por qué le pega el padrastro de Julia a su mamá? ¿Con qué le pega?

   _____

3. ¿Cómo está el Sr. Aguirre en este momento? ¿Y la señora? ¿A quién debe ver ella inmediatamente?

   _____

4. ¿Quiere hablar con el agente Vera el Sr. Aguirre?

   _____

5. ¿Qué piensa el Sr. Aguirre de la situación?

   _____

6. ¿Qué le duele a la Sra. Aguirre?

   _____

7. ¿Qué decide hacer la Sra. Aguirre?

   _____

8. ¿Es un hombre peligroso el Sr. Aguirre?

   _____

9. ¿Por qué está en el hospital el niño Carlos Jiménez?

   _____

10. ¿Es la primera vez que el niño está allí?

   _____

11. ¿Qué sospecha el médico?

   _____

12. ¿Qué es lo que no se acepta en este país, según (*according to*) la agente Rodríguez?

   _____

Para conversar

Interview a classmate, using the following questions. When you have finished, switch roles.

1. ¿Investiga Ud. a menudo casos de maltrato de miembros de la familia?

   _____

2. Si Ud. viene a una casa para investigar una denuncia, ¿qué le dice primero a la familia?

   _____

3. Si Ud. sospecha que una persona le está pegando a un miembro de la familia, ¿qué hace?

   _____

4. ¿Está Ud. enojado(a) con alguien hoy? ¿Por qué?

   _____

5. ¿Qué toma Ud. cuando le duele la cabeza?

   _____

6. ¿Qué le hace falta a Ud.?

   _____

7. ¿Qué le gusta hacer los sábados?

   _____

Vamos a practicar

A. Change the demonstrative adjectives so that they agree with the new nouns.

1. Este dinero, _____ mentira, _____ maltratos, _____ cantinas

2. Esas recámaras, _____ forma, _____ miembros de su familia, _____ caso

3. Aquel (*that, over there*) país, _____ armas, _____ jueces, _____ familia

B. Complete the following sentences, using *doler*, *gustar*, or *hacer falta*.

   Modelo: A Luis _____ este restaurante.

               A Luis **le gusta** este restaurante.

1. A mí _____ dinero porque necesito comprar ropa.

2. A Teresa _____ todo el cuerpo.

3. A Roberto y a mí no _____ el coche de Sergio porque es amarillo.

4. ¿Cuánto _____ para comprar la casa que tú quieres?

5. Voy a tomar Advil porque _____ las manos.

C. **You are needed as a translator. Write the following dialogues in Spanish. Use direct and/or indirect object pronouns.**

1. "What are you going to do, Anita?"

   "I'm going to tell him that I'm going to call the police."

   _____

   _____

2. "Do you give them money, Mr. Soto?"

   "No, I never give them anything!"

   _____

   _____

3. "Does your husband hit you, Mrs. Varela?"

   "Yes, he hits me when he's drunk."

   _____

   _____

D. **Answer the following questions, using the cues provided. Substitute direct and indirect object pronouns for the italicized objects.**

   Modelo: ¿Quién *le* quita *el dinero a esa mujer*? (su marido)

               Su marido **se lo** quita.

1. ¿Quién *le* dice *la verdad a Ud.*? (mi amigo)

   _____

2. ¿Quién no *les* perdona *los delitos a los ladrones*? (mi padre)

3. ¿Quién *les* consigue *bebidas a los menores de edad*? (nadie)

   _____

4. ¿Quién *le* va a preguntar *eso al padrastro*? (el agente)

   _____

Conversaciones breves

Complete the following dialogue, using your imagination and the vocabulary from this lesson.

Un caso de maltrato:

AGENTE ROCHA —_____

VECINA —El marido de mi vecina le está pegando.

AGENTE ROCHA —_____

VECINA —Sí, siempre le pega. Y cuando está borracho, le pega mucho.

AGENTE ROCHA —_____

VECINA —¿El dinero para bebidas? Su mujer me dice que si ella no se lo da, él se lo quita.

AGENTE ROCHA —_____

VECINA —No sé si tiene armas.

AGENTE ROCHA —_____

VECINA —No sé si va a estar dispuesta a acusar a su marido esta vez.

AGENTE ROCHA —_____

En estas situaciones
What would you say in the following situations? What might the other person say?

1. You arrive at a house where there is a domestic squabble. Ask if you're at the right house, what is going on, if the stepfather is employed, and whether he is armed.

2. You are talking to a battered wife. See if she's hurt and if she needs to go to the hospital. Ask her if she wants to accuse her husband of abuse, and find out if she has a place to spend the night.

3. You go to a house where the parents are suspected of abusing their children. Introduce yourself. Explain that the local doctor suspects abuse because both children are in the hospital again with rather serious injuries. The parents deny everything.

Casos

Act out the following scenarios with a partner.

1. You are a police officer questioning a child about the father's abuse of the mother.

2. Discuss child abuse and counseling with a parent who has been abusing his/her child.

Un paso más

Review the *Vocabulario adicional* in this lesson and match the questions or statements in column A with the answers in column B.

	A		*B*
1. _____	¿Es un rifle?	a.	Porque hay una bomba.
2. _____	¿Cómo dice que lo va a matar?	b.	Tiene que quitársela.
3. _____	¿Cómo castigan al niño?	c.	Con un cuchillo.
4. _____	¿Por qué tenemos que salir del hotel?	d.	Sí, revólveres y ametralladoras.
5. _____	¿Qué explosivos tiene?	e.	Generalmente le dan una nalgada.
6. _____	El niño tiene una navaja.	f.	Dinamita y granadas de mano.
7. _____	¿Le vas a dar una bofetada?	g.	No, es una escopeta.
8. _____	¿La pandilla tiene armas de fuego?	h.	No, una patada.

🔆 *La prueba del alcohol*

Son las tres de la madrugada. El agente López detiene a un hombre por conducir a cincuenta millas por hora, con las luces apagadas, en una zona residencial. El límite de velocidad es de treinta y cinco millas por hora. El hombre parece estar borracho.

AGENTE LÓPEZ	—Arrime el carro a la acera y apague el motor, por favor.
HOMBRE	—¿Qué pasa, agente?
AGENTE LÓPEZ	—El límite de velocidad en este lugar es de treinta y cinco millas por hora, no de cincuenta.
HOMBRE	—Es que estoy muy apurado.
AGENTE LÓPEZ	—Déjeme ver su licencia de conducir, por favor.
HOMBRE	—Está en mi casa...
AGENTE LÓPEZ	—Muéstreme el registro del coche.
HOMBRE	—No lo tengo. El coche no es mío. Es de mi tío.
AGENTE LÓPEZ	—¿Cómo se llama Ud.?
HOMBRE	—Me llamo Juan Lara.
AGENTE LÓPEZ	—Su dirección y su edad, por favor.
SR. LARA	—Vivo en la calle Quinta, número quinientos veinte. Tengo veinte años.
AGENTE LÓPEZ	—Bájese del carro, por favor. Párese con los talones juntos y ponga los brazos a los costados.
SR. LARA	—¡Le digo que estoy apurado!
AGENTE LÓPEZ	—Usando la mano izquierda, tóquese la punta de la nariz con el dedo índice.
SR. LARA	—No puedo... pero no estoy borracho...
AGENTE LÓPEZ	—Ahora cierre los ojos y eche la cabeza hacia atrás.
SR. LARA	—Me voy a caer...
AGENTE LÓPEZ	—Bueno. Camine por esta línea hasta el final y vuelva por la misma línea. Dé nueve pasos.
SR. LARA	—No entiendo... ¿Cuántos pasos? No veo bien la línea.

El Sr. Lara no puede hacer lo que el agente le dice.

AGENTE LÓPEZ	—Cuente con los dedos, así: uno, dos, tres, cuatro... cuatro, tres, dos, uno...
SR. LARA	—Uno, dos, tres, cuatro, tres... Voy a empezar de nuevo...
AGENTE LÓPEZ	—Recite el abecedario, por favor.
SR. LARA	—A, be, ce, de... efe, jota... ene...
AGENTE LÓPEZ	—Voy a leerle algo, Sr. Lara. Preste atención.

"Por ley estatal Ud. tiene que someterse a una prueba química para determinar el contenido alcohólico de su sangre. Ud. puede elegir si la prueba va a ser de su sangre, orina o aliento. Si Ud. se niega a someterse a una prueba o si no completa una prueba, le vamos a suspender el derecho a manejar por seis meses. Ud. no tiene derecho a hablar con un abogado ni a tener un abogado presente antes de decir si va a someterse a una prueba, antes de decidir cuál de las pruebas va a elegir, ni durante la prueba elegida por Ud. Si Ud. no puede, o dice que no puede, completar la prueba elegida por Ud., debe someterse a cualquiera de las otras pruebas y completarla."

 ## Vocabulario

COGNADOS

el alcohol alcohol	**la orina** urine
alcohólico(a) alcoholic	**residencial** residential
el índice index	**la velocidad** velocity, speed
el límite limit	**la zona** zone
la línea line	
el motor engine, motor	

NOMBRES

el abecedario, el alfabeto alphabet
la acera, la banqueta (*Méx.*) sidewalk
el aliento breath
el brazo arm
la cabeza head
el contenido content
el dedo finger
el final end
el límite de velocidad, la velocidad máxima
  speed limit
la madrugada early morning
la milla mile
la nariz nose
el paso step
la prueba test
la prueba del alcohol sobriety test
la punta end, tip
la sangre blood
el talón heel
el (la) tío (tía) uncle (aunt)

VERBOS

apagar to turn off
arrimar to pull over, to place nearby
bajarse to get out (off)
caer (se)[1] to fall
completar to complete
contar (o:ue) to count
dejar to allow, to let
determinar to determine
elegir (e:i)[2] to choose
extender (e:ie) to stretch out, to spread
llamarse to be named, to be called
mostrar (o:ue), enseñar to show
negarse (e:ie) (a) to refuse to
pararse to stand (up)
poner[3] to put
recitar to recite
someterse a to submit (oneself) to
tocar to touch
usar to use

---

[1]Irregular first-person present indicative: **yo (me) caigo**.
[2]First-person present indicative: **yo elijo**.
[3]Irregular first-person present indicative: **yo pongo**.

ADJETIVOS

apagado(a)   out, turned off (*light*)
elegido(a)   chosen
estatal   of or pertaining to the state
juntos(as)   together
mismo(a)   same
químico(a)   chemical

OTRAS PALABRAS Y EXPRESIONES

a los costados   on the sides, at your sides
así   like this
conducir a cincuenta millas por hora   to drive fifty miles per hour
cualquiera   any (one), either
dar un paso   to take a step
de nuevo   over, again
echar la cabeza hacia atrás   to tilt one's head back
Es que...   It's just that...
estar apurado(a), tener prisa   to be in a hurry
prestar atención   to pay attention

Vocabulario adicional

VOCABULARIO AUTOMOVILÍSTICO

el aceite   oil
el acelerador   accelerator, gas pedal
el acumulador, la batería   battery
el amortiguador (de choque)   shock absorber
el arranque, el motor de arranque   starter
el asiento   seat
el asiento para el niño   child's car seat
la bomba de agua   water pump
la bujía   spark plug
el cambio de velocidad   gearshift
el capó, la cubierta   hood
el carburador   carburetor
el cinturón de seguridad   safety belt
el filtro   filter
el foco   light
el freno   brake
la gasolina   gasoline
la goma, el neumático, la llanta   tire
el guardafangos   fender
el indicador   turn signal
el limpiaparabrisas   windshield wiper
la llanta pinchada (ponchada)   flat tire
el maletero, el portaequipajes, la cajuela (*Méx.*), **el baúl** (*Puerto Rico*)   trunk
la palanca de cambio de velocidades, el embrague   gearshift lever
el portaguantes, la guantera   glove compartment

la rueda   wheel
el silenciador   muffler
el tanque   tank
la tapicería   upholstery
la ventanilla   window
el volante, el timón (*Cuba*)   steering wheel

PARA DAR DIRECCIONES

la cuadra (América)   block (one side of a city square)
la manzana   block (city square)
a (dos, cuatro,...) cuadras de aquí   (two, four,...) blocks from here
Doble..., Voltee...   Turn...
la esquina   corner
hasta la...   up to...
Siga derecho.   Go straight ahead.

Notas culturales

- Alcoholism is stigmatized as a vice in most Spanish-speaking countries, but having several drinks or drinking excessively at social functions is acceptable on occasion. Latinos generally don't drink alone, but rather in groups, and rarely with the deliberate intention of getting drunk. In some countries, women drink as much as men; in other countries, women hardly drink at all. The frequency of drunkenness among women in Spanish-speaking countries is, overall, much lower than among women in the United States.
- In the majority of Hispanic countries, there is no age limit for the sale and consumption of alcoholic beverages, and, generally, where age limits exist, they are not enforced. Young people generally participate fully in social gatherings and parties, and it is not unusual for them to drink alcoholic beverages.
- The alcoholic beverages most consumed in Hispanic countries are beer, wine, tequila, rum, cognac, and whiskey. Cider, an alcoholic beverage, is the preferred beverage for toasts. Upon toasting, Spanish-speaking people generally say **¡Salud!** ("To your health!"). In Spain, one frequently says **¡Salud, amor y pesetas,**[1] **y tiempo para gastarlas!** ("Health, love, and pesetas, and the time to spend them!").

¿Recuerdan ustedes?

Answer the following questions, basing your answers on the dialogue.

1. ¿Por qué detiene al hombre el agente López?

    _____

2. ¿Cuál es el límite de velocidad en la zona residencial?

    _____

3. ¿Parece estar borracho el hombre?

    _____

4. ¿Por qué dice el hombre que está manejando a cincuenta millas por hora?

    _____

5. ¿Qué le pide el agente López?

    _____

6. ¿Tiene el hombre el registro del carro?

    _____

7. ¿Cómo se llama el hombre y cuántos años tiene?

    _____

8. ¿Cómo debe pararse?

    _____

---

[1]Spanish currency

9. ¿Qué debe hacer usando la mano izquierda?

   _____

10. ¿Qué debe hacer después de cerrar los ojos?

    _____

11. ¿Cuántos pasos debe dar el hombre?

    _____

12. ¿Para qué tiene que someterse el Sr. Lara a una prueba química?

    _____

Para conversar

Interview a classmate, using the following questions. When you have finished, switch roles.

1. ¿Para qué es la prueba del alcohol?

   _____

2. ¿Cuáles son las tres clases de pruebas?

   _____

3. ¿Qué pasa si yo me niego a someterme a la prueba del alcohol?

   _____

4. Si yo me someto a la prueba del alcohol, ¿puede estar presente mi abogado(a)?

   _____

5. ¿Qué pasa si yo no puedo completar la prueba?

   _____

6. ¿Cómo se llama Ud.?

   _____

7. ¿Puede Ud. decirme su dirección y su edad?

   _____

8. ¿Puede Ud. cerrar los ojos y tocarse la punta de la nariz?

   _____

Vamos a practicar

A. Complete the following sentences with the Spanish equivalent of the words in parentheses.

1. Mi sangre es "O" positiva y _____ es "A" negative. (*his*)

2. Sus hijos viven en California y _____ viven en México. (*mine*)

3. Mi apartamento queda en la calle Azalea. ¿Dónde queda _____, Sra. Vega? (*yours*)

4. Yo _____ a las seis y ellos _____ a las ocho. (*get up / get up*)

5. ¿A qué hora _____ Uds.? (*go to bed*)

6. Nosotros _____ ahora. (*go away*)

7. ¿Ud. _____ de la Sra. Peña? (*remember*)

B. **You have just stopped a woman for erratic driving. Use commands to tell her to do the following.**

1. poner las manos en el volante (*steering wheel*)

   _____

2. apagar el motor y bajarse del carro

   _____

3. prestar atención y no hablar

   _____

4. pararse con los brazos a los costados

   _____

5. extender los brazos, cerrar los ojos y echar la cabeza hacia atrás

   _____

C. **You suspect that two men who are creating a disturbance in the street are drunk. Use commands to tell them to do the following.**

1. tocarse la nariz

   _____

2. caminar

   _____

3. recitar el alfabeto

   _____

4. contar con los dedos

   _____

Un paso más

A. Review the *Vocabulario adicional* in this lesson and match the items in column A with the Spanish equivalent in column B.

A

1. _____ turn signal
2. _____ starter
3. _____ water pump
4. _____ carburetor
5. _____ oil
6. _____ tire
7. _____ battery
8. _____ windshield wiper
9. _____ gas pedal
10. _____ spark plug
11. _____ steering wheel
12. _____ upholstery
13. _____ windshield
14. _____ window
15. _____ glove compartment
16. _____ gearshift
17. _____ wheel
18. _____ hood
19. _____ tank
20. _____ filter
21. _____ flat tire
22. _____ muffler
23. _____ trunk
24. _____ brake
25. _____ fender
26. _____ seat

B

a. tapicería
b. guardafangos
c. parabrisas
d. maletero
e. rueda
f. silenciador
g. limpiaparabrisas
h. portaguantes
i. tanque
j. ventanilla
k. aceite
l. bujía
m. cambio de velocidades
n. carburador
o. acelerador
p. capó
q. volante
r. indicador
s. asiento
t. llanta pinchada
u. arranque
v. filtro
w. bomba de agua
x. acumulador
y. freno
z. goma

B. **You are a traffic policeman standing at the intersection of Novena Avenida and Calle 10, as indicated in the city map on page 97. Tell how to get to the following places to six people who ask you:**

1. estación de policía   3. escuela secundaria   5. consulado de México
2. hospital   4. hotel   6. mercado

1. _____

_____

2. _____

_____

3. _____

_____

4. _____

_____

5. _____

_____

6. _____

_____

Sección del plano de una ciudad

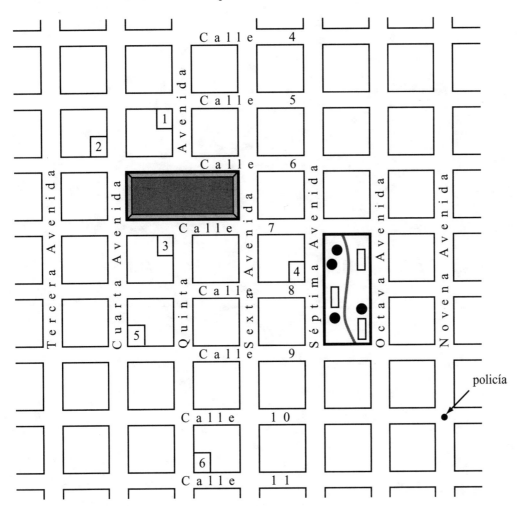

● *La policía investiga un robo*

Esta mañana la Sra. Ramos llamó por teléfono a la policía para denunciar un robo. Una hora después llegó a su casa el sargento Nieto, de la Sección de Robos.

El sargento Nieto habla con la Sra. Ramos:

SARGENTO NIETO	—Buenos días, señora. Soy el sargento Nieto, de la Sección de Robos. Aquí está mi identificación.
SRA. RAMOS	—Buenos días, sargento. Llamé porque anoche entraron ladrones en la casa.
SARGENTO NIETO	—¿Qué les robaron, señora?
SRA. RAMOS	—Muchas cosas: dos televisores, una cámara de vídeo, la computadora, el tocadiscos de discos compactos, varias joyas y unos ochenta dólares en efectivo.
SARGENTO NIETO	—¿De qué marca son todos esos equipos?
SRA. RAMOS	—La computadora es de la IBM, los televisores son un JVC de diecinueve pulgadas y un RCA de veinticuatro pulgadas. Los demás equipos son también de la RCA.
SARGENTO NIETO	—¿Tiene el número de serie de todos los equipos robados?
SRA. RAMOS	—Creo que sí. Nosotros los compramos a plazos y yo tengo guardados los contratos. Un momento.

La señora se va y vuelve con los contratos. El sargento Nieto los revisa.

SARGENTO NIETO	—Aquí falta el contrato de uno de los televisores.
SRA. RAMOS	—Es verdad. Ahora me acuerdo de que lo tiré a la basura cuando terminé de pagarlo.
SARGENTO NIETO	—Y... ¿no anotó el número de serie?
SRA. RAMOS	—No, no lo anoté. Ya sé que fue una tontería.
SARGENTO NIETO	—¿Por dónde entraron los ladrones?
SRA. RAMOS	—Por la ventana del cuarto de mi hijo mayor. Forzaron la cerradura. Mire, como anoche llovió, dejaron algunas huellas de barro en la alfombra.
SARGENTO NIETO	—¿Limpiaron Uds. la casa después del robo?
SRA. RAMOS	—No, no tocamos nada.
SARGENTO NIETO	—Bien. Luego van a venir los técnicos para ver si dejaron algunas huellas digitales. Ud. no tiene idea de a qué hora fue el robo, ¿verdad?
SRA. RAMOS	—No. Mi hijo menor tiene el descanso de primavera. Lo llevamos a la playa y nos quedamos allá hasta hoy.
SARGENTO NIETO	—¿Su hijo mayor también fue a la playa?
SRA. RAMOS	—Sí, todos fuimos y volvimos juntos.
SARGENTO NIETO	—Bueno, eso es todo, Sra. Ramos. Ahora voy a hablar con los vecinos para continuar las averiguaciones.
SRA. RAMOS	—Yo hablé con los vecinos de al lado y ellos no vieron a nadie sospechoso rondando la casa.

SARGENTO NIETO	—Y yo le di mi tarjeta, ¿verdad? Llámeme si tiene algo nuevo que decirme.
SRA. RAMOS	—Gracias por su ayuda, sargento. Y, por favor, si Ud. averigua algo, llámeme.
SARGENTO NIETO	—Claro que sí, señora.

💿 Vocabulario

COGNADOS

la cámara de vídeo, la videocámara video camera	la idea idea
el contrato contract	la serie series
el disco compacto compact disc	el (la) técnico(a) technician
el dólar dollar	

NOMBRES

la alfombra carpet
la averiguación investigation
la basura trash, garbage
el barro, el fango mud
la cerradura lock
la computadora, el ordenador (*España*) computer
el cuarto, la habitación room
el descanso (las vacaciones) de primavera
 spring break
el equipo equipment
la huella footprint
la huella digital fingerprint
la joya jewelry
la mañana morning
la marca brand
el número de serie serial number
la playa beach
la primavera spring
el pueblo town
el televisor television set
el tocadiscos record player
la tontería foolishness, nonsense
las vacaciones vacation

VERBOS

acordarse (o:ue) (de) to remember
anotar to write down, to take note of
averiguar to find out
comprar to buy
continuar to continue
faltar to be missing, to lack
forzar (o:ue) to force
irse to go away, to leave
limpiar to clean
quedarse to stay

revisar, chequear to review, to check
robar to rob, to steal from
rondar to prowl
terminar to finish
tirar, botar to throw away

ADJETIVOS

cercano(a) near, nearby
guardado(a) put away, saved
juntos(as) together
mayor older, oldest
robado(a) stolen, robbed

OTRAS PALABRAS Y EXPRESIONES

a plazos in installments, on time (payments)
anoche last night
Claro que sí. Of course.
como since, being that
de al lado next-door (*neighbor, house*)
en efectivo in cash
los demás the remaining (ones)
luego later, afterwards
terminar de (+ *inf.*) to finish (doing
 something)

Vocabulario adicional

ALGUNOS ARTÍCULOS USADOS PARA COMETER DELITOS (*Some crime paraphernalia*)

el cortavidrios   glass cutter
el documento falso   forged document
la escala de soga   rope ladder
la escalera de mano   hand ladder
la identificación falsa   fake identification, forged ID
la jeringuilla   hypodermic syringe
la llave falsa, la ganzúa   skeleton key, picklock
la máscara   mask
la mordaza   gag
la pata de cabra   crowbar
la piedra   stone, rock
la sierra de mano, el serrucho de mano   handsaw
la soga   rope

PARA HABLAR DEL TIEMPO (*To talk about the weather*)

hacer buen tiempo   to have good weather
hacer (mucho) calor   to be (very) hot
hacer (mucho) frío   to be (very) cold
hacer (mucho) sol   to be (very) sunny
hacer (mucho) viento   to be (very) windy
la lluvia   rain
llover (o:ue)   to rain
la neblina, la niebla   fog
nevar (e:ie)   to snow
la nieve   snow

LAS ESTACIONES (*Seasons*)

la primavera   spring
el verano   summer
el otoño   autumn
el invierno   winter

Notas culturales

*Note that Latinos use a polite handshake when meeting someone for the first time. A handshake is also used for leave-taking.

*When saying hello or good-bye and when being introduced, Hispanic men and women almost always shake hands. When greeting each other, girls and women often place their cheeks together, kissing not each other's cheek but the air. In Spain, this kissing is done on both cheeks. Men who are close friends normally embrace and pat each other on the back.

*Remember that in the Southern hemisphere the seasons are reversed. For example: when it is winter in the U.S., it is summer in Argentina.

¿Recuerdan ustedes?

Answer the following questions, basing your answers on the dialogue.

1. ¿Para qué llamó la Sra. Ramos a la policía?

   _____

2. ¿Para qué fue el agente Nieto a su casa?

   _____

3. ¿Qué les robaron?

   _____

4. ¿De qué marca son los televisores? ¿Y la computadora?

   _____

5. ¿Sabe la Sra. Ramos todos los números de serie? ¿Por qué?

   _____

6. ¿Cómo entraron los ladrones en la casa?

    _____

7. ¿Para qué van a venir los técnicos?

    _____

8. ¿Adónde fueron la Sra. Ramos y su familia ayer?

    _____

9. ¿Qué más va a pasar?

    _____

10. ¿Qué le dio el sargento Nieto a la Sra. Ramos?

    _____

Para conversar

Interview a classmate, using the following questions. When you have finished, switch roles.

1. ¿Adónde fue Ud. ayer?

    _____

2. ¿Le dio su tarjeta a alguien?

    _____

3. ¿Se quedó en casa anoche?

    _____

4. ¿Tiene Ud. una computadora en su casa? ¿De qué marca es? Cuando la compró, ¿anotó el número de serie?

    _____

5. ¿Se acuerda Ud. dónde compró su televisor? ¿Lo compró a plazos?

    _____

6. ¿Alguien lo (la) llamó a Ud. esta mañana? ¿Quién fue?

    _____

7. Si Ud. ve a alguien sospechoso rondando una casa, ¿qué hace?

    _____

8. ¿Llovió anoche?

    _____

Vamos a practicar

A. **Change the following paragraph to indicate that the actions took place in the past. Pay special attention to the verbs in italics.**

Cuando la familia García *sale* de su casa, los ladrones *entran* y le *roban* la computadora. Cuando la familia *regresa*, la Sra. García *llama* a la policía. *Habla* con el sargento Smith y le *da* el número de serie del equipo. El sargento le *promete* investigar el caso. Por la tarde, el sargento *va* a la casa de los García.

_____

_____

_____

_____

_____

B. **Fill in the blanks with *por* or *para*, as needed.**

1. Los ladrones entraron _____ una ventana.

2. El sargento viene _____ averiguar el robo.

3. Me llamó _____ teléfono _____ decirme tonterías.

4. Ella guarda dinero _____ su fiesta.

5. Compré una computadora _____ mi hija _____ muy poco dinero.

6. No puede identificar la cámara de vídeo _____ no tener el número de serie.

7. _____ entrar en la casa, los ladrones forzaron la ventana.

8. Salimos _____ la mañana, pero la fiesta (*party*) fue _____ la noche.

9. Nos fuimos de vacaciones _____ dos semanas.

10. Una niña pequeña no debe andar sola _____ la calle.

C. **Write questions that elicit the following answers.**

1. _____
   Anoche entramos por la ventana.

2. _____
   Fuimos a la casa de la Sra. Araujo.

3. _____
   Les di cien dólares.

4. _____

No, no entendimos la conversación.

5. _____

Volví a mi casa a las nueve y media.

6. _____

Sí, yo fui el agente que investigó el robo.

Conversaciones breves

Complete the following dialogue, using your imagination and the vocabulary from this lesson.

Investigando un robo:

AGENTE —_____

MUJER —Me robaron un televisor y una cámara de vídeo.

AGENTE —_____

MUJER —El televisor es un RCA portátil, de diecinueve pulgadas y la cámara de vídeo, una Sony.

AGENTE —_____

MUJER —Sí, también me robaron una computadora nueva, una IBM.

AGENTE —_____

MUJER —Entraron por la ventana.

AGENTE —_____

MUJER —¡Bah! Mis vecinos nunca ven nada. Siempre están mirando (*watching*) televisión.

AGENTE —_____

En estas situaciones

What would you say in the following situations? What might the other person say?

1. You are investigating a burglary. Ask the victim if he/she called the police, when the burglary took place, what the burglars took, and whether he/she knows how they got in.

2. You are talking to a burglary victim. Say that you are going to talk with the neighbors to try to find out if anybody saw anything. Explain that the technicians are going to come this afternoon to look for fingerprints. The victim asks you to call if you find out anything new.

3. You are talking to the neighbors of a person whose house was robbed. Introduce yourself and explain the reason for your visit. Ask if they saw anyone prowling around last night. They say they saw two suspicious young men in a strange car in front of the house, but they never got out. Tell them to call you if they remember anything new.

Casos

Act out the following scenarios with a partner.

1. You are a police officer talking to a victim of a burglary.

2. You describe to your partner, who was not on duty last night, all you know about the break-in on Cisne Street.

Un paso más

A. Review the *Vocabulario adicional* in this lesson and then list the paraphernalia that you associate with the following crimes.

1. el vandalismo _____

    _____

2. el homicidio _____

    _____

3. el uso de drogas _____

    _____

4. el robo_____

    _____

5. el contrabando _____

    _____

6. la estafa (*swindle*) _____

    _____

B. Review the expressions in the *Vocabulario adicional* for describing weather conditions. Describe what the weather is like in each of the following cities during the season that is indicated.

1. Phoenix, Arizona, en verano: _____

2. Chicago, en el otoño: _____

3. Oregón, en el invierno: _____

4. San Diego, California, en la primavera: _____

5. San Francisco, en el invierno: _____

Lectura 2

❂ *Recomendaciones para prevenir el robo en las tiendas*

Read the information about shoplifting in the following pamphlet for shop owners.
Try to guess the meaning of all cognates. Then, do the exercise that follows.

RECOMENDACIONES PARA PREVENIR EL ROBO EN LAS TIENDAS

1. Los empleados tienen que estar alerta. Ud. debe formular un método comprensivo que todos los empleados pueden seguir* si ven a una persona robando.

   pueden... can follow

2. Los empleados tienen que poder ver todo lo que* pasa en la tienda. Los mostradores* no deben ser más altos que el nivel de la cintura.* Se recomienda poner espejos* en los rincones* de la tienda.

   lo... what / counters

   waist / poner... to put   mirrors / corners

3. Deben colocar* los mostradores cerca de la puerta de salida.* De este modo,* los clientes pasan frente a los cajeros.*

   place / exit / De... This way / cashiers

4. No recomendamos poner la mercancía más cara* cerca de la puerta.

   expensive

Una advertencia contra* el robo en las tiendas siempre debe estar a la vista.

against

---

1. Which of the following suggestions does the brochure make to prevent shoplifting?

   ____ a. Recomiendan tener una puerta en el fondo (*in the back*) de la tienda.

   ____ b. Cada empleado(a) debe decidir por sí mismo(a) (*by him/herself*) qué hacer si ve a una persona robando.

   ____ c. Es una buena idea poner en un lugar (*place*) muy visible una advertencia contra el robo en las tiendas.

   ____ d. Los mostradores deben ser muy bajos (*low*).

   ____ e. No deben poner los productos más caros cerca de la puerta.

2. If you were advising the owner of a store in a high-crime area, which of the anti-shoplifting measures in the Spanish brochure would you present as the most effective?

Repaso

LECCIONES 6–10

Práctica de vocabulario

A.   Circle the word or phrase that does not belong in each group.

1. automóvil   carro   dedo

2. aguja   juicio   abogada

3. mano   derecho   brazo

4. infracción de tránsito   multa   equipo

5. tragos   corazón   borracho

6. antes   a plazos   después

7. peca   tío   hijo

8. mentira   cigarrillo   fumar

9. rubio   lastimado   pelirrojo

10. hablar   correr   decir

11. aceptar   abusar   maltratar

12. volver   pegar   matar

13. enojada   en este lugar   adentro

14. agarra   coge   apaga

15. botan   tiran   averiguan

16. ordenador   computadora   cerradura

17. anoche   cercano   de al lado

18. cámara de vídeo   guantera   televisor

B. Circle the word or phrase that best completes each sentence.

1. No sé quién cometió (el delito/el derecho/la escuela).

2. ¿Dónde está el dinero? ¿En tu (joven/bolsillo/aguja)?

3. (El edificio/La pared/El chofer) está en el carro.

4. El tocadiscos es de ella; ella es (la clienta/la dueña/la estudiante).

5. No (recuerdo/detengo/empiezo) el nombre de este señor...

6. Maneja (dentro del/bajo los efectos del/a cargo del) alcohol.

7. ¿Es gordo o (delgado/amarillo/endrogado)?

8. El coche está (en la licorería/en la navaja/en la zona de estacionamiento).

9. Mide seis pies, cuatro (tatuajes/suelos/pulgadas).

10. Le va a pegar con un (miembro/cinto/aliento).

11. Vienen a las cuatro de la mañana. (¡De madrugada!/¡Cualquiera!/¡Durante!)

12. (Las huellas/Las monedas/Los números) digitales están en la ventana.

13. Yo voy con Roberto. Nosotros siempre vamos (cansados/callados/juntos).

14. Con el dinero que robó, el ladrón quiere (vender/limpiar/comprar) drogas.

15. Tenemos (más o menos/a la fuerza/en contra de) cien dólares.

16. Tiene que (echar/mostrar/dar) nueve pasos.

17. Eche la cabeza (hacia/juntos/luego) atrás.

18. Dejaron huellas de barro en la alfombra porque anoche (llovió/apagó, dejó).

19. Párese con los talones (a menudo/juntos/después).

20. Ponga los brazos (a los costados/a diez millas/de nuevo).

C. **Match the items in column A with the appropriate word or phrase in column B.**

<table>
<tr><td>A</td><td>B</td></tr>
</table>

A

1. _____ Muéstreme el registro, por favor.

2. _____ ¿Ellas están muy enojadas con la vecina?

3. _____ ¿De qué país son?

4. _____ ¿Dices que él está muy enfermo?

5. _____ ¿Qué puedo hacer?

6. _____ ¿Cuándo lo viste?

7. _____ ¿Con quién va Teresa?

8. _____ ¿No va a conducir Juan?

9. _____ ¿Cómo está tu tío?

10. _____ ¿Qué tienes en el cuarto?

11. _____ ¿Qué le van a hacer?

12. _____ ¿Dónde está el hospital?

13. _____ ¿Tú hablaste con él?

14. _____ ¿Por qué no van a esa calle?

15. _____ ¿Se van hoy?

B

a. Sí, está ingresado en el hospital.

b. Ayer.

c. Lo siento, pero no lo tengo conmigo.

d. No, porque está borracho.

e. A dos millas de aquí.

f. Porque el tránsito está prohibido.

g. De Colombia.

h. No sé. Tú tienes que decidir.

i. Sí, y vuelven la semana próxima.

j. Conmigo.

k. Sí, porque ella siempre dice tonterías.

l. La prueba del alcohol.

m. Un disco compacto.

n. Mejor.

o. No, porque él se niega a verme.

D. Crucigrama

HORIZONTAL

4. Quiero ése en _____ de éste.

5. *to forgive*, en español

8. ¿Es por la _____ o por la tarde?

9. Es el esposo de mi mamá, pero no es mi papá; es mi _____ .

11. Es muy tarde y no hay _____ tiempo para terminar el informe hoy.

13. un revólver, por ejemplo

14. cinto

18. carro

19. parecer: yo _____ .

20. Se puede comprar bebidas alcohólicas en una _____ .

22. opuesto de con

23. Escribe con la mano izquierda porque es _____ .

24. No me hace _____ .

25. ¿Cuál es la _____ máxima?

26. coge

VERTICAL

1. opuesto de dar

2. con frecuencia

3. opuesto de gorda

6. Tóquese la punta de la _____ .

7. bar

10. alfabeto

12. María dice que son de Lima, pero ella está _____ ; son de Santiago.

13. Perry Mason, o Matlock, por ejemplo.

15. No es diferente; es el _____ .

16. El Empire State, por ejemplo.

17. Tienes que manejar a 25 millas por hora en un distrito _____ .

18. Tengo prisa: estoy _____ .

21. mostrar

24. Ella _____ de uno a diez en español.

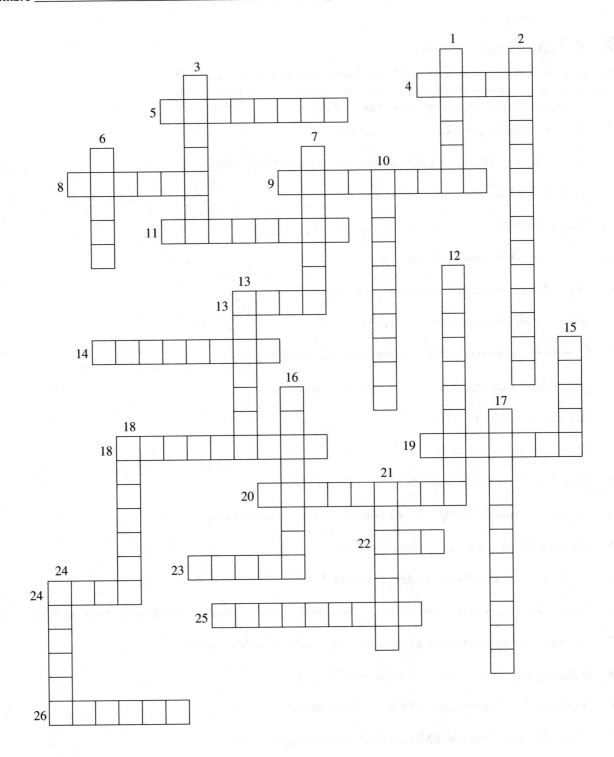

💿 Práctica oral

Listen to the following exercise on the audio program. The speaker will ask you some questions. Answer the questions, using the cues provided. The speaker will confirm the correct answer. Repeat the correct answer.

1. ¿Cuánto mide Ud.? (cinco pies, diez pulgadas)

2. ¿Qué marcas visibles tiene Ud.? (un tatuaje en el brazo izquierdo)

3. ¿Adónde fue Ud. ayer? (a la comisaría)

4. ¿Con quién habló Ud. ayer? (con el técnico)

5. ¿A quién vio Ud. anoche? (a mi familia)

6. ¿A qué hora volvió a su casa anoche? (a las ocho)

7. ¿Hay alguien en su casa en este momento? (no)

8. Cuando Ud. necesita dinero, ¿a quién se lo pide? (a nadie)

9. ¿Le robaron a Ud. algo esta mañana? (sí, mis joyas)

10. ¿De qué marca es su televisor? (Sony)

11. ¿Cuándo compró Ud. su televisor? (en abril)

12. ¿Sabe Ud. el número de serie de su videocámara? (no)

13. ¿A quiénes llama Ud. si alguien está lastimado? (a los paramédicos)

14. ¿Cómo se llama la doctora? (Luisa Morales)

15. ¿Quién pagó una multa esta tarde? (la señora de al lado)

16. Cuando Ud. sospecha que alguien maneja bajo la influencia del alcohol, ¿qué hace? (la prueba del alcohol)

17. ¿Alguien se negó a someterse a la prueba del alcohol? (sí, la Srta. Silva)

18. Si alguien maneja muy rápido, ¿lo detiene Ud.? (sí)

19. ¿Recuerda Ud. la advertencia Miranda? (claro que sí)

20. ¿Puede leerle la advertencia Miranda a alguien en español? (sí)

21. ¿Puede Ud. interrogar a un detenido en español? (sí)

22. ¿Siempre entiende bien cuando alguien le habla en español? (a veces)

23. ¿A quién interrogó Ud. hoy? (al esposo de una mujer maltratada)

24. ¿Ya terminó la averiguación? (sí)

25. ¿Investiga Ud. casos de maltrato a menudo? (sí, frecuentemente)

🔵 ¡Más robos!

El Sr. Gómez vino a la comisaría a denunciar el robo de su carro. Ahora está hablando con el sargento Alcalá, de la Sección de Robos.

SARGENTO ALCALÁ	—¿Cuándo le robaron su carro?
SR. GÓMEZ	—Anoche. Mi hijo lo dejó estacionado frente a la casa y yo creo que no lo cerró con llave.
SARGENTO ALCALÁ	—¿El carro es suyo o de su hijo?
SR. GÓMEZ	—Es mío, pero anoche mi hijo me lo pidió prestado para ir a una fiesta. Él fue el último que lo manejó.
SARGENTO ALCALÁ	—¿A qué hora regresó su hijo?
SR. GÓMEZ	—Como a las once.
SARGENTO ALCALÁ	—¿Vio el carro Ud. a esa hora?
SR. GÓMEZ	—Sí, señor. Y él me dio la llave cuando llegó.
SARGENTO ALCALÁ	—Por favor, dígame la marca, el modelo y el año de su carro.
SR. GÓMEZ	—Es un Ford Taurus, azul claro, del año noventa y siete.
SARGENTO ALCALÁ	—¿Cuál es el número de la placa de su carro?
SR. GÓMEZ	—PED 530.
SARGENTO ALCALÁ	—¿Está asegurado su carro?
SR. GÓMEZ	—Sí, señor, contra todo riesgo.
SARGENTO ALCALÁ	—¿Ya está totalmente pagado el carro, Sr. Gómez?
SR. GÓMEZ	—No, todavía debo muchos plazos.
SARGENTO ALCALÁ	—¿Está atrasado en los pagos?
SR. GÓMEZ	—La verdad es que no estoy al día. Debo como dos meses. Es que tuvimos que pagar muchas cuentas, pero ahora mi esposa consiguió un buen trabajo.
SARGENTO ALCALÁ	—Muy bien. Voy a entregarles las copias del informe a los patrulleros.
SR. GÓMEZ	—A ver si lo encuentran pronto. Muchas gracias, sargento.
SARGENTO ALCALÁ	—No hay de qué, Sr. Gómez.

La Sra. Vega también vino a la comisaría a denunciar un robo. Ahora está hablando con el sargento Rivas.

SRA. VEGA	—¡No puedo creerlo! Hace veinte años que vivo aquí y nunca antes hubo un robo en el vecindario.
SARGENTO RIVAS	—¿Revisó bien la casa para ver todo lo que le falta?
SRA. VEGA	—Sí. Hice una lista de lo que falta: cubiertos de plata, la videocasetera, una grabadora, una cámara de vídeo y una computadora.
SARGENTO RIVAS	—¿Se llevaron algún arma?
SRA. VEGA	—¡Ah, sí... ! Una pistola de mi esposo.
SARGENTO RIVAS	—Esa pistola, ¿está registrada?

SRA. VEGA	—Creo que sí, pero no estoy segura. Mi esposo murió el año pasado.
SARGENTO RIVAS	—Anóteme la marca, descripción y valor aproximado de todos los objetos robados, por favor.
SRA. VEGA	—Muy bien.
SARGENTO RIVAS	—¿Son todos los objetos robados propiedad de Ud.?
SRA. VEGA	—Sí, señor. Son míos.
SARGENTO RIVAS	—Bien, vamos a hacer todo lo posible por recobrarlos. (*Al agente Soto*) Lleva a la Sra. Vega a su casa, por favor. Después ven a mi oficina y tráeme los informes que te pidió el sargento Viñas.

🔊 Vocabulario

COGNADOS

aproximado(a)	approximate	**la lista**	list
la copia	copy	**el modelo**	model
la descripción	description	**el objeto**	object, item
		registrado(a)	registered

NOMBRES

el año year
los cubiertos silverware (forks, knives, etc.)
la cuenta bill
el empleo, el trabajo job
la fiesta party
la grabadora tape recorder
el pago payment
la placa, la chapa license plate
la plata silver
el plazo installment
la propiedad property
el riesgo risk
el valor value
el vecindario, el barrio neighborhood
la verdad truth
la videocasetera, la videograbadora videocassette recorder (VCR)

VERBOS

deber to owe
encontrar (o:ue) to find
entregar to give, to turn over (i.e., something to someone)
llevarse to steal (*literally*, to carry away)
morir (o:ue), fallecer to die, to pass away
recobrar to recover

ADJETIVOS

asegurado(a) insured
atrasado(a) behind
cerrado(a) closed, locked
claro(a) light (*in color*)
estacionado(a) parked
pagado(a) paid (for)
pasado(a) last
todo(a) all
último(a) last (*in a series*)

OTRAS PALABRAS Y EXPRESIONES

al día up to date
como about, approximately
contra against
hubo there was (were)
No hay de qué. You're welcome.
nunca antes never before
pedir prestado(a) to borrow
todo lo posible everything possible
totalmente totally

Vocabulario adicional

PASADO, PRESENTE Y FUTURO (*Past, present, and future*)

a mediados de mes   about the middle of the month
a mediados de semana   about the middle of the week
a medianoche   at midnight
al mediodía   at noon
al amanecer, de madrugada   at dawn, at daybreak
al anochecer   at dusk
anteanoche, antes de anoche   the night before last
anteayer, antes de ayer   the day before yesterday
durante el día   during the day
durante la noche   during the night
el año que viene, el año próximo   next year
el mes pasado   last month
el mes que viene, el mes próximo   next month
la semana pasada   last week
la semana que viene, la semana próxima   next week
pasado mañana   the day after tomorrow
temprano   early

Notas culturales

*Automobile insurance is not mandatory in many Spanish-speaking countries, and thus the habit of insuring cars is not as widespread in Latin America as it is in the United States. Many Latinos who immigrate to the United States leave their cars uninsured, either out of habit, because they are unaware that automobile insurance is mandatory, or because they cannot afford to pay high insurance premiums.

*In most Latino families children generally live with their parents until they get married or go away to college. They have a very close relationship not only with their parents but with their grandparents and other members of the extended family.

¿Recuerdan ustedes?

Answer the following questions, basing your answers on the dialogues.

1. ¿Para qué vinieron el Sr. Gómez y la Sra. Vega a la comisaría? ¿Con quién está hablando ahora?

   _____

2. ¿Quién fue el último que manejó el carro? ¿Dónde lo dejó estacionado?

   _____

3. ¿Puede Ud. describir el carro del Sr. Gómez?

   _____

4. ¿Está totalmente pagado el carro del Sr. Gómez?

   _____

5. ¿Cuántos meses debe el Sr. Gómez? ¿Por qué está atrasado en los pagos?

_____

6. ¿Cuántos años hace que la Sra. Vega vive en el barrio?

_____

7. ¿Hubo antes algún robo en el vecindario?

_____

8. ¿Qué hizo la Sra. Vega después del robo?

_____

9. ¿Qué se llevaron los ladrones?

_____

10. ¿Está registrada la pistola del Sr. Vega?

_____

11. ¿De quién son los objetos robados?

_____

12. ¿Qué va a hacer el agente Soto?

_____

Para conversar

Interview a classmate, using the following questions. When you have finished, switch roles.

1. ¿Cuánto tiempo hace que Ud. trabaja en el Departamento de Policía?

_____

2. ¿Hacen Uds. todo lo posible por recobrar objetos robados?

_____

3. ¿Cuándo fue la última vez que Ud. hizo un informe sobre (*about*) un robo de un carro?

_____

4. ¿Cuál es el número de la chapa de su carro?

_____

5. ¿Está Ud. atrasado(a) en los pagos de su carro?

_____

6. ¿Está asegurado su carro?

_____

7. ¿Cerró Ud. con llave su carro anoche?

_____

8. ¿Hubo algún robo en su barrio recientemente (*recently*)?

_____

Vamos a practicar

A. Create sentences with the elements provided, using *hace* + time + *que* + verb.

1. tres años / (yo) tener / carro

_____

2. dos horas / sargento Alcalá / hablar / Sr. Gómez

_____

3. ¿Cuántos años / (Ud.) vivir / en esa casa?

_____

4. quince minutos / (yo) revisar / la casa

_____

5. veinte años / mi esposo / tener / esas pistolas

_____

6. media hora / la Sra. Vega / anotar / la marca / los objetos robados

_____

7. dos meses / (nosotros) no estar / al día

_____

B. Rewrite the following sentences in the preterit tense according to the cues given.

Modelo: Hoy la agente Rojas viene a entregar el informe.

Ayer la agente Rojas **vino** a entregar el informe.

1. Tengo que anotar todos los datos.

Ayer _____

2. Estamos en la fiesta de una vecina.

Anoche _____

3. No puedo comprar un seguro contra todo riesgo.

Cuando compré el carro _____

4. Ellos lo saben.

Anoche _____

5. La Sra. Ramos hace la denuncia en la estación de policía.

   Ayer _____

6. No quiere decir nada.

   Anoche _____

7. La señora dice la verdad.

   Ayer _____

8. Conduzco el coche de mi tío a toda velocidad.

   Anoche _____

9. Sirven tequila en la fiesta.

   El sábado pasado _____

10. Elsa duerme muy mal.

    Anoche _____

11. Uds. no le piden nada.

    Ayer _____

12. Muchas personas prefieren ir a México.

    El año pasado _____

C. Doña Marta wants her son Roberto to help her out. She gives Roberto the following instructions. Use the Spanish equivalent of each command in parentheses.

Doña Marta —_____ (*Come*) aquí, Roberto. _____ (*Do me*) un favor: _____

(*bring me*) hoy los libros a la oficina, pero _____ (*don't give them*) a mi secretaria; _____

(*put them*) en mi escritorio (*desk*). _____ (*Call*) a tu papá y _____ (*tell him*) que necesito

hablar con él. _____ (*Give him*) el número de teléfono de mi nuevo trabajo. Esta noche, _____ (*go*) a la

casa de tu hermano Diego y _____ (*ask him*) si puede venir a casa mañana. Pero _____ (*come back*)

a las ocho porque tienes que estudiar. ¡ Ah!, si no puedes hablar con tu papá, _____ (*write him*) una nota.

Conversaciones breves

Complete the following dialogues, using your imagination and the vocabulary from this lesson.

El sargento Miño habla con la Sra. Paz del robo de su carro.

SARGENTO MIÑO —_____

SRA. PAZ —No, no estoy al día. Debo como cuatro meses.

SARGENTO MIÑO   — _____

SRA. PAZ   —No, no tengo seguro.

SARGENTO MIÑO   — _____

SRA. PAZ   —Lo dejé en la calle. No lo puse en el garaje anoche.

SARGENTO MIÑO   — _____

SRA. PAZ   —No, no las tengo. Las dejé en el coche.

SARGENTO MIÑO   — _____

SRA. PAZ   —Sí, yo sospecho de mi vecino...

SARGENTO MIÑO   — _____

SRA. PAZ   —Es un Mazda 1992, de cuatro puertas.

SARGENTO MIÑO   — _____

El Sr. Ortega denuncia un robo.

AGENTE BARRIOS   —¿Hizo Ud. una lista de lo que falta?

SR. ORTEGA   — _____

AGENTE BARRIOS   —¿Puede darme la marca, descripción y valor aproximado de los objetos robados?

SR. ORTEGA   — _____

_____

_____

AGENTE BARRIOS   —¿De quién son los objetos robados, señor?

SR. ORTEGA   — _____

En estas situaciones
What would you say in the following situations? What might the other person say?

1. You are speaking to someone who has just come to the police station to report that his/her car was stolen. Question the owner about where he/she left the car, when it was stolen, whether it was locked, and whether it was insured. Ask for a description of the vehicle.

2. You are investigating a burglary. Ask the victim if he/she checked the house carefully to see what is missing. Find out if the burglars took any weapons. Finally, request that he/she write down the description and the approximate value of the tape recorder, the computer, the VCR, and the silverware. Say that you'll let him/her know right away if you find the stolen items.

Casos

Act out the following scenarios with a partner.

1. You are a desk sergeant speaking with a man/woman who is reporting the theft of his/her car.

2. You are an officer speaking with a person whose home has been burglarized.

Un paso más

Review the *Vocabulario adicional* in this lesson and complete the following minidialogues.

1. —¿Cuándo viene Teresa?

   —El 16 de agosto, creo... A _____ .

   —¿Y Jorge?

   —El viernes al mediodía. Hoy es miércoles. Llega _____ .

2. —¿Van temprano?

   —¡Muy temprano! ¡De _____ !

3. —¡Va a llegar muy tarde! ¡Son las once y media de la noche!

   —¡Casi (*almost*) _____ !

4. —¿Qué fecha es hoy?

   —El 12 de noviembre.

   —¿Cuándo regresó Rafael?

   —El 10... ¡ _____ !

   —¿Y Ana María?

   —Ella regresó el _____ . El 20 de octubre, creo.

🔊 *Con un agente de la Sección de Tránsito*

Con la conductora de un coche que se pasa un semáforo con la luz roja.

AGENTE REYES	—Buenas tardes, señora.
MUJER	—Buenas tardes, señor. ¿Por qué me detuvo? Yo no iba muy rápido.
AGENTE REYES	—No, pero pasó un semáforo en rojo.
MUJER	—¡Pero yo empecé a cruzar la calle cuando el semáforo tenía la luz amarilla!
AGENTE REYES	—Pero antes de terminar de cruzarla ya estaba la luz roja.
MUJER	—Bueno, yo no tengo la culpa de eso. La luz cambió muy rápido.
AGENTE REYES	—Ud. sólo debe iniciar el cruce de la calle con luz amarilla si está tan cerca de la línea de parada que no tiene tiempo para parar.
MUJER	—Pero el carro de atrás venía a demasiada velocidad.
AGENTE REYES	—Lo siento, señora, pero tengo que imponerle una multa. Firme aquí, por favor.

En la autopista, con un conductor que cambia de carriles imprudentemente.

AGENTE REYES	—Señor, está cambiando de carriles imprudentemente. En cualquier momento va a causar un accidente.
CONDUCTOR	—Es que tengo mucha prisa. No quiero llegar tarde al trabajo. Debo llegar a las siete.
AGENTE REYES	—Ésa no es una excusa válida. Ud. está poniendo en peligro su vida y la de los demás.
CONDUCTOR	—Es que mi jefe me dijo que si llegaba tarde otra vez me iba a despedir.
AGENTE REYES	—Bien. Esta vez solamente le voy a dar una advertencia. Aquí la tiene. Buenos días y maneje con cuidado.
CONDUCTOR	—Muchísimas gracias, agente.

Con una señora que dejó a su bebé en un carro cerrado.

SEÑORA	—¿Qué sucede, agente?
AGENTE REYES	—Abra la puerta, por favor. ¿Es Ud. la madre de este bebé?
SEÑORA	—Sí, señor. Lo dejé solamente por un momento.
AGENTE REYES	—Eso es muy peligroso, señora. Alguien puede secuestrar al bebé. Además, la temperatura en el coche es muy alta. Es de unos 115 grados.

Eran las cuatro de la tarde cuando el agente regresó a la oficina.

⊘ Vocabulario

COGNADOS

la excusa   excuse
la temperatura   temperature
válido(a)   valid

NOMBRES

la autopista   highway
el bebé   baby
el carril, la vía   lane
el (la) conductor(a), el chofer   driver
el cruce   crossing, intersection
el grado   degree
el (la) jefe(a)   boss
la línea de parada   stop line
la oficina   office
el semáforo   traffic light

VERBOS

cambiar   to change
causar   to cause
cruzar   to cross
despedir (e:i)   to fire (*from a job*)
iniciar   to begin
parar   to stop
secuestrar   to kidnap

ADJETIVOS

alto(a)   high
demasiado(a)   excessive, too much
rojo(a)   red

OTRAS PALABRAS Y EXPRESIONES

atrás   behind
cerca (de)   close
con cuidado   carefully
es de unos... grados   it's about. . . degrees
Es que...   It's just that. . .
imponer una multa   to impose a fine, to give a ticket
imprudentemente   imprudently, recklessly
llegar tarde   to be late
¡Maneje con cuidado!   Drive safely!
mejor   better, best
pasarse la luz roja   to go through a red light
poner en peligro   to endanger
rápido   fast
tan   so
tener la culpa (de), ser culpable (de)   to be at fault, to be guilty
tener razón   to be right

124

Vocabulario adicional

SEÑALES DE TRÁNSITO (*Traffic signs*)

Narrow Bridge

Yield

Freeway Begins

Stop

One Way

R.R. Crossing (*ferrocarril*)

Dangerous Curve

Don't Litter

Detour

Danger

No Parking

Pedestrian Crossing

Two-Way Traffic

Slow Traffic Right Lane

Keep to the Right

Private Property
(No Trespassing)

MÁS SEÑALES DE TRÁNSITO

DESPACIO   Slow
ESCUELA, CRUCE DE NIÑOS   School Crossing
ESTACIONAMIENTO DE EMERGENCIA SOLAMENTE   Emergency Parking Only
MANTENGA SU DERECHA   Keep Right
NO ENTRE   Do Not Enter, Wrong Way
NO PASAR, NO REBASAR (Méx.)   Do Not Pass
PROHIBIDO EL CRUCE DE PEATONES, BICICLETAS Y MOTOCICLETAS   Pedestrians, Bicycles, Motor Driven Cycles Prohibited
PROHIBIDO PASAR   No Trespassing
TERMINA LA DOBLE VÍA   End Divided Road

Notas culturales

- In most Latin American countries and Spain, gasoline and automobiles are much more expensive than they are in the United States. For this reason, motorcycles are very popular, especially among young people.
- The metric system is used in Spanish-speaking countries. One kilometer is equivalent to 0.6 miles; one gallon is equivalent to 3.8 liters. See Appendix D: Weights and Measures for more information about the metric system and conversions.

¿Recuerdan ustedes?

Answer the following questions, basing your answers on the dialogues.

1. ¿Por qué detuvo el agente Reyes a la mujer?

   _____

2. ¿Con qué luz empezó a cruzar la calle?

   _____

3. ¿Cuándo se puede iniciar el cruce de una calle con luz amarilla?

   _____

4. ¿Qué hacía el conductor que venía en el carro de atrás, según (*according to*) la mujer?

   _____

5. ¿Por qué estaba poniendo en peligro su vida y la de los demás el otro conductor?

   _____

6. ¿Por qué no quiere llegar tarde al trabajo?

   _____

7. ¿El agente Reyes le impone una multa a este conductor? ¿Qué le da?

   _____

8. ¿Qué encontró el agente en un coche cerrado?

   _____

9. ¿Por qué es peligroso dejar a un bebé solo en un coche?

   _____

10. ¿Qué hora era cuando el agente Reyes regresó a la oficina?

   _____

Para conversar

Interview a classmate, using the following questions. When you have finished, switch roles.

1. ¿Cuál es la velocidad máxima en la autopista?

   _____

2. Si manejo en la autopista a noventa millas por hora, ¿me van a imponer una multa por exceso de velocidad?

   _____

3. ¿Maneja Ud. con cuidado siempre? ¿Por qué o por qué no?

   _____

4. ¿Tiene Ud. que manejar muy rápido a veces? ¿Cuándo?

   _____

5. Generalmente, ¿cuántas multas impone Ud. en un día?

   _____

6. ¿Llega Ud. tarde al trabajo a veces?

   _____

7. ¿Qué hora era cuando Ud. regresó a su casa anoche?

   _____

Vamos a practicar

A. Complete the following sentences, using the preterit or the imperfect of the verbs given.

1. El coche que yo _____ (ver) _____ (ir) a más de noventa millas por hora.

2. Ayer yo le _____ (decir) a mi jefe que _____ (necesitar) otro carro.

3. La luz _____ (cambiar) cuando yo _____ (estar) cruzando la calle.

4. Él _____ (venir) a setenta millas por hora cuando el policía lo _____ (detener).

5. _____ (Ser) las tres de la tarde cuando ellas _____ (llegar).

6. El carro que yo _____ (tener) _____ (ser) rojo.

B. Complete the following sentences with the Spanish equivalent of the words in parentheses.

1. Mi esposa no está _____ (*at home*) ahora.

2. Puedes irte, pero debes volver _____ (*at eight*).

3. La hija del conductor está _____ (*at school*).

4. Ella no está _____ (*at the party*).

C. Complete the following exchanges using the past progressive forms of the verbs given.

1. —¿Qué _____ (hacer) él cuando tú llegaste?

   — _____ (Leer) el anuncio.

2. —¿Qué _____ (decir) Uds.?

   — _____ (Decir) que tenías que parar.

3. —¿Qué _____ (escribir) tú?

   — _____ (Escribir) el informe.

Conversaciones breves

Complete the following dialogue, using your imagination and the vocabulary from this lesson.

La agente Nieto, de la Policía de Patrulla, habla con el Sr. Soto.

AGENTE NIETO —Ud. iba manejando a ochenta millas por hora, señor.

SR. SOTO —_____

AGENTE NIETO —Déjeme ver su licencia de conducir, por favor.

SR. SOTO —_____

AGENTE NIETO —También se pasó Ud. una luz roja en la calle Magnolia y cambió de carriles imprudentemente.

SR. SOTO —_____

AGENTE NIETO —Ésa no es una excusa válida.

SR. SOTO — _____

AGENTE NIETO —Lo siento, pero voy a tener que darle una multa por exceso de velocidad y por pasarse una luz roja.

En estas situaciones

What would you say in the following situations? What might the other person say?

1. You pull over a car that has just run a red light. The driver says he/she didn't know that there was a light there and didn't see it. Tell the driver that you have to give him/her a ticket. Advise him/her to drive carefully.

2. You stop someone who seems to be driving recklessly. He/She was going more than 60 miles per hour when you stopped him/her and was changing lanes too quickly. The driver explains he/she was going to see his/her mother in the hospital. Say that this time you're issuing a warning, but next time you're going to give him/her a ticket.

Casos

Act out the following scenarios with a partner.

1. Stop someone for running a red light.

2. Give someone a warning for reckless driving.

Un paso más

Review the *Vocabulario adicional* in this lesson and indicate in Spanish which signs the following people are not obeying.

1. A cyclist is trying to enter a highway.

   _____

2. A driver is speeding.

   _____

3. A driver is trying to park in a zone designated for emergency vehicles.

   _____

4. Someone is driving above the speed limit in a school zone.

   _____

5. A passenger in a car just threw a paper bag out the window.

   _____

6. Someone is going over a fence to get his frisbee.

   _____

7. A driver is passing another car illegally.

   _____

8. Cars must stop, but this person drives through.

   _____

9. A driver just turned the wrong way onto a one-way street.

   _____

10. A car is going 40 miles per hour in the left lane of a highway, holding up
    the cars behind.

    _____

13

🔊 Un accidente

Hubo un accidente en la carretera. Un camión chocó con un carro y una motocicleta. El hombre que manejaba el carro y sus dos pasajeros murieron. El agente Peña, que acaba de llegar, está tratando de ayudar al muchacho que venía en la motocicleta.

AGENTE PEÑA	—No trate de levantarse. Quédese quieto.
MUCHACHO	—¿Qué pasó? Me siento mareado...
AGENTE PEÑA	—Hubo un accidente. ¿Le duele algo?
MUCHACHO	—Sí. La pierna derecha y la mano izquierda...
AGENTE PEÑA	—A ver... voy a ponerle una venda para parar la sangre.
MUCHACHO	—¿Qué le pasó a la chica que venía conmigo?
AGENTE PEÑA	—Se lastimó la cara y los brazos, pero no es serio... Nosotros queríamos llevarla al hospital, pero ella no quiso ir. Se fue a su casa.
MUCHACHO	—Por suerte los dos llevábamos puestos los cascos de seguridad.
AGENTE PEÑA	—¿Sabía Ud. que en este estado el uso del casco de seguridad es obligatorio?
MUCHACHO	—No, no lo sabía. ¿Y... mi motocicleta? Hace solamente un mes que la compré.
AGENTE PEÑA	—Lo siento. Está debajo del camión. Por suerte Uds. saltaron a tiempo.

El agente va hacia el camión y ve que hay un incendio en la cabina. Corre y apaga el incendio con un extinguidor de incendios. El hombre que manejaba el camión está a un lado del camino.

AGENTE PEÑA	—¿Cómo se siente?
HOMBRE	—Todavía estoy temblando. Hice todo lo posible para evitar el choque, pero no pude.
AGENTE PEÑA	—¿Qué recuerda del accidente?
HOMBRE	—El chofer del coche trató de rebasar sin darse cuenta de que una motocicleta venía en sentido contrario. Trató de desviarse, pero perdió el control del vehículo, y chocó con mi camión.
AGENTE PEÑA	—Mire, ya vino la ambulancia. Van a llevarlo al hospital a Ud. también. ¿Quiere llamar a alguien?
HOMBRE	—Sí, a mi esposa, pero la tienda donde ella trabaja no se abre hasta las diez. Además, yo no necesito ir al hospital.
AGENTE PEÑA	—Es una precaución. Probablemente le van a tomar radiografías y el médico lo va a examinar. Necesito su nombre y su dirección.
HOMBRE	—Rafael Soto, calle La Sierra, 517.
AGENTE PEÑA	—¿Cuál es su número de teléfono?
HOMBRE	—328–9961.

Vocabulario

COGNADOS

la ambulancia ambulance	**la precaución** precaution
el control control	**serio(a)** serious
la motocicleta motorcycle	**el vehículo** vehicle

NOMBRES

la cabina cab (*of a truck*)
el camino road
el camión truck
la cara face
la carretera highway
el (la) chico(a), el (la) chamaco(a) (*Méx.*) young boy/girl
el choque collision, crash
el extinguidor de incendios, el extintor de incendios (*Esp.*) fire extinguisher
el lado side
el (la) pasajero(a) passenger
la pierna leg
la radiografía X-ray
la venda bandage

VERBOS

apagar to put out (*a fire*)
chocar to collide, to run into, to hit
desviarse to swerve
doler (o:ue) to hurt, to ache
evitar to avoid
examinar, chequear to examine
gustar to be pleasing, to like
lastimarse to get hurt
levantarse to get up
morir (o:ue) to die
rebasar (*Méx.*), **pasar** to pass (*a car*)
saltar to jump
sentirse (e:ie) to feel
temblar (e:ie) to shake, to tremble, to shiver

ADJETIVOS

derecho(a) right
mareado(a) dizzy
obligatorio(a) compulsory
quieto(a) still, quiet, calm

OTRAS PALABRAS Y EXPRESIONES

a tiempo on time, just in time
acabar de (+ *inf.*) to have just (done something)
darse cuenta de to realize, to become aware of
debajo de under, underneath, below
en sentido contrario in the opposite direction
hace un mes a month ago
por suerte fortunately

Vocabulario adicional

LAS PARTES DEL CUERPO (*Parts of the body*)

1. el pelo, el cabello
2. la frente
3. la ceja
4. el ojo
5. la nariz
6. el labio
7. los dientes
8. la barbilla
9. la lengua
10. la boca
11. la mejilla
12. la oreja
13. el oído
14. las pestañas
15. la cabeza
16. la cara
17. el pecho
18. el estómago
19. la cadera
20. la muñeca
21. la mano
22. la rodilla
23. la pierna
24. el tobillo
25. el dedo del pie
26. el pie
27. el cuello
28. el hombro
29. la espalda
30. el brazo
31. el dedo
32. el codo
33. la cintura

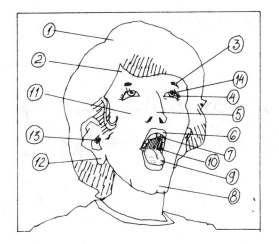

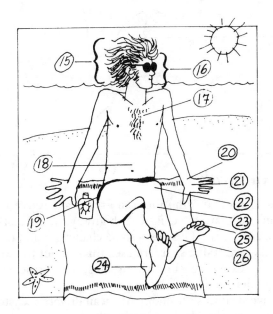

LOS DEDOS DE LA MANO

Los dedos de la mano

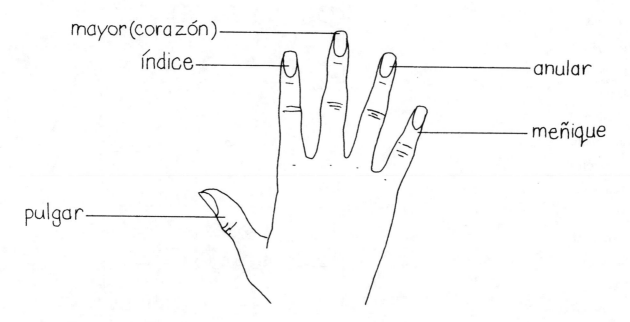

Nota cultural

As a result of the North American Free Trade Agreement (NAFTA), every day more Mexican trucks are traveling U.S. highways, particularly in California, Arizona, New Mexico, and Texas. This poses some challenges and perhaps risks, for although standardized visual traffic signs are used throughout the world, the U.S. highway system relies more extensively on written signs, which truckers who do not speak English cannot understand.

To avoid confusion among Mexican drivers accustomed to the metric system, highway signs near the Mexican border often post speed limits in both miles and kilometers.

¿Recuerdan ustedes?

Answer the following questions, basing your answers on the dialogue.

1. ¿Con qué chocó el camión?

   _____

2. ¿Quiénes murieron?

   _____

3. ¿Qué está haciendo el agente Peña?

   _____

4. ¿Cómo se siente el muchacho que venía en la motocicleta? ¿Qué le duele?

   _____

5. ¿Qué le van a hacer al muchacho para parar la sangre?

   _____

6. ¿Qué le pasó a la chica que venía con el muchacho?

   _____

7. ¿Adónde querían llevar a la muchacha? ¿Por qué no la llevaron?

   _____

8. ¿Adónde se fue?

   _____

9. ¿Qué ve el agente cuando va hacia el camión? ¿Qué hace él?

   _____

10. ¿Cómo se siente el hombre que manejaba el camión?

    _____

11. ¿Cómo ocurrió (*happened*) el accidente?

    _____

12. ¿A quién quiere llamar el hombre?

    _____

13. ¿Qué le van a hacer al hombre en el hospital?

    _____

Para conversar

**Interview a classmate, using the following questions. When you have
finished, switch roles.**

1. ¿Cómo se siente Ud.?

   _____

2. ¿Le duele algo ahora?

   _____

3. ¿Qué tipo de vehículo le gusta manejar?

   _____

4. Cuando un(a) policía llega a un accidente en la autopista, ¿qué debe hacer
   primero?

   _____

5. ¿Es obligatorio el uso del casco de seguridad en este estado?

_____

6. ¿Sabe Ud. a qué hora se abren las tiendas en esta ciudad? ¿A qué hora se cierran?

_____

Vamos a practicar

A. Tell how long ago the following things happened.

> *Modelo:*   Estamos en el año 2000.
> Julio vino a este estado en 1998.
> **Hace dos años que Julio vino a este estado.**

1. Estamos en septiembre.
    Nosotros llegamos en junio.

_____

2. Son las diez de la mañana.
    Ella se levantó a las seis.

_____

3. Son las diez y veinte.
    Las tiendas se abren a las diez.

_____

4. Hoy es viernes.
    Hubo un accidente el miércoles.

_____

B. Complete the following sentences with the Spanish equivalent of the words in parentheses.

1. Yo _____ (*didn't know*) a la mamá de Claudia.
    _____ (*I met her*) anoche en el hospital.

2. Ellos _____ (*knew*) que nosotros estábamos aquí, pero
    _____ (*they didn't want*) venir.

3. Yo _____ (*didn't want*) comprar la motocicleta, pero decidí
    comprarla.

4. Yo no sé _____ (*what*) es tu dirección.

5. ¿Dónde _____ (*are sold*) esos cascos de seguridad?

Conversaciones breves

Complete the following dialogue, using your imagination and the vocabulary from this lesson.

Hubo un accidente en la autopista.

AGENTE SMITH —Quédese quieto. No trate de levantarse.

HOMBRE — _____

AGENTE SMITH —Un camión chocó con su carro. ¿Le duele algo?

HOMBRE — _____

AGENTE SMITH —Déjeme ponerle una venda para parar la sangre.

HOMBRE — _____

AGENTE SMITH —¿No recuerda el accidente?

HOMBRE — _____

AGENTE SMITH —Aquí viene la ambulancia para llevarlo al hospital.

HOMBRE — _____

En estas situaciones

What would you say in the following situations? What might the other person say?

1. You are talking to an accident victim. Tell him/her to stay still and ask him/her what hurts. Tell the victim his/her son is hurt, but that it's not serious. Say that the ambulance is coming and they are going to take both of them to the hospital.

2. While on traffic duty, you see a motorcyclist collide with a car. When you question the motorcyclist, the person seems not to feel well and asks what happened. Explain that the motorcycle collided with a car coming in the opposite direction. The motorcyclist was driving too fast to avoid the collision. Luckily he/she had a helmet on, but is injured nevertheless. Unfortunately, the person doesn't want to go to the hospital, and says he/she doesn't like hospitals, ambulances, or doctors.

Casos

Act out the following scenarios with a partner.

1. You are a police officer helping an accident victim who is badly hurt and very scared.

2. You are a police officer talking to someone who witnessed an accident on the highway.

Un paso más

A. Review the *Vocabulario adicional* in this lesson and name the part of the body that corresponds to each number.

1. _____
2. _____
3. _____
4. _____
5. _____
6. _____
7. _____
8. _____
9. _____
10. _____
11. _____
12. _____
13. _____
14. _____
15. _____
16. _____
17. _____
18. _____
19. _____
20. _____
21. _____
22. _____
23. _____
24. _____
25. _____
26. _____
27. _____
28. _____
29. _____
30. _____
31. _____
32. _____
33. _____

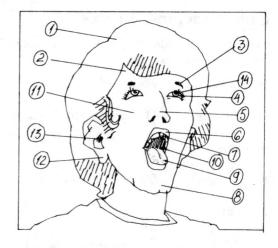

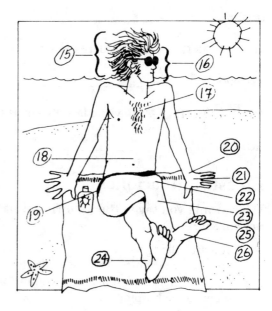

B. Review the *Vocabulario adicional* in this lesson once again, and name
the part of the hand that corresponds to each number.

Los dedos de la mano

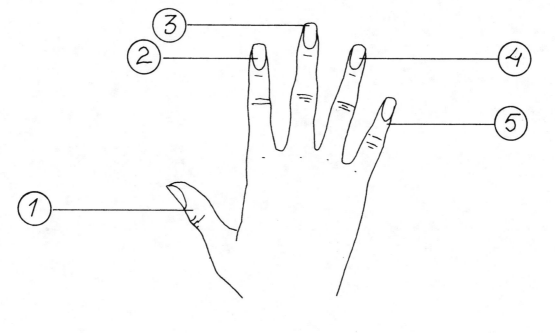

1. _____

2. _____

3. _____

4. _____

5. _____

☻ *Interrogatorios*

El sargento Vega acaba de detener a Carlos Guzmán. Le ha leído la advertencia Miranda y ahora empieza a interrogarlo.

SARGENTO VEGA	—¿Entiende Ud. los derechos que le he leído?
SR. GUZMÁN	—Sí, señor, pero yo no necesito un abogado porque soy inocente.
SARGENTO VEGA	—¿Sabe Ud. de qué se le acusa? ¿Entiende Ud. la acusación?
SR. GUZMÁN	—Sí, señor. Se me acusa de un robo que yo no cometí.
SARGENTO VEGA	—Bien, la computadora que Ud. trató de empeñar era robada.
SR. GUZMÁN	—Sí, eso me han dicho, pero yo no lo sabía.
SARGENTO VEGA	—¿Cómo llegó a sus manos esa computadora?
SR. GUZMÁN	—Se la compré a un hombre que me ofreció una ganga.
SARGENTO VEGA	—¿No sospechó Ud. que era robada? Comprar artículos robados es un delito mayor.
SR. GUZMÁN	—Yo no sabía que él la había robado. Me dijo que tenía que venderla urgentemente porque se había quedado sin trabajo.
SARGENTO VEGA	—¿Dónde estaba Ud. la noche del sábado, veinte de abril?
SR. GUZMÁN	—En un bar de la calle Franklin.
SARGENTO VEGA	—¿A qué hora salió de allí?
SR. GUZMÁN	—Después de las doce de la noche.
SARGENTO VEGA	—Sin embargo, yo he hablado con testigos que dicen que lo vieron a eso de las diez de la noche en el edificio donde ocurrió el robo.
SR. GUZMÁN	—No puede ser. El dueño del bar puede decirle que yo estoy allí todas las noches hasta muy tarde.
SARGENTO VEGA	—Sí, pero un empleado me dijo que esa noche Ud. había salido de allí antes de las diez.
SR. GUZMÁN	—Eso es mentira. Es alguien que me quiere perjudicar.

El sargento arresta al hombre.

El detective Rubio interroga al Sr. Darío, un hombre acusado de estafa.

DETECTIVE RUBIO	—Ud. le vendió un collar de perlas a la Sra. Carmen Hernández, ¿verdad?
SR. DARÍO	—Sí, señor. Hace una semana.
DETECTIVE RUBIO	—¿Ud. le dijo a la señora que las perlas eran de cultivo?
SR. DARÍO	—No, señor.
DETECTIVE RUBIO	—Pero Ud. le cobró las perlas como de primera calidad.

SR. DARÍO	—Bueno, también yo le había dicho que el collar tenía un gran valor sentimental para mí.
DETECTIVE RUBIO	—Ud. no le dijo la verdad. Sinceramente, yo creo que Ud. la engañó, pero el jurado va a decidir si la estafó o no. Yo no soy el que lo va a juzgar.

Vocabulario

COGNADOS

la acusación   accusation, charge
el artículo   article, thing
el (la) detective   detective
inocente   innocent
sentimental   sentimental

NOMBRES

el collar   necklace
el delito mayor, el delito grave   felony
el (la) empleado(a)   employee, clerk
la estafa   swindle, fraud
la ganga   bargain
el jurado   jury
la perla   pearl
el (la) testigo   witness

VERBOS

cobrar   to charge, to collect
empeñar   to pawn
engañar   to cheat, to deceive
estafar   to swindle
juzgar   to judge
ocurrir, pasar   to occur
ofrecer[1]   to offer
perjudicar   to cause damage, to hurt

ADJETIVO

gran   great

OTRAS PALABRAS Y EXPRESIONES

a eso de   about (*used with time*)
como de   as, like
de cultivo   cultured (*pearl*)
de primera calidad   first class, top quality
para mí   for me
quedarse sin trabajo   to lose one's job
sin embargo   nevertheless, however
sinceramente   sincerely
urgentemente   urgently

---

[1]Irregular first-person present indicative: **yo ofrezco.**

Vocabulario adicional

EL JUICIO (*Trial*)

el (la) abogado(a) defensor(a)   counsel for the
  defense
absuelto   acquitted
el (la) acusado(a), el (la) reo   defendant
la apelación   appeal
apelar   to appeal
la cárcel, la prisión   jail, prison
el centro de reclusión de menores   juvenile
  hall
comparecer ante un juez   to appear in court
el (la) cómplice   accomplice
confesar (e:ie)   to confess
la confesión   confession
culpable   guilty
declarar culpable   to convict
la demanda   lawsuit

demandar   to sue
dictar sentencia, sentenciar   to sentence
el fallo, el veredicto   decision, verdict
el (la) fiscal   prosecutor, district attorney
identificar   to identify
el (la) intérprete   interpreter
los miembros del jurado   jury members
el (la) perito   expert
presentar una apelación   to file an appeal
procesado(a)   indicted
la prueba   evidence
la sentencia, la condena   sentence
el (la) taquígrafo(a)   court reporter,
  stenographer
el Tribunal Supremo   Supreme Court

Notas culturales

* The justice system in Spanish-speaking countries is very different from that of the
  United States. Juries do not exist and the guilt or innocence of the accused is decided
  by either a judge or a tribunal. Punishments are determined in accordance with a code
  that establishes minimum and maximum sentences for various categories of offense.

* Many people from Spanish-speaking countries do not want to serve jury duty because
  they don't believe in the jury system. To them, people who are not trained to inter-
  pret the law should not decide on legal matters.

¿Recuerdan ustedes?

Answer the following questions, basing your answers on the dialogues.

1. ¿Qué acaba de hacer el sargento Vega?

   _____

2. ¿Por qué dice el Sr. Guzmán que no necesita un abogado?

   _____

3. ¿De qué se le acusa?

   _____

4. ¿Qué dice el sargento Vega de la computadora que el Sr. Guzmán trató de
   empeñar?

   _____

5. Según (*According to*) el Sr. Guzmán, ¿cómo consiguió la computadora?

   _____

6. Según el Sr. Guzmán, ¿dónde estaba la noche del robo? ¿Hasta qué hora estuvo allí?

_____

7. ¿Qué han dicho los testigos?

_____

8. ¿Qué hizo el Sr. Darío hace una semana?

_____

9. ¿Por qué cree el detective Rubio que el Sr. Darío no le dijo la verdad a la Sra. Hernández?

_____

10. ¿Qué va a tener que decidir el jurado?

_____

Para conversar

Interview a classmate, using the following questions. When you have finished, switch roles.

1. ¿Recuerda Ud. dónde estaba la noche del cuatro de julio?

_____

2. ¿Ha empeñado Ud. algo?

_____

3. ¿Cuánto tiempo hace que Ud. compró su carro?

_____

4. ¿Cómo llegó a sus manos su televisor?

_____

5. ¿Ha vendido Ud. alguna vez (*ever*) un artículo de gran valor?

_____

6. ¿Ha sido estafado(a) alguna vez?

_____

7. ¿Se ha quedado Ud. sin trabajo alguna vez?

_____

8. ¿Ha sido Ud. testigo de algún delito grave?

_____

Vamos a practicar

A. **Complete the following sentences with the Spanish equivalent of the words in parentheses.**

1. Todas las ventanas estaban _____ (*closed*), pero la puenta estaba _____ (*open*).

2. El hombre estaba _____ (*dead*).

3. La ropa está _____ (*made*) en la República Dominicana.

4. La información está _____ (*written*) en español.

5. Los objetos eran _____ (*stolen*).

6. Armando tenía un brazo _____ (*broken*).

B. **Rewrite the following sentences, first in the present perfect, then in the past perfect.**

1. Me dice la verdad.

   _____

   _____

2. Lo interrogan.

   _____

   _____

3. Le decimos que no.

   _____

   _____

4. Esa mujer me ofrece una ganga.

   _____

   _____

5. ¿Uds. son testigos?

   _____

   _____

6. Yo no compro artículos robados.

_____

_____

7. Los testigos no pueden hablar con el detective.

_____

_____

8. Empeñan un collar de perlas y otras joyas.

_____

_____

Conversaciones breves

Complete the following dialogue, using your imagination and the vocabulary from this lesson.

El teniente Casas interroga a Juan Luna.

CASAS —_____

LUNA —No, yo no estuve en ese edificio anoche.

CASAS —_____

LUNA —¿Dos testigos dijeron eso? ¡No puede ser!

CASAS —_____

LUNA —¿La videocasetera? Me la dio un amigo...

CASAS —_____

LUNA —Bueno, yo no sabía que era robada.

CASAS —*(Le lee la advertencia Miranda.)* _____

LUNA —Sí, entiendo.

CASAS —_____

LUNA —No. No quiero hablar con un abogado...

CASAS —_____

En estas situaciones

What would you say in the following situations? What might the other person say?

1. You are interrogating a suspect. Ask where he/she was yesterday at 3 P.M. Say that three witnesses saw him/her at the school talking to some children. The suspect claims to have been talking on the phone with a friend. Find out the friend's name, address, and phone number.

2. You are talking to a witness. Ask if he/she is sure about the identification of the person he/she saw in the building the night of the robbery. The man he/she described was not there.

Casos

Act out the following scenarios with a partner.

1. You are an officer interrogating a robbery suspect.

2. You are an officer talking to a suspect about his/her legal rights.

Un paso más

A. Review the *Vocabulario adicional* in this lesson and complete the following sentences with an appropriate expression from the list.

1. Él fue _____ (*indicted*) por el gran jurado y ahora está esperando el juicio.

2. Si Ud. le dijo al _____ (*defendant*) dónde estaba el dinero, Ud. es

   _____ (*accomplice*) del delito.

3. El _____ (*prosecutor*) dice que el acusado es culpable y el _____
   (*counsel for the defense*) dice que es inocente.

4. Los _____ (*experts*) examinan las pruebas.

5. Ella confesó su delito, pero la _____ (*confession*) no fue aceptada porque no le habían
   dicho que su abogado podría (*could*) estar presente.

6. La testigo no pudo _____ (*identify*) al acusado.

7. Hoy vamos a saber el _____ (*verdict*) del jurado. Si es culpable, el juez la va a

   _____ (*sentence*) la semana que viene.

8. La _____ (*court reporter*) escribe todo lo que dicen los testigos.

9. La _____ (*sentence*) fue de dos años en un _____ (*juvenile hall*).

B. Match the questions or statements in column A with the responses in column B.

<table>
<tr><td align="center">A</td><td align="center">B</td></tr>
</table>

1. ____¿Lo arrestaron?

    a. Lo encontraron culpable.

2. ____¿El acusado fue declarado culpable?

    b. No. Necesita un intérprete.

3. ____ ¿El acusado no habla inglés?

    c. No, culpable.

4. ____¿Te estafaron?

    d. Sí, pero el Tribunal Supremo no la aceptó.

5. ____¿Qué decidieron los miembros del jurado?

    e. Sus huellas digitales.

6. ____¿Presentaron una apelación?

    f. Sí, va a comparecer ante un juez mañana.

7. ____¿Fue declarado absuelto?

    g. Sí, les voy a poner una demanda.

8. ____¿Qué prueba tienen contra él?

    h. Sí, pero va a apelar al Tribunal Supremo.

💿 *Con la policía secreta*

Isabel Cabrera, agente de la policía secreta, ha sido asignada a la Sección de Servicios Especiales. Se ha matriculado en una escuela secundaria del barrio hispano para infiltrarse en una pandilla que distribuye drogas en la escuela. Ahora, la agente Cabrera habla con María, una estudiante cuyo novio podría ser miembro de una pandilla.

AGENTE CABRERA	—Tú hablas español, ¿verdad?
MARÍA	—Sí, lo aprendí en casa. Soy latina.
AGENTE CABRERA	—Yo no hablo bien el inglés. ¿Podrías ayudarme con mis clases?
MARÍA	—Sí, aunque yo soy muy mala estudiante. ¿De dónde vienes, Isabel?
AGENTE CABRERA	—De Texas. Vinimos a Chicago hace una semana.
MARÍA	—¿Te gusta Chicago?
AGENTE CABRERA	—Sí, pero aquí no tengo amigos.
MARÍA	—Tú verás que pronto encuentras amigos aquí.
AGENTE CABRERA	—Espero que sí. ¿Qué se hace aquí para pasarlo bien?
MARÍA	—No sé, vamos al cine, tenemos fiestas... Ya sabes, hay de todo, si tienes dinero: bebida, yerba, piedra...
AGENTE CABRERA	—Aquí tengo cien dólares que me regaló mi tía.
MARÍA	—Si quieres, mi novio nos conseguirá una botella de tequila, y te presento a algunos de nuestros amigos.
AGENTE CABRERA	—Me gustaría conocerlos. ¿Cómo se llama tu novio?
MARÍA	—Roberto Álvarez.

A las once de la noche, la agente Rosales, vestida como una prostituta, tiene a su cargo detener hombres que solicitan sexo en una calle de la ciudad. Un hombre que maneja un carro azul se acerca a ella y la saluda. Empiezan a hablar.

HOMBRE	—Hola... ¿Quieres pasar un buen rato?
AGENTE ROSALES	—Tú lo pasarás mejor...
HOMBRE	—Eso espero. Sube.
AGENTE ROSALES	—¿Adónde me llevas?
HOMBRE	—Vamos a un motel. Quiero pasar toda la noche contigo.
AGENTE ROSALES	—Bueno, hace falta algo más que querer...
HOMBRE	—Aquí tienes cien dólares y si haces todo lo que yo quiero, te daré más.
AGENTE ROSALES	—No hace falta. Esto es suficiente. Está Ud. detenido. (*Le empieza a leer la advertencia Miranda.*)
HOMBRE	—Por favor, soy un hombre de negocios y esto me perjudicaría muchísimo. Mire, aquí tiene mil dólares.
AGENTE ROSALES	—Eso es un intento de soborno. Su situación se agrava, señor.

⊙ Vocabulario

NOMBRES

la botella   bottle
el cine   movie theater, the movies
la escuela secundaria[1]   junior high school, high school
el hombre (la mujer) de negocios   businessman (woman)
el intento   attempt
la piedra (*coll.*), **el crac**   rock (crack cocaine)
la policía secreta   undercover police
el soborno   bribe
la yerba (*coll.*)   marijuana

VERBOS

agravarse   to get worse, to worsen
aprender   to learn
costar (o:ue)   to cost
distribuir[2]   to distribute
encontrar (o:ue)   to find
hacer falta   to need
infiltrar(se)   to infiltrate
matricularse   to register, to enroll (*in a school*)
presentar   to introduce
regalar   to give (a gift)
responder   to respond
saludar   to greet
solicitar   to solicit

ADJETIVOS

asignado(a)   assigned
secreto(a)   secret

OTRAS PALABRAS Y EXPRESIONES

aunque   although
contigo   with you (informal)
cuyo(a)   whose
hay de todo   you can find everything
muchísimo   very much
pasarlo bien, pasar un buen rato   to have a good time
tener a su cargo   to be in charge of

---

[1]**Escuela primaria (elemental)**   grade school
[2]Present tense: **distribuyo, distribuyes, distribuye, distribuimos, distribuyen.**

Vocabulario adicional

NOMBRES COMUNES DE ALGUNAS DROGAS

el ácido[1] LSD
la cocaína, la coca cocaine
el hachich, el hachís[2] hashish
la heroína heroin
el leño, la cucaracha, el porro joint
la marihuana, la mariguana marijuana
la metadona methadone
la morfina morphine
el opio opium

NOMBRES DE ALGUNAS DROGAS EN GERMANÍA (*Delinquents' slang*)

la marihuana:
  una Juanita
  la mota
  el pasto
  el pito
  la yerba
  la yesca
  el zacate

un kilo de marihuana (2.2 lbs.):
  el tabique
  el ladrillo

la cocaína:
  la coca
  el perico
  el polvo

la speed:
  el clavo

la heroína:
  la chiva
  el caballo
  la manteca

la heroína negra:
  la negra

OSTRAS PALABRAS RELACIONADAS CON EL USO DE DROGAS

adicto(a) addicted
las alucinaciones hallucinations
el delirium tremens DT's
la desintoxicación detoxification
endrogarse to take drugs, to become addicted to drugs
la jeringuilla, la jeringa hipodérmica hypodermic syringe
pullar (*Caribe*) to shoot up
la sobredosis overdose

Nota cultural

According to the United States Census Bureau, out of a total U.S. population of roughly 259.7 million, approximately 26.6 million are Latino. The largest groups are Mexican Americans (62.6%), Puerto Ricans (11.6%), Cubans (5.3%), and Central and South Americans (12.7%). The states with the highest Latino populations are California, Texas, New York, Florida, Illinois, Arizona, New Jersey, New Mexico, and Colorado. More than half of all Hispanic Americans live in California and Texas alone. More than 90% of Hispanic Americans live in urban areas (often concentrated in Latino neighborhoods called **barrios**), compared to 73% of non-Latinos.

---

[1]Colloquialisms: **el pegao, el sello, la pastilla**.
[2]Colloquialisms: **el chocolate, el kif, la grifa**.

¿Recuerdan ustedes?

Answer the following questions, basing your answers on the dialogues.

1. ¿Qué hará la agente Cabrera en la escuela secundaria?

   _____

2. ¿Por qué habla la agente Cabrera con María?

   _____

3. ¿Cuándo dice la agente Cabrera que vino a Chicago?

   _____

4. ¿Qué dice la agente Cabrera de Chicago?

   _____

5. ¿Qué hacen María y sus amigos para pasarlo bien?

   _____

6. ¿Cuánto dinero tiene la agente Cabrera?

   _____

7. ¿Qué dice María que puede hacer su novio?

   _____

8. Describa el trabajo que se le ha asignado a la agente Rosales esta noche.

   _____

9. ¿Por qué detiene su carro un hombre?

   _____

10. ¿Qué le ofrece el hombre a la agente Rosales? ¿Le ofrece algo más?

    _____

11. Cuando la agente Rosales empieza a leerle la advertencia Miranda, ¿cómo
    responde el hombre?

    _____

12. ¿Por qué le dice la agente Rosales al hombre que su situación se ha
    agravado?

    _____

Para conversar

Interview a classmate, using the following questions. When you have finished, switch roles.

1. ¿Hay pandillas en la ciudad donde Ud. vive? ¿Son un problema para la policía?

   _____

2. ¿Sabe Ud. si se venden drogas en algunas de las escuelas secundarias de su ciudad?

   _____

3. ¿Cómo podría conseguir drogas o bebidas en su ciudad un(a) estudiante?

   _____

4. ¿Ha trabajado Ud. en la Sección de Servicios Especiales? Describa lo que hizo.

   _____

5. ¿Qué lengua (*language*) habla su familia en casa?

   _____

Vamos a practicar

A. Rewrite the following sentences, replacing the underlined verb phrases with the future tense.

> *Modelo:* Su situación <u>se va a agravar</u>.
>
> Su situación **se agravará.**

1. Nosotros <u>vamos a tratar</u> de infiltrarnos en la pandilla.

   _____

2. Mi compañera me <u>va a ayudar</u> con el español.

   _____

3. Ellos <u>van a ir</u> a Chicago.

   _____

4. La botella de tequila te <u>va a costar</u> doce dólares.

   _____

5. Yo te la <u>voy a conseguir</u>.

   _____

6. Ella no <u>va a venir</u> a la fiesta.

   _____

7. Nosotros no <u>vamos a poder</u> matricularnos este año.

   _____

8. Yo <u>voy a tener</u> que demandarlo.

   _____

B. Answer the questions, using the cues provided.

   Modelo: ¿Qué dijo María? (su novio poder conseguirle una botella)

   María dijo que su novio **podría** conseguirle una botella.

1. ¿Qué dijo la Sra. Santos? (su hija no poder matricularse mañana)

   _____

2. ¿Qué dijo la estudiante? (su amigo salir pronto)

   _____

3. ¿Qué creías tú? (mi tía estar en mi casa en dos horas)

   _____

4. ¿Qué dijo el hombre de negocios? (eso perjudicarle)

   _____

5. ¿Qué pensaba el hombre? (ellos pasar un buen rato)

   _____

6. ¿Qué dijo el sargento? (la agente tener que infiltrarse en la pandilla)

   _____

7. ¿Qué pensaba la agente? (el acusado no decir la verdad)

   _____

Conversaciones breves

Complete the following dialogue, using your imagination and the vocabulary from this lesson.

El agente Gómez, de la Sección de Servicios Especiales, se ha infiltrado en una pandilla que vende drogas en una escuela. Habla con un miembro de la pandilla.

TOMÁS   —Me dice Juana que tú querías hablar conmigo...

AGENTE GÓMEZ — _____

TOMÁS   —Pues, sí. Puedo venderte eso por cincuenta dólares.

AGENTE GÓMEZ — _____

TOMÁS   —¡Hombre, verás que la roca que te voy a conseguir es de primera calidad!

5. When Mrs. Torres goes shopping, you can always look inside her car and see store bags full of interesting things.

_____

_____

6. Mr. Cota thinks antitheft devices are too expensive and really unnecessary.

_____

_____

7. Antonio doesn't want to pay for parking, so he leaves his car in unattended parking places.

_____

_____

Repaso

LECCIONES 11–15

Práctica de vocabulario

A. Circle the word or phrase that does not belong in each group.

1. chapa   placa   plata

2. robar   encontrar   llevarse

3. todo lo posible   de nada   no hay de qué

4. carril   vía   valor

5. pasarse la luz roja   poner en peligro   manejar con cuidado

6. sólo   solo   solamente

7. mejor   atrás   cerca

8. carretera   autopista   venda

9. pierna   cara   choque

10. apagar   chequear   examinar

11. collar   testigo   perla

12. estafar   ofrecer   perjudicar

13. tía   tequila   botella

14. agravarse   necesitar   hacer falta

15. dar   responder   regalar

16. morir   despedir   fallecer

17. año   oficina   jefe

18. próximo   pasado   rápido

B.   Circle the word or phrase that best completes each sentence.

1.   Ud. (inició / cruzó / evitó) la calle cuando la luz estaba roja.

2.   Hay muchos (camiones / caminos / cubiertos) en la carretera.

3.   El coche estaba (atrasado / pagado / estacionado) frente a mi casa.

4.   Me robaron (la verdad / la grabadora / el plazo).

5.   No tengo dinero porque (me ofrecieron trabajo / cobré ayer / me quedé sin trabajo).

6.   ¿Es Ud. la madre de este (semáforo / bebé / cruce)?

7.   Ella no tiene la culpa; es (inocente / asignada / quieta).

8.   Lo vende barato. Es (una ganga / una pandilla / un soborno).

9.   Se (matriculó / infiltró / lastimó) la pierna.

10.   Yo vi el accidente. Todavía estoy (chocando / aprendiendo / temblando).

11.   Necesito el extinguidor de (lados / incendios / pasajeros).

12.   Estaba en la (estafa / piedra / cabina) del camión.

13.   No estoy al día. (Debo / Entrego / Recobro) como dos meses.

14.   Es un Chevrolet azul (rojo / claro / derecho).

15.   Es un hombre de (negocios / intento / novios).

16.   Tuvimos que pagar (los grados / las cuentas / el jurado).

17.   Voy a (abrir / juzgar / infiltrar) la puerta de la calle.

18.   La temperatura es muy (roja / alta / atrasada).

C. Match the questions in column A with the answers in column B.

A	B
1. _____ ¿Cómo se siente?	a. Sí, contra todo riesgo.
2. _____ ¿Dónde está la motocicleta?	b. Sí, señor. Pero soy inocente.
3. _____ ¿Qué harán para pasarlo bien?	c. No, por suerte hace solamente dos días.
4. _____ ¿Adónde me llevarás?	d. Sí, una pistola.
5. _____ ¿Está asegurado tu carro?	e. No, sólo me dio una advertencia.
6. _____ ¿Cuándo le robaron el coche?	f. Debajo del camión.
7. _____ ¿Se llevaron algún arma?	g. A un motel.
8. _____ ¿Son propiedad de Uds.?	h. No, son de cultivo.
9. _____ ¿Sabe Ud. de qué se la acusa?	i. Anoche.
10. _____ ¿Las perlas son de primera calidad?	j. Bien.
11. _____ ¿Hace una semana que lo vio?	k. No, no son nuestros.
12. _____ ¿Te impuso una multa?	l. Iremos a fiestas.

D. Crucigrama

HORIZONTAL

1. mucho, mucho
4. *VCR*, en español
7. ¡Maneje con _____ !
9. chico, en México
13. persona que conduce (*m.*)
14. pasar
15. No es una carretera; es una _____.
17. *clerk*, en español
18. daría

VERTICAL

2. opuesto de primero
3. que tiene valor
5. *X-ray*, en español
6. camión, carro, etc., pl.
8. sin prudencia
10. *jury*, en español
11. Tienes que parar en la línea de _____ .
12. acción de describir
13. vía
16. acción de acusar

🕮 Práctica oral

Listen to the following exercise on the audio program. The speaker will ask you some questions. Answer the questions, using the cues provided. The speaker will confirm the correct answer. Repeat the correct answer.

1. ¿Cómo se siente Ud. hoy? (bien)

2. ¿Qué hace Ud. para pasarlo bien? (ir al cine)

3. ¿Dónde está estacionado su coche? (frente a la comisaría)

4. ¿Cerró Ud. su coche con llave? (sí)

5. ¿Contra qué está asegurado su coche? (contra todo riesgo)

6. ¿Está Ud. atrasada en los pagos de su coche o está al día? (estoy al día)

7. ¿Llega Ud. tarde al trabajo a veces? (sí)

8. ¿Se pasó Ud. un semáforo con la luz roja alguna vez? (no, nunca)

9. Si alguien cambia de carriles imprudentemente, ¿qué puede causar? (un accidente)

10. ¿Cuándo hubo un accidente? (anoche)

11. ¿Dónde ocurrió el accidente? (en la carretera)

12. ¿Cuántas personas murieron en el accidente? (nadie)

13. ¿Se lastimó alguien? (sí, una señora)

14. ¿Qué usa Ud. si hay un incendio? (un extinguidor de incendios)

15. ¿Prefiere Ud. manejar un coche o una motocicleta? (una motocicleta)

16. Cuando Ud. maneja una motocicleta, ¿qué lleva puesto siempre? (el casco de seguridad)

17. ¿Perdió Ud. el control de su vehículo alguna vez? (no, nunca)

18. ¿Ud. impone multas frecuentemente o prefiere dar advertencias? (dar advertencias)

19. ¿Qué le pasó a la chica que cruzaba la calle? (nada)

20. ¿Qué estaban haciendo muchas pandillas en las escuelas secundarias? (distribuir drogas)

21. ¿Hay a veces robos en su vecindario? (sí, frecuentemente)

22. ¿Ha recobrado Ud. algún objeto robado? (sí, muchos)

23. ¿Ha leído Ud. la advertencia Miranda en español alguna vez? (no, nunca)

24. ¿Se ha quedado Ud. sin trabajo alguna vez? (sí, dos veces)

25. ¿Ha empeñado Ud. algo alguna vez? (no, nunca)

⊛ *En una celda de detención preventiva*

El Sr. Bravo acaba de llegar, esposado, a la estación de policía. Después de registrarlo, un policía toma las precauciones necesarias antes de encerrarlo en una celda de detención.

POLICÍA	—Quiero que se vacíe los bolsillos por completo y que ponga todas sus cosas en el mostrador.
SR. BRAVO	—Solamente tengo la cartera con el dinero, un pañuelo y un peine.
POLICÍA	—(*Cuenta el dinero a la vista del detenido.*) Ud. tiene aquí setenta y un dólares y treinta y cuatro centavos. ¿Está de acuerdo?
SR. BRAVO	—Sí, señor.
POLICÍA	—Ahora quítese el reloj y la cadena que lleva al cuello.
SR. BRAVO	—Por favor, anote ahí que el reloj y la cadena son de oro.
POLICÍA	—Sí. Todas sus pertenencias serán puestas en un sobre sellado.
SR. BRAVO	—Quiero que se las entreguen a mi esposa, por favor.
POLICÍA	—Bien, pero es necesario que Ud. lo autorice por escrito. Ahora lo vamos a retratar y a tomarle las huellas digitales.
SR. BRAVO	—Yo quiero llamar por teléfono a mi señora.
POLICÍA	—Está bien. Ud. tiene derecho a hacer una llamada telefónica. Después de ficharlo le daremos la oportunidad de hacerla.
SR. BRAVO	—Está bien.
POLICÍA	—Párese allí y mire a la cámara. Bien. Ahora mire hacia la derecha. Bien, ahora hacia la izquierda. No se mueva.
SR. BRAVO	—¿Eso es todo?
POLICÍA	—Sí. Ahora el técnico le va a tomar las huellas digitales.
TÉCNICO	—Déme su mano derecha.
POLICÍA	—(*Después de que el técnico terminó de tomarle las huellas digitales*) Ahora quítese el cinto y quíteles los cordones a los zapatos, y me lo entrega todo.
SR. BRAVO	—Para eso necesito que me quite las esposas.
POLICÍA	—Primero voy a encerrarlo en su celda.

Con el oficial investigador:

SR. BRAVO	—¿Qué van a hacer conmigo ahora?
INVESTIGADOR	—Después de terminar todas las investigaciones preliminares, el fiscal lo pondrá a disposición de un juez.
SR. BRAVO	—¿Me dejarán salir en libertad bajo palabra?
INVESTIGADOR	—Es posible. Ud. no está acusado de homicidio.
SR. BRAVO	—Pero me pondrán en libertad bajo fianza, ¿verdad?
INVESTIGADOR	—Eso lo decidirá el juez, y depende, en buena parte, de si tiene o no antecedentes penales.

SR. BRAVO	—Si me ponen una fianza muy alta, yo no voy a tener dinero para pagarla. Entonces me llevarán a la cárcel.
INVESTIGADOR	—Su familia podría comprar un bono pagando una prima.
SR. BRAVO	—Necesito un fiancista. ¿A quién me recomienda que llame?
INVESTIGADOR	—Lo siento, pero no nos está permitido recomendar a nadie.
SR. BRAVO	—Entonces, ¿qué me aconseja que haga?
INVESTIGADOR	—Yo le sugiero que busque uno en la guía de teléfonos.

🔘 Vocabulario

COGNADOS

la detención detention
la investigación investigation
el (la) investigador(a) investigating officer
necesario(a) necessary
la oportunidad opportunity
preliminar preliminary

NOMBRES

los antecedentes penales criminal record
el bono bond
la cadena chain
la cartera, la billetera wallet
la celda cell
el centavo cent
el cordón (del zapato) shoelace
el cuello neck
la derecha right-hand side
el (la) detenido(a) person under arrest
las esposas handcuffs
el (la) fiancista bailor, bail bondsman
la fianza bail
el (la) fiscal prosecutor, district attorney
la guía de teléfonos phone book
el homicidio manslaughter, homicide
el mostrador counter
el oro gold
el pañuelo handkerchief
el peine comb
las pertenencias belongings
la prima premium
el reloj watch
el sobre envelope

VERBOS

aconsejar to advise
autorizar to authorize, to allow
depender to depend
dudar to doubt
encerrar (e:ie) to lock up
moverse (o:ue) to move
pararse to stand
quitarse to take off (*clothing*)
recomendar (e:ie) to recommend
registrar, fichar to book, to log in
retratar to photograph
sugerir (e:ie) to suggest
vaciar to empty

ADJETIVOS

esposado(a) handcuffed
permitido(a) permitted
preventivo(a) preventive
sellado(a) sealed

OTRAS PALABRAS Y EXPRESIONES

a la vista de   in the presence of, in front of
ahí   there
en buena parte   to a large extent
en libertad bajo fianza   out on bail
en libertad bajo palabra   out on one's own recognizance
estar de acuerdo   to agree
por completo   completely
por escrito   in writing
tomar las huellas digitales   to fingerprint

Vocabulario adicional

PARA ARRESTAR Y FICHAR

¡Abra las piernas y los brazos!   Spread eagle!
el alias, el apodo   alias
avisar   to notify
la bala   bullet
el calibre   caliber
la coartada   alibi
¿Cómo se escribe?   How do you spell it?
¡Dése preso(a)!   You're under arrest!
¡Manos arriba!   Hands up!
el motivo   motive
¡Párese! ¡Póngase de pie!   Stand up!
la pista   clue
Ponga las manos en la pared.   Put your hands against the wall.
por poseer drogas   for possession of drugs
la resistencia a la autoridad   resisting arrest
Súbase al carro.   Get in the car.

Nota cultural

In most Spanish-speaking countries, the police by law must either free a person or bring him or her before a judge within 24 or 48 hours of the arrest, depending on the country. The judge then has 72 hours to indict or release the accused. This law is often not put into practice, especially in the case of political prisoners.

¿Recuerdan ustedes?

Answer the following questions, basing your answers on the dialogues.

1. ¿Dónde está el Sr. Bravo?

   _____

2. ¿Qué quiere el policía que haga el Sr. Bravo con sus pertenencias?

   _____

3. ¿Qué tiene el Sr. Bravo en los bolsillos?

   _____

171

4. Si el Sr. Bravo desea que el policía le entregue sus cosas a su esposa, ¿qué debe hacer?

_____

5. ¿Por qué no puede llamar el Sr. Bravo a su esposa en este momento?

_____

6. ¿Qué hace el técnico?

_____

7. ¿Dónde encerrará el policía al Sr. Bravo?

_____

8. ¿De qué no está acusado el Sr. Bravo?

_____

9. ¿Qué decidirá el juez?

_____

10. ¿Es un hombre muy rico (*rich*) el acusado? ¿Cómo lo sabe Ud.?

_____

11. ¿Por qué no puede el investigador recomendar un fiancista?

_____

12. ¿Qué le sugiere el investigador al Sr. Ramos?

_____

_____

Para conversar

Interview a classmate, using the following questions. When you have finished, switch roles.

1. ¿Qué es lo primero que Ud. hace cuando ficha a una persona detenida?

_____

2. Cuando Ud. arresta a alguien, ¿le toma las huellas digitales?

_____

3. Si un(a) detenido(a) le pide a Ud. que le dé sus pertenencias a un miembro de su familia, ¿qué responde Ud.?

_____

4. Si una persona detenida le pide a Ud. que le recomiende un buen abogado, ¿qué hace Ud.?

_____

5. ¿Dónde conseguiría Ud. el dinero para una fianza?

_____

6. Necesito un fiancista; ¿qué me aconseja Ud. que haga?

_____

Vamos a practicar

A. Complete the following verb chart in the subjunctive mood.

	INFINITIVO	YO	TÚ	UD., ÉL, ELLA	NOSOTROS(AS)	UDS., ELLOS(AS)
1.	trabajar					
2.		diga				
3.			conduzcas			
4.				venga		
5.					vayamos	
6.						entiendan
7.	morir					
8.		dé				
9.			estés			
10.				conozca		
11.					sepamos	
12.						sean
13.	mover					
14.		ponga				
15.			salgas			
16.				haga		
17.					veamos	
18.						encierren

B. Rewrite the following sentences, beginning each one with the cue given.

Modelo: Él pone sus cosas en el mostrador.

Quiero que él **ponga** sus cosas en el mostrador.

1. Ella paga la prima del bono.

   Queremos que _____

2. Me muestra el sobre con sus pertenencias.

   Necesito que _____

3. Ud. habla con un abogado.

   Le recomiendo que _____

4. Yo deseo entregarle el reloj y la cadena a mi esposa.

   Yo deseo que Ud. _____

5. Le quitan las esposas.

   Necesita que _____

6. Ellos van a su celda.

   Yo les pido que _____

7. Me hablas del homicidio.

   No quiero que _____

8. Ud. me dice la hora y el lugar del accidente.

   Yo le pido que _____

9. Ellos los ponen en libertad bajo fianza.

   Deseamos que _____

10. Uds. me dan la información.

    Necesito que _____

Conversaciones breves

Complete the following dialogue, using your imagination and the vocabulary from this lesson.

El Sr. Paz está en la cárcel.

SR. PAZ   —¿Dónde estoy? ¿Por qué me trajeron a la cárcel?

AGENTE MUÑOZ   —_____

SR. PAZ   —¿Cuánto tiempo tendré que quedarme aquí?

AGENTE MUÑOZ   —_____

SR. PAZ   —¿De mis antecedentes...? ¿Y qué me van a hacer ahora... ?

AGENTE MUÑOZ   —_____

                 _____

SR. PAZ   —Esto es todo lo que tengo en los bolsillos... y aquí están mi reloj, mi cinto y los cordones de mis zapatos.

AGENTE MUÑOZ   —_____

SR. PAZ   —Huellas digitales... fotografía... ¡pero yo no soy un criminal... !

AGENTE MUÑOZ   —_____

SR. PAZ   —¿Y qué pasa si no consigo el dinero para la fianza?

AGENTE MUÑOZ   —_____

En estas situaciones

What would you say in the following situations? What might the other person say?

1. You have just arrested someone. Describe the booking procedure. Explain what to do with personal items.

2. Having booked someone who was arrested, answer his/her questions about the preliminary investigation, the judge, bail, and about being released.

Casos

Act out the following scenarios with a partner.

1. Book someone who has just been charged with homicide.

2. Tell someone who has just been arrested that you need to fingerprint him/her.

Un paso más

Review the *Vocabulario adicional* in this lesson and give the Spanish equivalent of the following.

1. Put your hands against the wall.

   _____

2. Stand up!

   _____

3. Spread eagle!

   _____

4. Hands up! You're under arrest!

   _____

5. How do you spell your last name?

   _____

6. Do you have an alias?

   _____

7. You are under arrest for possession of drugs.

   _____

🔊 *Una muchacha se escapa de su casa*

El agente Gómez habla con los Sres. Ruiz, padres de una adolescente que se escapó de su casa.

AGENTE GÓMEZ	—¿Cuándo fue la última vez que vieron a su hija?
SR. RUIZ	—Anoche. Nos dijo que iba a estudiar con una compañera.
AGENTE GÓMEZ	—¿Cuándo se dieron cuenta de que se había escapado?
SRA. RUIZ	—Ya eran las once de la noche y no había regresado. Entonces llamamos a casa de su amiga y supimos que no había estado allí.
AGENTE GÓMEZ	—Su hija puede haber sido víctima de un secuestro. ¿Por qué piensan que se escapó de la casa?
SR. RUIZ	—Su amiga nos dijo que ella estaba pensando en escaparse.
AGENTE GÓMEZ	—¿Qué edad tiene ella?
SR. RUIZ	—Dieciséis años.
AGENTE GÓMEZ	—Es necesario que me den una descripción completa de su hija.
SR. RUIZ	—Se llama María Elena Ruiz Portillo. Es baja —mide cinco pies y dos pulgadas— delgada, de pelo negro y ojos negros. Tiene un lunar cerca de la boca y una cicatriz en la mejilla derecha.
AGENTE GÓMEZ	—¿Qué ropa tenía puesta?
SRA. RUIZ	—Tenía puesta una falda blanca, una blusa roja y un suéter negro... sandalias blancas, y tenía una bolsa blanca.
AGENTE GÓMEZ	—¿Llevaba algunas joyas?
SRA. RUIZ	—Sí, una cadena de oro con una cruz, un anillo de plata y unos aretes rojos.
AGENTE GÓMEZ	—Espero que tengan una fotografía reciente de ella.
SR. RUIZ	—Sí, aquí tengo una en la billetera.
AGENTE GÓMEZ	—Esto debe ser muy difícil para Uds., pero ¿tienen idea de por qué se escapó? ¿Ha tenido algún problema con Uds. o en la escuela?
SR. RUIZ	—Bueno... ella estaba saliendo con un muchacho... y nosotros le dijimos que no nos gustaba... Estuvo preso dos veces.
AGENTE GÓMEZ	—¿Creen que su hija se fue con él?
SRA. RUIZ	—Yo creo que sí, pero puede ser que esté con otra amiga.
AGENTE GÓMEZ	—¿Qué edad tiene él?
SRA. RUIZ	—No sé exactamente. Es dos o tres años mayor que ella.
AGENTE GÓMEZ	—¿Saben cómo se llama y dónde vive?
SRA. RUIZ	—Él se llama José Ramírez. No sé dónde vive, pero los dos asisten a la misma escuela secundaria.
AGENTE GÓMEZ	—¿Su hija se había escapado de su casa en alguna otra ocasión?
SRA. RUIZ	—No, nunca. Yo creo que él se la llevó contra su voluntad...

AGENTE GÓMEZ	—¿Saben si tenía dinero?
SRA. RUIZ	—Sí, tenía unos setenta y cinco dólares, por lo menos.
AGENTE GÓMEZ	—¿Tienen alguna idea de dónde puede estar? Es importante que traten de recordar cualquier detalle.
SR. RUIZ	—No, ninguna, pero tememos que ya esté lejos de aquí.
AGENTE GÓMEZ	—¿Tiene carro?
SRA. RUIZ	—No. Nosotros no queremos que maneje. Es muy joven...
AGENTE GÓMEZ	—¿Tiene algún documento de identificación?
SRA. RUIZ	—Es posible que lleve la tarjeta de la escuela en la cartera...
AGENTE GÓMEZ	—Bueno. Es necesario que me avisen enseguida si recuerdan algo más o si reciben alguna información.
SRA. RUIZ	—Ojalá que puedan encontrarla pronto.
AGENTE GÓMEZ	—Vamos a hacer todo lo posible, señora.

🞄 Vocabulario

COGNADOS

el (la) adolescente adolescent, teenager	**reciente** recent
el documento document	**la sandalia** sandal
importante important	**el suéter** sweater
la ocasión occasion	**la víctima** victim

NOMBRES

el anillo, la sortija ring
el arete earring
la blusa blouse
la boca mouth
la cartera, la bolsa, el bolso purse
la cicatriz scar
el (la) compañero(a) (de clase) classmate
la cruz cross
el detalle detail
la edad age
la falda skirt
el (la) jovencito(a) youth, teenager
el lunar mole
la mejilla, el cachete cheek
el pelo hair
la voluntad will

VERBOS

asistir (a) to attend
escaparse, fugarse to run away
estudiar to study
medir (e:i) to measure, to be (*amount*) tall
salir con to go out (with), to date
temer to fear, to be afraid
tener puesto(a), llevar puesto(a) to have on, to wear

ADJETIVOS

bajo(a), bajito(a) (*Cuba*) short
mayor older

OTRAS PALABRAS Y EXPRESIONES

de pelo (negro) with (black) hair
dos veces twice
exactamente exactly
generalmente usually
lejos (de) far (from)
ojalá I hope
por lo menos at least
puede ser it may be
los señores[1] (Ruiz) Mr. and Mrs. (Ruiz)

---

[1] Abbreviated **Sres.**

Vocabulario adicional

**PARA INVESTIGAR A LAS PERSONAS
DESAPARECIDAS** (*To investigate missing persons*)

abandonar los estudios   to drop out of school
el alojamiento, el hospedaje   lodging
el (la) conocido(a)   acquaintance
el (la) delincuente juvenil   juvenile delinquent
desaparecer   to disappear
la estación de ómnibus, la estación de autobuses
  bus station
el (la) maestro(a)   teacher
matar   to kill
mayor de edad   of age, adult
menor de edad   minor
la morgue   morgue
el paradero   whereabouts
pornográfico(a)   pornographic
la prostitución   prostitution
refugiarse   to find refuge, shelter
rescatar   to rescue
el rescate   ransom
el tribunal de menores   juvenile court

Nota cultural

Latinos in the United States tend to marry within their own groups of origin.
Intermarriage between Latinos and Anglos is increasing, however, especially among
second-generation individuals.

¿Recuerdan ustedes?

Answer the following questions, basing your answers on the dialogue.

1. ¿Por qué habla el agente Gómez con los Sres. Ruiz?

    _____

2. ¿Cuándo fue la última vez que el Sr. Ruiz vio a su hija?

    _____

3. ¿Qué les dijo la muchacha a sus padres?

    _____

4. ¿Qué es necesario que hagan los padres de la muchacha?

    _____

5. ¿Cómo se llama la muchacha y cómo es?

   _____

6. ¿Tiene María Elena algunas marcas visibles?

   _____

7. ¿Qué ropa tenía puesta?

   _____

8. ¿Qué joyas llevaba María Elena?

   _____

9. ¿Qué espera el agente Gómez?

   _____

10. ¿Cuál es el problema que María Elena ha tenido con sus padres?

    _____

11. ¿Qué cree la mamá de María Elena? ¿Por qué piensa Ud. que ella cree eso?

    _____

12. ¿Por qué no tiene carro María Elena?

    _____

Para conversar

Interview a classmate, using the following questions. When you have finished, switch roles.

1. ¿A qué escuela secundaria asistió Ud.?

   _____

2. Cuando era estudiante de la escuela secundaria, ¿pensaba en hacerse (*becoming*) policía?

   _____

3. Cuando Ud. era adolescente, ¿se escapó alguna vez de su casa?

   _____

4. ¿Tiene Ud. una fotografía reciente de su familia?

   _____

5. ¿Es importante que una persona siempre traiga consigo (*with him/her*) un documento de identificación?

   _____

6. ¿Tiene Ud. algún documento de identificación ahora? ¿Puede mostrármelo?

_____

7. ¿Cuánto dinero tenía Ud. cuando salió de su casa hoy?

_____

Vamos a practicar

A. **Rewrite the following sentences, beginning each one with the cue given.**

Modelo: Ella tiene documentos.

Espero que ella **tenga** documentos.

1. Compran las faldas negras.

Ojalá que _____

2. Ellos nos traen las fotografías.

Nos alegramos de que (*We are glad*) _____

3. No están interrogando al acusado.

Esperamos que _____

4. Ella va a escaparse.

Temo que _____

B. **Rewrite the following sentences, beginning each one with the cue given. Make the necessary changes.**

1. Ud. nos avisa enseguida.

Es necesario que _____

2. Ella se escapa con su novio.

Es posible que _____

3. Asisten a esa escuela.

Es importante que _____

4. Tú no sales con ese muchacho.

Es mejor que_____

Conversaciones breves

Complete the following dialogue, using your imagination and the vocabulary from this lesson.

El agente Silva y el Sr. Ochoa hablan del hijo del Sr. Ochoa.

AGENTE SILVA —_____

SR. OCHOA —Me di cuenta de que él se había escapado porque no durmió (*didn't sleep*) en casa...

AGENTE SILVA —_____

SR. OCHOA —Lo vi ayer por la tarde antes de ir a la oficina.

AGENTE SILVA —_____

SR. OCHOA —Tengo una fotografía de él, pero no es reciente.

AGENTE SILVA —_____

SR. OCHOA —Llevaba puesto un pantalón azul, pero no recuerdo de qué color era la camisa.

AGENTE SILVA —_____

SR. OCHOA —Solamente un anillo de oro.

AGENTE SILVA —_____

SR. OCHOA —No, no ha tenido problemas conmigo.

AGENTE SILVA —_____

SR. OCHOA —Sí, es escapó una vez cuando tenía diez años, pero regresó a casa al día siguiente (*the next day*).

AGENTE SILVA —_____

SR. OCHOA —No, generalmente no lleva ningún documento.

AGENTE SILVA —_____

_____

SR. OCHOA —Sí, si recuerdo algo más, le aviso enseguida. Ojalá que puedan encontrarlo pronto.

AGENTE SILVA —_____

En estas situaciones

What would you say in the following situations? What might the other person say?

1. You are investigating a runaway. Ask the parents for a description of the child's physical characteristics and the clothing the child was wearing. Question them about his/her friends. Ask for a recent photograph of the child and tell them to notify you immediately if they remember any other details.

2. You are talking to a teenager who ran away from home. Explain that you want to help and ask why he/she ran away. Reassure him/her that if there have been problems with parents or at school, he/she can talk with you.

3. You are investigating a missing person case. Ask the person reporting it to recall when he/she first realized the person wasn't home. Ask for a complete description of the missing person. Promise to do everything possible to find the person.

Casos

Act out the following scenarios with a partner.

1. You are a police officer speaking with the parents of a child who has run away from home.

2. You are an officer speaking with the best friend of a runaway. Ask for as much information as the friend can—or is willing to—provide.

Un paso más

Review the *Vocabulario adicional* in this lesson and match the questions in column A with the answers in column B.

	A		*B*
1.	_____ ¿Está muerta (*dead*)?	a.	En la morgue.
2.	_____ ¿Es Ud. mayor de edad?	b.	Cincuenta mil dólares.
3.	_____ ¿No está en la escuela?	c.	No, solamente conocidos.
4.	_____ ¿Se escapó anoche?	d.	Sí, la rescataron anoche.
5.	_____ ¿Dónde está el cadáver?	e.	Sí, y ahora están presos.
6.	_____ ¿Consiguió alojamiento?	f.	En el tribunal de menores.
7.	_____ ¿Son amigos?	g.	No, abandonó los estudios.
8.	_____ ¿No está aquí?	h.	Sí. No conocemos su paradero.
9.	_____ ¿Cuánto piden de rescate?	i.	Sí, está en un motel.
10.	_____ ¿El ladrón tiene 15 años... ?	j.	Sí, es un delincuente juvenil.
11.	_____ ¿Están en la escuela?	k.	Sí, la mató su esposo.
12.	_____ ¿Dónde estaba el hombre?	l.	No... desapareció...
13.	_____ ¿Dónde la van a juzgar?	m.	No, está lejos.
14.	_____ ¿Vendían libros pornográficos?	n.	Sí, con la maestra.
15.	_____ ¿La víctima del secuestro está en su casa ahora?	o.	En la estación de ómnibus.
16.	_____ ¿La cárcel está cerca de aquí?	p.	No, soy menor de edad.

ADJETIVOS

aquel, aquella   that
aterrorizado(a)   terrified, frightened
atravesado(a)   pierced
calvo(a), pelado(a)   bald
castaño, café   brown (*ref. to eyes or hair*)
sucio(a)   dirty

OTRAS PALABRAS Y EXPRESIONES

cambiarse de ropa   to change clothes
en cuanto   as soon as
Eran como las (+ *hora*).   It was about (+ *time*).
es decir...   that is to say . . .
estar seguro(a)   to be certain
hacer resistencia   to resist
Hasta mañana.   (I'll) see you tomorrow.
histéricamente   hysterically
llegar a (+ *inf.*)   to succeed in (doing something)
para ti   for you
¿Qué hora era... ?   What time was it . . . ?
tal vez   perhaps
¡Tenía tanto miedo!   I was so scared!

Vocabulario adicional

MÁS DESCRIPCIONES

LA PIEL (*Skin*)

el acné   acne
el grano   pimple
la mancha   spot, mark, blemish
la peca   freckle
la verruga   wart

LOS OJOS

bizco(a)   cross-eyed
el ojo de vidrio   glass eye
los ojos saltones   bulging eyes, bug eyes

EL CUERPO (*Body*)

deformado(a)   deformed
desfigurado(a)   disfigured
embarazada   pregnant
musculoso(a)   muscular

EL PELO

la peluca   wig, hairpiece
el vello   body hair
velludo(a)   hairy

PARA DESCRIBIR LA ROPA

de cuadros   plaid
de lunares   polka dot
de rayas   striped
estampado(a)   print
mangas cortas   short sleeves
mangas largas   long sleeves
sin mangas   sleeveless

OTRAS PALABRAS

hablar con (la) zeta   to lisp
tartamudear   to stutter

Notas culturales

- Latinos constitute about 10.3% of the population in the U.S., yet they account for 14% of the reported AIDS cases, nearly 21% of AIDS cases among women, and 22% of all pediatric AIDS cases. Latinos are at greater risk for HIV infection because of factors such as living in high-prevalence areas and exposure to intravenous drug use, not because of their race and culture. AIDS is most prevalent in large urban centers, with three cities (New York, San Francisco, and Los Angeles) accounting for about 60% of all cases. Nearly half of the Hispanic Americans with AIDS are heterosexuals, and most of the Hispanic AIDS cases in the Northeast are among intravenous drug users. Heterosexual transmission of HIV from intravenous drug users to their sexual partners is more prevalent among Latinos because of attitudes regarding the use of condoms. A recent survey indicates that Hispanic Americans know less about HIV and AIDS than non-Latinos. The American Medical Association has recommended that AIDS prevention education programs be tailored to subgroups such as Mexican Americans and Puerto Ricans due to cultural and language differences.
- Like many women, Latina females may feel uncomfortable or embarrassed discussing matters of sex, especially with a male police officer. This reaction may be due in part to cultural taboos, level of education, or both. In some cultures, it is not possible or it is considered socially unacceptable to talk about female anatomy or any aspect of sexuality. Therefore, it is important to be sensitive and diplomatic when dealing with these topics.

¿Recuerdan ustedes?

Answer the following questions, basing your answers on the dialogue.

1. ¿Cuántos años tiene la muchacha que llama a la policía?

   _____

2. ¿Qué dice la muchacha y qué pide?

   _____

   _____

3. ¿Dónde estaba la víctima y qué estaba haciendo cuando tocaron a la puerta?

   _____

4. ¿Qué pasó cuando la muchacha abrió la puerta?

   _____

5. ¿Qué quiere hacer la muchacha antes de hablar con la agente?

   _____

6. ¿Por qué dice la agente Rocha que es mejor esperar?

   _____

   _____

7. ¿Conocía la muchacha al hombre que la atacó?

   _____

8. Describa al hombre que violó a la muchacha. ¿Tenía alguna marca visible?

   _____

9. ¿Se cambió de ropa la muchacha?

   _____

10. ¿Esperó mucho tiempo la muchacha antes de llamar a la policía?

    _____

11. ¿Llegó a violar el hombre a la muchacha?

    _____

12. ¿Trató de defenderse la muchacha? ¿Por qué o por qué no?

    _____

Para conversar

Interview a classmate, using the following questions. When you have finished, switch roles.

1. ¿Qué estaba haciendo Ud. anoche cuando tocaron a la puerta?

   _____

2. ¿Se cambió Ud. de ropa antes de ir a trabajar?

   _____

3. ¿Solamente las mujeres pueden ser víctimas del abuso sexual?

   _____

4. En un caso de violación, ¿qué debe hacer el (la) agente de policía para ayudar a la víctima?

   _____

5. ¿Ha investigado Ud. casos de violación?

   _____

6. ¿Conoce Ud. a alguna mujer que sepa defenderse contra un hombre?

   _____

Vamos a practicar

A. Rewrite the following sentences, beginning each one with the cue given.

Modelo: Puedo olvidar su cara.

No creo que **pueda** olvidar su cara.

1. Mis padres llegan mañana.

No creo que _____

2. Él la empuja y la golpea.

Dudo que _____

3. Esto es muy difícil.

No es verdad que _____

4. Él tiene bigote y barba.

No estoy segura de que _____

B. Rewrite the following sentences, beginning each one with the cue given. Make the necessary changes.

1. ¿Habla inglés?

¿Hay alguien que _____?

2. Un médico puede examinarte.

Busco un médico que _____

3. Un testigo está seguro de que lo vio allí.

Necesito encontrar un testigo que _____

4. La fotografía identifica al ladrón.

Espero conseguir una fotografía que _____

Conversaciones breves

Complete the following dialogue, using your imagination and the vocabulary from this lesson.

El agente Mena habla con Sara, la víctima de una violación.

AGENTE MENA —_____

SARA —No, nunca lo había visto antes.

AGENTE MENA —_____

SARA —Era blanco... alto... de pelo negro y ojos azules.

AGENTE MENA —_____

SARA	—Tenía bigote, pero no tenía barba.
AGENTE MENA	— _____
SARA	—No recuerdo nada más...
AGENTE MENA	— _____
SARA	—No, no usaba lentes.
AGENTE MENA	— _____
SARA	—Sí, me amenazó con un cuchillo.
AGENTE MENA	— _____
SARA	—Sí, traté de defenderme, pero no pude hacer nada.
AGENTE MENA	— _____
SARA	—Sí, llegó a violarme... hubo penetración...
AGENTE MENA	— _____
SARA	—No, nada anormal...

En estas situaciones

What would you say in the following situations? What might the other person say?

1. You answer a call from a hysterical rape victim. Calm her down and ask her to describe what happened. Explain that you know it is difficult for her to talk about it, but you need to know all the details in order to find the man who raped her.

2. You are with a rape victim. Advise her not to bathe or change clothes, and help to arrange for a medical examination for her at a hospital. Find out from her if there is anyone else you should call.

3. You are investigating a rape. Ask the victim to describe the man. Help her to remember as many details as possible about the rapist by asking questions about his physical characteristics, clothing, accent, etc.

Casos

Act out the following scenarios with a partner.

1. You are an officer trying to calm down a hysterical rape victim.

2. You are talking to a rape victim, trying to get information about the rapist and what happened.

Un paso más

A. Review the *Vocabulario adicional* in this lesson and match the questions in column A with the answers in column B.

	A		*B*
1.	_____ ¿Es una verruga?	a.	Sí, tiene muchos granos...
2.	_____ ¿Es gordo?	b.	No, habla con zeta.
3.	_____ ¿Tiene alguna marca visible?	c.	No, no tiene problemas con los ojos.
4.	_____ ¿Tiene acné?	d.	Algunas, en la nariz.
5.	_____ ¿Tartamudea?	e.	Saltones.
6.	_____ ¿Es velludo?	f.	Sí, tiene mucho vello.
7.	_____ ¿Tiene pecas?	g.	Una es artificial.
8.	_____ ¿Está embarazada?	h.	No, de cuadros.
9.	_____ ¿Es bizco?	i.	Sí, pero usa peluca.
10.	_____ ¿Cómo son los ojos?	j.	No, es musculoso.
11.	_____ ¿Tuvo un accidente?	k.	Porque es sin mangas.
12.	_____ ¿Es calvo?	l.	Sí, una mancha en la cara.
13.	_____ ¿Tiene las dos piernas?	m.	Sí, y ahora está desfigurada.
14.	_____ ¿Es deformado?	n.	No, es perfecto.
15.	_____ ¿Cómo es la camisa?	o.	No, es un lunar.
16.	_____ ¿La falda es de lunares?	p.	Sí, va a tener el bebé en octubre.
17.	_____ ¿Por qué no te gusta la blusa?	q.	De rayas y mangas cortas.

🌑 *Una tarde cualquiera*

Una tarde en la vida del agente Cabañas de la Cuarta Estación de Policía, en Elizabeth, Nueva Jersey.

Las dos de la tarde:

El agente Cabañas habla con el padre de un menor de edad a quien acaban de arrestar.

PADRE	—Buenos días. Me avisaron que mi hijo estaba detenido aquí.
AGENTE CABAÑAS	—¿Cómo se llama su hijo?
PADRE	—Enrique Fernández.
AGENTE CABAÑAS	—Sí, señor. Está aquí.
PADRE	—¿Por qué lo arrestaron? ¿De qué lo acusan?
AGENTE CABAÑAS	—Su hijo está acusado de venderles drogas a sus compañeros, en su escuela.
PADRE	—¡No es posible! Eso no puede ser cierto. No creo que mi hijo haya hecho tal cosa. ¿Puedo hablar con él?
AGENTE CABAÑAS	—Sí, señor, pero debe esperar hasta que hayan terminado de interrogarlo.

Las tres y cuarto de la tarde:

El agente Cabañas va a la casa de Felipe Núñez para hablar con él. Habla con la mamá del muchacho.

AGENTE CABAÑAS	—Necesito hablar con Felipe Núñez, señora. Es urgente.
SRA. NÚÑEZ	—No está, y no sé a qué hora va a regresar.
AGENTE CABAÑAS	—Bueno, cuando regrese, dígale que me llame a este número, por favor. Dígale que quiero hacerle unas preguntas.
SRA. NÚÑEZ	—Muy bien. Se lo diré en cuanto lo vea.

Las cinco de la tarde:

El agente Cabañas va al apartamento de una muchacha que trató de suicidarse.

AGENTE CABAÑAS	—¿Dónde está la muchacha?
VECINO	—Allí, en la cocina. La encontré con la cabeza metida en el horno.
AGENTE CABAÑAS	—¿Había olor a gas?
VECINO	—Sí, por eso llamé al 911 en cuanto llegué. Ya vienen los paramédicos.

Van a la cocina y el agente habla con la muchacha.

AGENTE CABAÑAS	—¿Puedes oírme? ¿Cómo te sientes?
MUCHACHA	—Mal... Tomé...
AGENTE CABAÑAS	—¿Qué tomaste? ¿Veneno? ¿Qué veneno tomaste... ?
MUCHACHA	—No... calmantes... en el baño... más de diez...

Las seis de la tarde:

El agente Cabañas detiene a una señora que maneja con los faros del carro apagados.

AGENTE CABAÑAS	—La detuve porque los faros de su carro no están prendidos.
SEÑORA	—Sí... parece que están descompuestos...
AGENTE CABAÑAS	—Bueno, no puede manejar este carro a menos que haga arreglar los faros.
SEÑORA	—Muy bien. Mañana, sin falta.
AGENTE CABAÑAS	—Cuando el carro esté listo, llévelo a esta dirección. Ahí le van a firmar el dorso de esta papeleta para confirmar que Ud. hizo arreglar el desperfecto.

 Vocabulario

COGNADO

el gas   gas

NOMBRES

la cabeza   head
el calmante, el sedante, el sedativo   sedative
el desperfecto   (slight) damage, imperfection
el dorso   back (*of paper*)
el faro   headlight
el horno   oven
el olor   smell
la papeleta   form
el veneno   poison

VERBOS

arreglar   to fix
confirmar   to confirm
oír[1]   to hear
suicidarse   to commit suicide

ADJETIVOS

descompuesto(a)   broken, not working
listo(a)   ready
metido(a)   inside, inserted in
prendido(a), encendido(a)   lit, turned on (*a lamp*)

OTRAS PALABRAS Y EXPRESIONES

a menos que   unless
en cuanto, tan pronto como   as soon as
hacer arreglar   to have (something) fixed
hacer una pregunta   to ask a question
hasta que   until
olor a   smell of
sin falta   without fail
tal cosa   such a thing

---

[1]Irregular present indicative: **oigo, oyes, oye, oímos, oyen.**

Vocabulario adicional

PARA RESPONDER A UNA LLAMADA

ahogarse   to drown
la agresión, el ataque   aggression, attack, assault
el (la) agresor(a)   aggressor, assailant
arrancar   to start (a car)
el (la) asesino(a)   murderer, assassin
la camilla   stretcher
dar respiración artificial   to give CPR
dar una puñalada   to stab
en defensa propia   in self-defense
el helicóptero   helicopter
pegar un tiro, pegar un balazo   to shoot
la pelea, la riña   fight
la piscina, la alberca *(Méx.)*   swimming pool
los primeros auxilios   first aid
la queja   complaint
respirar   to breathe
el ruido   noise
la silla de ruedas   wheelchair
tocar la bocina   to honk the horn

Nota cultural

Most Latino children are taught from an early age that the family comes first. Knowing one's place in a hierarchical, sometimes authoritarian family structure, and showing appropriate deference and respect to older family members are of great importance, as is recognizing the interdependence of family members and the necessity of placing the family's well-being ahead of one's own needs or desires. Within this context, traditional "American" values such as individualism, freedom of choice, and self-sufficiency are of secondary importance.

¿Recuerdan ustedes?

Answer the following questions, basing your answers on the dialogues.

1. ¿Por qué vino a la estación de policía el padre de un menor de edad?

    _____

2. ¿De qué está acusado su hijo?

    _____

3. ¿Qué cree el padre de la acusación?

    _____

4. Si el padre quiere ver a su hijo, ¿hasta cuándo tiene que esperar?

    _____

5. ¿Habla el agente Cabañas con Felipe Núñez? ¿Por qué o por qué no?

_____

6. ¿Para qué quiere hablar con él?

_____

7. ¿Cuándo le va a decir la Sra. Núñez a su hijo que el agente quiere hablar con él?

_____

8. ¿Dónde está la muchacha que trató de suicidarse?

_____

9. ¿Cómo encontró el vecino a la muchacha?

_____

10. ¿Qué olor había?

_____

11. ¿Esperó mucho tiempo el vecino para llamar a la policía?

_____

12. ¿Qué tomó la muchacha?

_____

13. ¿Por qué detiene el agente Cabañas a una señora?

_____

14. ¿Qué tiene que hacer la señora mañana?

_____

15. ¿Qué debe hacer la señora cuando los faros del carro estén listos?

_____

Para conversar

Interview a classmate, using the following questions. When you have finished, switch roles.

1. ¿Qué va a hacer Ud. en cuanto llegue a su casa?

_____

2. ¿A quién quiere Ud. hacerle unas preguntas?

_____

3. ¿Qué le dirá Ud. a su profesor(a) cuando lo (la) vea?

_____

4. ¿Necesita hacer arreglar su coche?

   _____

5. ¿Están prendidos o apagados los faros de su carro en este momento?

   _____

Vamos a practicar

A. **Complete the following sentences, using the cue in parentheses.**

1. Se lo voy a preguntar cuando _____ (verlos).

2. Yo le avisaré en cuanto el policía _____ (arrestarlas).

3. Lleve el carro a este lugar tan pronto como el mecánico _____
   (arreglar los faros).

4. No me llame hasta que ellas _____ (traer al detenido).

B. **Rewrite the following sentences, beginning each one with the cue given.**

Modelo: Le leen sus derechos.

   Espero que **le hayan leído** sus derechos.

1. Mueren todos.

   No creo que _____

2. El juez les nombra (*appoint*) un abogado.

   Ojalá que _____

3. Le hacen algunas preguntas.

   Es posible que _____

4. Se suicida.

   Ella tiene miedo de que él _____

5. Lo encuentran.

   Espero que _____

6. Los faros están encendidos.

   Dudo que _____

Conversaciones breves

Complete the following dialogues, using your imagination and the vocabulary from this lesson.

El agente Ross y el Sr. Soto:

AGENTE ROSS   —_____

SR. SOTO   —Lo siento, pero en este momento no está.

AGENTE ROSS —_____

SR. SOTO —No sé. Sólo me dijo que iba a regresar más tarde.

AGENTE ROSS —_____

SR. SOTO —Sí, señor. Se lo diré cuando lo vea.

La agente León y la Sra. Torres:

AGENTE LEÓN —¿Qué pasa, señora?

SRA. TORRES —_____

AGENTE LEÓN —¿Dónde está su hijo ahora?

SRA. TORRES —_____

AGENTE LEÓN —¿Llamó Ud. a los paramédicos?

SRA. TORRES —_____

AGENTE LEÓN —Voy a llamarlos yo. ¿Qué tomó su hijo, señora?

SRA. TORRES —_____

La agente Suárez y el Sr. Gil:

AGENTE SUÁREZ —_____

SR. GIL —Buenos días. Busco a mi hijo. Me han dicho que está aquí.

AGENTE SUÁREZ —_____

SR. GIL —Se llama Alberto Gil Rosas.

AGENTE SUÁREZ —_____

SR. GIL —Pero, ¿por qué? Alberto es un buen muchacho.

AGENTE SUÁREZ —_____

SR. GIL —¿Cómo? ¿Mi hijo? ¡No puede ser! Quiero verlo ahora mismo.

AGENTE SUÁREZ —_____

SR. GIL —Está bien. Voy a esperar, pero primero quiero llamar a mi abogado.

AGENTE SUÁREZ —_____

En estas situaciones

What would you say in the following situations? What might the other person say?

1. Explain to the parent of a minor who has been arrested that he/she can't speak with the child until they've finished booking him/her. Say that the child was arrested for selling drugs at school and for carrying a gun. Tell the parent to take a seat in the waiting room and try to calm him/her down.

2. You want to speak with Mr. Olmedo. Leave this message with his wife: "When your husband returns, have him call me at this number without fail. It is very urgent, because I want to ask him a few questions."

3. Tell a motorist that he/she has to have his/her car fixed. Tell the motorist also that, after the car is ready, he/she has to take it to 125 Flores Street, where someone will sign the back of the form to confirm that the damage has been fixed.

Casos

Act out the following scenarios with a partner.

1. You are talking with the angry and distraught parent of a minor who has just been arrested.

2. You are having difficulty getting in touch with a young woman you need to interrogate, so you leave several messages with her roommate.

3. You talk to a motorist whose car lights are not on and advise him/her on what to do.

Un paso más

Review the *Vocabulario adicional* in this lesson and give the Spanish equivalent of the following.

1. There has been a drowning.

   a. The child fell in the pool.

   _____

   b. He almost drowned.

   _____

   c. The paramedics gave him CPR.

   _____

2. There has been a complaint.

   a. Is there a fight at this party? There's a lot of noise.

   _____

    b. Who was the aggressor?

_____

    c. She stabbed him.

_____

    d. He shot her with a gun.

_____

    e. She's not breathing. (She doesn't breathe.)

_____

    f. He killed her in self-defense.

_____

3. There has been an accident on the highway.

    a. Her car wouldn't start.

_____

    b. He was honking the horn.

_____

    c. He crashed into her car.

_____

    d. Do you know anything about first aid?

_____

    e. We're going to put her on a stretcher.

_____

    f. Is there a wheelchair for him?

_____

🔊 *Otro día, por la mañana...*

Un día de trabajo para el agente Montero, de la Comisaría Tercera de la ciudad de Albuquerque, Nuevo México.

Las diez y media de la mañana:

El agente Montero investiga un robo en un mercado. Ahora está hablando con el dependiente.

AGENTE MONTERO	—Cuénteme exactamente lo que pasó.
DEPENDIENTE	—A eso de las nueve y media vino un hombre y dijo que quería una botella de vino...
AGENTE MONTERO	—¿Qué pasó entonces?
DEPENDIENTE	—Me apuntó con una pistola y me obligó a que le diera todo el dinero que había en la caja.
AGENTE MONTERO	—¿Podría Ud. reconocerlo si lo viera otra vez?
DEPENDIENTE	—No sé. Tenía barba y bigote... Si se afeitara, no sé si lo reconocería.
AGENTE MONTERO	—¿Cuánto medía, más o menos? ¿Era como de mi estatura?
DEPENDIENTE	—No, mucho más alto y más grande. Medía como seis pies y dos pulgadas y pesaba unas doscientas cincuenta libras.
AGENTE MONTERO	—¿Cómo estaba vestido?
DEPENDIENTE	—A ver si recuerdo... Pantalón gris oscuro, camisa azul y una chaqueta de pana café.
AGENTE MONTERO	—Ud. le dio todo el dinero. ¿Qué pasó después?
DEPENDIENTE	—Traté de seguirlo, pero me apuntó con la pistola y me dijo que me quedara donde estaba.
AGENTE MONTERO	—¿Puede describir la pistola?
DEPENDIENTE	—Una pistola semiautomática, calibre treinta y dos, posiblemente.

Las once y media:

El agente Montero sospecha que hay drogas en el maletero de un carro. Ahora está hablando con la dueña.

AGENTE MONTERO	—No tengo permiso del juez para registrar su carro, pero me gustaría ver lo que Ud. tiene en el maletero. ¿Quiere darme la llave?
MUJER	—Hay un gato y una llanta en el maletero...
AGENTE MONTERO	—¿Me da Ud. permiso para registrarlo? No la estoy amenazando ni le estoy prometiendo nada. Si Ud. me da permiso, tiene que ser voluntariamente.
MUJER	—Consiga una orden del juez si quiere registrar mi carro.

Las dos y media de la tarde:

El agente Montero arresta a un hombre que atacó a una mujer y trató de robarle la cartera.

AGENTE MONTERO	—Póngase las manos sobre la cabeza y entrelace los dedos. Dése vuelta.
HOMBRE	—¡Hijo de mala madre!
AGENTE MONTERO	—¡Cállese! Camine hacia el carro patrullero. Súbase. ¡Cuidado con la cabeza... !

Las cuatro y media de la tarde:

El agente Montero ve un grupo de personas que están gritando obscenidades y amenazas frente a un consulado y les ordena dispersarse.

AGENTE MONTERO	—Soy el agente Montero, de la Policía. Esta reunión queda declarada ilegal y, por lo tanto, les ordeno que se dispersen inmediatamente.

La multitud empieza a dispersarse y algunos murmuran obscenidades.

 # Vocabulario

NOMBRES

la amenaza threat
la botella bottle
la caja cash register
la chaqueta, la chamarra (*Méx.*) jacket
el (la) dependiente clerk
la estatura height
el gato, la gata (*Costa Rica*) jack
la libra pound
la llanta, la goma (*Cuba*), **el neumático** tire
el maletero, la cajuela (*Méx.*), **el baúl** (*Puerto Rico*) trunk (*of a car*)
el mercado market
la multitud crowd
la pana corduroy
el permiso warrant, permission
la reunión, la congregación, el mitin meeting, assembly
el vino wine

VERBOS

afeitarse to shave
apuntar to point, to aim (*a gun*)
dispersarse to disperse
entrelazar to intertwine
murmurar to murmur
ordenar to order
pesar to weigh
prometer to promise

ADJETIVO

gris gray

OTRAS PALABRAS Y EXPRESIONES

¡Cállese! Be quiet! Shut up!
¡Cuidado! Careful!
Dése vuelta., Voltéese., Vírese. (*Cuba*) Turn around.
por lo tanto therefore, so
queda declarado(a) ilegal is hereby declared illegal
sobre on, on top of

Vocabulario adicional

MANDATOS ÚTILES (*Useful commands*)

¡Acuéstese en el suelo, boca abajo!   Lie down on
  the floor (ground), face down!
¡Agáchese!   Bend down!
¡Aléjese de la ventana!   Get away from the window!
¡Bájese de allí!   Get down from there!
¡Levante los brazos!   Lift your arms!
¡Llame al perro!   Call off the dog!
¡No dispare! ¡No tire!   Don't shoot!
¡No salte!   Don't jump!
¡No se mueva!   Don't move!
¡Póngase las manos detrás de la espalda!   Put
  your hands behind your back!
¡Póngase de rodillas!   Get on your knees!
¡Salga con las manos en (sobre) la cabeza!
  Come out with your hands on top of your head!
¡Sáquese las manos de los bolsillos!   Take your
  hands out of your pockets!
¡Separe los pies!   Spread your feet!
¡Siga caminando!   Keep walking!
¡Suelte el arma!   Drop the gun (weapon)!
¡Suéltelo(la)!   Let go of him (her)!

Nota cultural

Until recently, in most Latin American cities, people could walk in the streets late at
night without running the risk of being assaulted or mugged. Holdups were almost
unheard of and there were few incidents like the one described in this lesson.

  That is not the case today. Some Latin American big cities have reputations for being
rough. Travellers are warned about the increasing crime in most cities.

¿Recuerdan ustedes?

Answer the following questions, basing your answers on the dialogues.

1. ¿Qué pasó a eso de las nueve y media en el mercado?

   _____

2. ¿Qué hizo el hombre después de apuntarle al dependiente con una pistola?

   _____

3. ¿Cómo era el hombre?

   _____

4. ¿Qué ropa tenía puesta?

   _____

5. ¿Qué hizo el hombre cuando el dependiente trató de seguirlo?

_____

6. ¿Qué clase de pistola tenía el hombre?

_____

7. El agente Montero sospecha que hay drogas en el maletero de un carro.
    ¿Por qué no le ordena a la dueña que lo abra?

_____

8. ¿Le da la mujer permiso al agente Montero para que abra el maletero y lo
    registre?

_____

9. El agente Montero arresta a un hombre. ¿Por qué?

_____

10. ¿Qué le ordena el agente Montero al hombre?

_____

11. ¿Qué está haciendo la gente que está frente a un consulado?

_____

12. ¿Qué les ordena el agente Montero?

_____

Para conversar

**Interview a classmate, using the following questions. When you have
finished, switch roles.**

1. Si yo le apuntara con una pistola y le pidiera su dinero, ¿me lo daría?

_____

2. José tiene barba y bigote. Si se afeitara, ¿lo reconocería Ud.?

_____

3. Juana mide cinco pies, nueve pulgadas. ¿Es como de su estatura?

_____

4. ¿Qué ropa tenía Ud. puesta ayer por la tarde?

_____

5. ¿Qué tiene Ud. en el maletero de su coche?

_____

6. ¿Le prometió Ud. algo a su profesor(a) de español?

   _____

7. Yo no tengo permiso del juez para registrar su casa. ¿Me da Ud. permiso voluntariamente?

   _____

Vamos a practicar

A. **Rewrite each of the following sentences, using the cue given and the appropriate verb tense.**

Modelo: Es importante que Ud. hable con él.

   Era importante que Ud. **hablara** con él.

1. Es importante que el agente tenga permiso del juez.

   Era importante _____

2. Quiero que Ud. abra el maletero.

   Quería _____

3. Les digo que me den la llave.

   Les diría _____

4. La mujer no cree que el gato esté en el maletero.

   La mujer no creía _____

5. Les ordeno que se dispersen.

   Les ordenaría _____

6. Ella duda que él ataque a las mujeres.

   Ella dudaba _____

7. La agente nos dice que nos pongamos las manos en la cabeza.

   La agente nos dijo _____

8. ¡Te he dicho que no me llames así!

   ¡Te dije _____

9. Es posible que tenga una pistola semiautomática.

   Era posible _____

10. El agente quiere que el dependiente le diga la verdad.

   El agente quería _____

B. **Answer the following questions, using *si* and the appropriate verb forms.**

   Modelo: ¿Por qué no compras ese carro? (tener dinero)

   Si **tuviera** dinero, lo **compraría.**

1. ¿Por qué no me cuentas lo que pasó? (saberlo)

   _____

2. ¿Por qué no le dices qué ropa tenía puesta? (recordarlo)

   _____

3. ¿Por qué no los sigues? (poder)

   _____

4. ¿Por qué no registra el maletero? (tener permiso del juez)

   _____

5. ¿Por qué no les ordenas que se dispersen? (hacer algo ilegal)

   _____

C. **Change the following commands into statements, using *si* and the expressions in parentheses.**

   Modelo: Venga a verme. (tener tiempo, señor)

   Si **tengo** tiempo, **vendré** a verlo, señor.

1. Arreste a este hombre. (hacer algo ilegal, señora)

   _____

2. Registre el coche. (Ud. darme la llave, señorita)

   _____

3. Dígale que venga. (verla, señor)

   _____

4. Quédese aquí. (poder hacerlo, señor)

   _____

5. Traiga a los niños. (tener el carro, señora)

   _____

Conversaciones breves

Complete the following dialogue, using your imagination and the vocabulary from this lesson.

El agente Ríos investiga un robo.

AGENTE RÍOS —_____

DEPENDIENTE —Bueno... no recuerdo mucho... un hombre entró y me apuntó con una pistola...

AGENTE RÍOS —_____

DEPENDIENTE —Me dijo que le diera todo el dinero de la caja.

AGENTE RÍOS —_____

DEPENDIENTE —No sé cuánto medía.

AGENTE RÍOS —_____

DEPENDIENTE —No, no era tan alto como Ud... y era muy delgado.

AGENTE RÍOS —_____

DEPENDIENTE —Yo creo que pesaba unas ciento treinta libras...

AGENTE RÍOS —_____

DEPENDIENTE —Tenía pantalón blanco y camisa azul... y sombrero.

AGENTE RÍOS —_____

DEPENDIENTE —No, yo no entiendo nada de armas.

AGENTE RÍOS —_____

DEPENDIENTE —Sí, vi el carro que manejaba. Era un Ford Escort azul.

AGENTE RÍOS —_____

DEPENDIENTE —No, no sé el número de la chapa, pero era de otro estado.

En estas situaciones

What would you say in the following situations? What might the other person say?

1. You are investigating the armed robbery of a food store. Ask the employee to tell you exactly what happened and to describe the robber and his weapon. Then ask the employee if he/she would recognize the robber if he came into the store again.

2. You want to search somebody's car, but you don't have a warrant. Ask the owner's permission to search it. Make sure the owner knows that you are not threatening or making any promises.

3. You are arresting a suspect. Tell the person to do the following: "Put your hands on your head. Turn around. Be quiet. Get into the patrol car."

4. You are trying to disperse an unruly crowd. Tell them who you are and order them to disperse immediately.

Casos

Act out the following scenarios with a partner.

1. You are an officer questioning a shopkeeper whose store was just robbed.

2. You are an officer trying to convince someone to let you search his/her car without a warrant.

3. You are an officer arresting a belligerent suspect.

Un paso más

Review the *Vocabulario adicional* in this lesson and respond to each of the following situations with an appropriate command.

1. You are going to handcuff a prisoner.

   _____

2. Someone is near a window, and this might prove dangerous.

   _____

3. Someone is going to jump off a roof.

   _____

4. You want a suspect to drop his gun.

   _____

5. You want a suspect to walk to the police car, but she stops.

   _____

6. You want to stop someone from shooting.

   _____

7. A suspect has his hands in his pockets.

   _____

8. Someone's dog is running toward you with every intention of biting you.

   _____

9. You want a suspect to lift his arms.

   _____

10. Someone is holding a screaming girl, and you want him to let go of her.

_____

11. You need to instruct someone to bend over.

_____

12. You have to tell someone to lie on the floor, face down.

_____

13. You are pointing a gun at a suspect. You don't want her to make any sudden moves.

_____

14. You want a suspect to get on his knees.

_____

15. You want someone to spread his feet.

_____

16. Someone has climbed on a roof, and you want her down.

_____

17. There is a suspect inside a house, but he is ready to give himself up.

_____

Lectura 4

 En casos de asaltos sexuales

Read the following information from a pamphlet about sexual abuse. Try to guess the meaning of all cognates. Then, do the exercise item below.

EN CASOS DE ASALTOS° SEXUALES...
assaults

La violación y el abuso sexual

La violación es un delito en que la víctima es dominada por el uso de la fuerza° o la amenaza.°
force
threat

• Una de cada cuatro mujeres y uno de cada seis hombres serán víctimas de un asalto sexual durante su vida.

• Cualquier persona puede ser culpable° de un asalto sexual: vecinos, compañeros, miembros de la familia, desconocidos° o buenos amigos. En más del 50% de los casos, la víctima conoce al asaltante.
guilty
strangers

• La violación es un acto violento en que una persona usa el sexo para humillar y controlar a otra. Es una experiencia violenta, aterrorizadora y brutal.

Si Ud. es víctima de una violación o de otro abuso sexual

1. Recuerde que Ud. no tiene la culpa.°
blame

2. Vaya a un lugar seguro.°
safe

3. Busque el apoyo° de su familia o de sus amigos o llame a un centro de ayuda para víctimas de la violación.
support

4. Obtenga atención médica.

5. Llame a la policía y recuerde que si se ducha° o se baña,° puede destruir evidencia importante.
se... *shower* / **se...** *bathe*

6. Considere la posibilidad de usar los servicios de un consejero profesional.

¡Recuerde!

Decidir qué hacer después de un asalto es muy difícil. Es normal sentirse confuso. El centro de ayuda para víctimas de la violación puede ofrecerle información y apoyo. Los consejeros están a su disposición.

Using the information from the pamphlet, decide what you would say to the following people.

1. Carlos thinks that, since he is not a girl, he never has to worry about being sexually abused.

_____

_____

_____

2. Teresa thinks that she only has to worry about strangers, but that she is safe with friends, classmates, and acquaintances.

_____

_____

_____

3. María was sexually abused, and you are trying to give her some advice about what to do next.

_____

_____

_____

Repaso

LECCIONES 16–20

Práctica de vocabulario

A. Circle the word or phrase that does not belong in each group.

1. llanta   maletero   neumático

2. calmante   sedante   cocina

3. baño   descompuesto   desperfecto

4. anteojos   faros   lentes

5. cuchillo   bigote   barba

6. gritar   llorar   bañarse

7. pelado   sucio   calvo

8. anillo   blusa   sortija

9. cruz   cartera   bolsa

10. gente   mejilla   cachete

11. lunar   cicatriz   arete

12. calmarse   escaparse   fugarse

13. billetera   celda   cartera

14. cambiarse de ropa   quitarse   moverse

15. reloj   voluntad   cadena

16. sugerir   temer   aconsejar

B. Circle the word or phrase that best completes each sentence.

1. Todas sus pertenencias serán puestas en un (bono/cuello/sobre) sellado.

2. Lo voy a (retratar/vaciar/mirar) porque necesito su fotografía.

3. Ponga todas sus cosas en el (mostrador/centavo/oro).

4. Es una enfermedad (gris/metida/venérea).

5. Voy a tomarle (la fiscal/el homicidio/las huellas digitales).

6. Su esposa ha sido víctima de (un secuestro/un detalle/una falda).

7. Ponga (las manos/los pies/la cabeza) en la pared.

8. Había (pelo/olor/violación) a gas.

9. Entrelace (la multitud/los dedos/las cajas).

10. Por favor, lea el dorso de (este detenido/esta papeleta/este mercado).

11. Tengo que hacerlo arreglar porque está (listo/prendido/descompuesto).

12. El hombre me (ayudó/afeitó/amenazó) con un revólver.

13. Me caí porque ella me (murmuró/empujó/contó).

14. Tenía (una edad/una cicatriz/una amenaza) en la boca.

15. Ella no tiene (cordones/antecedentes/dependientes) penales.

16. Mi casa no está (cerca/lejos/sellada). Está a una cuadra de aquí.

C. **Match the questions in column A with the answers in column B.**

	A		*B*
1.	_____ ¿Qué van a hacer con él ahora?	a.	Sí, acaba de llegar.
2.	_____ ¿Le pusieron una fianza muy alta?	b.	Sí, por lo menos cien dólares.
3.	_____ ¿Ud. va a comprar el bono?	c.	Una chaqueta de pana y un suéter negro.
4.	_____ ¿Está el Sr. Bravo?	d.	No, era una extraña.
5.	_____ ¿Necesitas dinero?	e.	No, mi familia.
6.	_____ ¿A quiénes llamaste?	f.	Sí, histéricamente.
7.	_____ ¿Qué ropa tenía puesta?	g.	Blanco.
8.	_____ ¿De qué raza es?	h.	Lo pondrán en libertad bajo palabra.
9.	_____ ¿Lloraba?	i.	Era como de mi estatura.
10.	_____ ¿La conocías?	j.	Mañana, sin falta.
11.	_____ ¿Cuándo arreglarán el horno?	k.	A los Sres. Ruiz.
12.	_____ ¿Cuánto medía?	l.	Sí, y no pudo pagarla.

D. Crucigrama

HORIZONTAL

3. Tengo su dirección en mi _____ .

4. anteojos, en Cuba

6. El coche tiene un _____ . Tengo que hacerlo arreglar.

8. En México lo llaman cajuela.

9. *arrow*, en español

14. sin obligación

16. bolsa

19. Ella no tiene _____ penales.

21. normalmente

22. Lo necesito para saber la hora.

23. dar autorización

24. Está en _____ bajo fianza.

VERTICAL

1. Tomó _____ para suicidarse.

2. No hable.

5. chaqueta, en México

7. sedativo

10. Lo necesito para cambiar una llanta.

11. Quiero comprar una _____ de vino.

12. *test*, en español

13. Él _____ 180 libras.

15. que tiene importancia

17. *belongings*, en español

18. persona que investiga (*m.*)

20. fichar

🔘 Práctica oral

Listen to the following exercise on the audio program. The speaker will ask you some questions. Answer the questions, using the cues provided. The speaker will confirm the correct answer. Repeat the correct answer.

1. ¿Qué tiene Ud. en los bolsillos? (la billetera y un peine)

2. ¿Cuánto dinero tiene Ud. en la cartera? (45 dólares)

3. ¿Se quita Ud. las gafas antes de bañarse? (sí)

4. ¿Tiene todas sus pertenencias con Ud.? (no)

5. ¿Qué lleva Ud. puesto en este momento? (una chaqueta de pana)

6. ¿Necesita Ud. cambiarse de ropa ahora? (no)

7. ¿Qué joya tiene Ud. puesta? (una cadena de oro)

8. ¿Usa Ud. anteojos? (no)

9. ¿Dónde tiene Ud. su libreta de direcciones? (en el bolsillo)

10. ¿De qué calibre es su pistola? (calibre 32)

11. ¿Qué tiene Ud. en el maletero de su carro? (un gato)

12. ¿Ud. necesita hacer arreglar su carro? (sí)

13. ¿Tiene muchos desperfectos su carro? (no)

14. ¿Qué tiene que conseguir Ud. para registrar un carro? (un permiso del juez)

15. Si Ud. viera un grupo de personas gritando obscenidades, ¿qué les ordenaría que hicieran las personas? (dispersarse inmediatamente)

16. ¿Cuándo fue la última vez que Ud. retrató a alguien? (ayer)

17. ¿Le está a Ud. permitido recomendar fiancistas? (no)

18. ¿Dónde vivía Ud. cuando era adolescente? (en California)

19. Cuando Ud. era adolescente, ¿se escapó alguna vez de su casa? (no, nunca)

20. Si Ud. viera a un compañero de clase de la escuela, ¿podría reconocerlo? (sí)

21. ¿Le han tomado a Ud. las huellas digitales? (sí)

22. ¿Le han hecho a Ud. alguna prueba este año? (no)

23. ¿Prefiere Ud. defenderse con un cuchillo o con una pistola? (con una pistola)

24. ¿Tiene Ud. una fotografía reciente de sus padres? (no)

25. ¿Tiene Ud. alguna marca visible? (sí, un lunar en la mejilla)

Appendix A

Introduction to Spanish Sounds and the Alphabet

Sections marked with a CD icon are recorded on the *Introduction to Spanish Sounds* section of the Cassette Program. Repeat each Spanish word after the speaker, imitating the pronunciation as closely as you can.

The Vowels

1. The Spanish **a** has a sound similar to the English *a* in the word *father*. Repeat:

   Ana   casa   banana   mala   dama   mata

2. The Spanish **e** is pronounced like the English *e* in the word *eight*. Repeat:

   este   René   teme   deme   entre   bebe

3. The Spanish **i** is pronounced like the English *ee* in the word *see*. Repeat:

   sí   difícil   Mimí   ir   dividir   Fifí

4. The Spanish **o** is similar to the English *o* in the word *no*, but without the glide. Repeat:

   solo   poco   como   toco   con   monólogo

5. The Spanish **u** is similar to the English *ue* sound in the word *Sue*. Repeat:

   Lulú   un   su   universo   murciélago

The Consonants

1. The Spanish **p** is pronounced like the English *p* in the word *spot*. Repeat:

   pan   papá   Pepe   pila   poco   pude

2. The Spanish **c** in front of **a, o, u, l,** or **r** sounds similar to the English *k*. Repeat:

   casa   como   cuna   clima   crimen   cromo

3. The Spanish **q** is only used in the combinations **que** and **qui** in which the **u** is silent, and also has a sound similar to the English *k*. Repeat:

   que   queso   Quique   quinto   quema   quiso

4. The Spanish **t** is pronounced like the English *t* in the word *stop*. Repeat:

   toma   mata   tela   tipo   atún   Tito

5. The Spanish **d** at the beginning of an utterance or after **n** or **l** sounds somewhat similar to the English *d* in the word *David*. Repeat:

   día   dedo   duelo   anda   Aldo

   In all other positions, the **d** has a sound similar to the English *th* in the word *they*. Repeat:

   medida   todo   nada   Ana dice   Eva duda

219

6. The Spanish **g** also has two sounds. At the beginning of an utterance and in all other positions, except before **e** or **i,** the Spanish **g** sounds similar to the English *g* in the word *sugar.* Repeat:

    goma   gato   tengo   lago   algo   aguja

    In the combinations **gue** and **gui,** the **u** is silent. Repeat:

    Águeda   guineo   guiso   ligue   la guía

7. The Spanish **j,** and **g** before **e** or **i,** sounds similar to the English *h* in the word *home.* Repeat:

    jamás   juego   jota   Julio   gente   Genaro   gime

8. The Spanish **b** and the **v** have no difference in sound. Both are pronounced alike. At the beginning of the utterance or after **m** or **n,** they sound similar to the English *b* in the word *obey.* Repeat:

    Beto   vaga   bote   vela   también   un vaso

    Between vowels, they are pronounced with the lips barely closed. Repeat:

    sábado   yo voy   sabe   Ávalos   Eso vale

9. In most Spanish-speaking countries, the **y** and the **ll** are similar to the English *y* in the word *yet.* Repeat:

    yo   llama   yema   lleno   ya   lluvia   llega

10. The Spanish **r (ere)** is pronounced like the English *tt* in the word *gutter.* Repeat:

    cara   pero   arena   carie   Laredo   Aruba

    The Spanish **r** in an initial position and after **l, n,** or **s,** and **rr (erre)** in the middle of a word are pronounced with a strong trill. Repeat:

    Rita   Rosa   torre   ruina   Enrique   Israel
    perro   parra   rubio   alrededor   derrama

11. The Spanish **s** sound is represented in most of the Spanish-speaking world by the letters **s, z,** and **c** before **e** or **i.** The sound is very similar to the English sibilant *s* in the word *sink.* Repeat:

    sale   sitio   solo   seda   suelo
    zapato   cerveza   ciudad   cena

    In most of Spain, the **z,** and **c** before **e** or **i,** is pronounced like the English *th* in the word *think.* Repeat:

    zarzuela   cielo   docena

12. The letter **h** is silent in Spanish. Repeat:

    hilo   Hugo   ahora   Hilda   almohada   hermano

13. The Spanish **ch** is pronounced like the English *ch* in the word *chief.* Repeat:

    muchacho   chico   coche   chueco   chaparro

14. The Spanish **f** is identical in sound to the English *f.* Repeat:

    famoso   feo   difícil   fuego   foto

15. The Spanish **l** is pronounced like the English *l* in the word *lean*. Repeat:

>   dolor   ángel   fácil   sueldo   salgo   chaval

16. The Spanish **m** is pronounced like the English *m* in the word *mother*. Repeat:

>   mamá   moda   multa   médico   mima

17. In most cases, the Spanish **n** has a sound similar to the English *n*. Repeat:

>   nada   norte   nunca   entra   nene

    The sound of the Spanish **n** is often affected by the sounds that occur around it. When it appears before **b, v,** or **p,** it is pronounced like the English *m*. Repeat:

>   invierno   tan bueno   un vaso   un bebé   un perro

18. The Spanish **ñ (eñe)** has a sound similar to the English *ny* in the word *canyon*. Repeat:

>   muñeca   leña   año   señorita   piña   señor

19. The Spanish **x** has two pronunciations, depending on its position. Between vowels, the sound is similar to the English *ks*. Repeat:

>   examen   boxeo   éxito   exigente

    Before a consonant, the Spanish **x** sounds like the English *s*. Repeat:

>   expreso   excusa   extraño   exquisito

◓ Linking

In spoken Spanish, the various words in a phrase or sentence are not pronounced as isolated elements, but are combined. This is called *linking*.

1. The final consonant of a word is pronounced together with the initial vowel of the following word. Repeat:

>   Carlos anda   un ángel   el otoño   unos estudiantes

2. The final vowel of a word is pronounced together with the initial vowel of the following word. Repeat:

>   su esposo   la hermana   ardua empresa   la invita

3. When the final vowel of a word and the initial vowel of the following word are identical, they are pronounced slightly longer than one vowel. Repeat:

>   Ana alcanza   me espera   mi hijo   lo olvida

    The same rule applies when two identical vowels appear within a word. Repeat:

>   cooperación   crees   leemos   coordinación

4. When the final consonant of a word and the initial consonant of the following word are the same, they are pronounced as one consonant with slightly longer-than-normal duration. Repeat:

>   el lado   un novio   Carlos salta   tienes sed   al leer

Rhythm

Rhythm is the variation of sound intensity that we usually associate with music. Spanish and English each regulate these variations in speech differently, because they have different patterns of syllable length. In Spanish the length of the stressed and unstressed syllables remains almost the same, while in English stressed syllables are considerably longer than unstressed ones. Pronounce the following Spanish words, enunciating each syllable clearly.

es-tu-dian-te	bue-no	Úr-su-la
com-po-si-ción	di-fí-cil	ki-ló-me-tro
po-li-cí-a	Pa-ra-guay	

Because the length of the Spanish syllables remains constant, the greater the number of syllables in a given word or phrase, the longer the phrase will be.

Intonation

Intonation is the rise and fall of pitch in the delivery of a phrase or a sentence. In general, Spanish pitch tends to change less than English, giving the impression that the language is less emphatic.

As a rule, the intonation for normal statements in Spanish starts in a low tone, raises to a higher one on the first stressed syllable, maintains that tone until the last stressed syllable, and then goes back to the initial low tone, with still another drop at the very end.

Tu amigo viene mañana.	José come pan.
Ada está en casa.	Carlos toma café.

Syllable Formation in Spanish

General rules for dividing words into syllables are as follows.

Vowels

1. A vowel or a vowel combination can constitute a syllable.

   a-lum-no   a-bue-la   Eu-ro-pa

2. Diphthongs and triphthongs are considered single vowels and cannot be divided.

   bai-le   puen-te   Dia-na   es-tu-diáis   an-ti-guo

3. Two strong vowels (**a, e, o**) do not form a diphthong and are separated into two syllables.

   em-ple-ar   vol-te-ar   lo-a

4. A written accent on a weak vowel (**i** or **u**) breaks the diphthong, thus the vowels are separated into two syllables.

   trí-o   dú-o   Ma-rí-a

Consonants

1. A single consonant forms a syllable with the vowel that follows it.

   po-der   ma-no   mi-nu-to

   NOTE: **rr** is considered a single consonant: **pe-rro.**

222

2. When two consonants appear between two vowels, they are separated into two syllables.

> al-fa-be-to   cam-pe-ón   me-ter-se   mo-les-tia

EXCEPTION: When a consonant cluster composed of **b, c, d, f, g, p,** or **t** with **l** or **r** appears between two vowels, the cluster joins the following vowel: **so-bre, o-tros, ca-ble, te-lé-gra-fo.**

3. When three consonants appear between two vowels, only the last one goes with the following vowel.

> ins-pec-tor   trans-por-te   trans-for-mar

EXCEPTION: When there is a cluster of three consonants in the combinations described in rule 2, the first consonant joins the preceding vowel and the cluster joins the following vowel: **es-cri-bir, ex-tran-je-ro, im-plo-rar, es-tre-cho.**

Accentuation

In Spanish, all words are stressed according to specific rules. Words that do not follow the rules must have a written accent to indicate the change of stress. The basic rules for accentuation are as follows.

1. Words ending in a vowel, **n,** or **s** are stressed on the next-to-the-last syllable.

> **hi**-jo   **ca**-lle   **me**-sa   fa-**mo**-sos
> flo-**re**-cen **pla**-ya   **ve**-ces

2. Words ending in a consonant, except **n** or **s,** are stressed on the last syllable.

> ma-**yor**   a-**mor**   tro-pi-**cal**   na-**riz**   re-**loj**   co-rre-**dor**

3. All words that do not follow these rules must have the written accent.

> ca-**fé**   **lá**-piz   **mú**-si-ca   sa-**lón**
> **án**-gel   **lí**-qui-do   fran-**cés**   **Víc**-tor
> sim-**pá**-ti-co rin-**cón**   a-**zú**-car   **dár**-se-lo
> sa-**lió**   **dé**-bil   **mé**-di-co   **dí**-me-lo

4. Pronouns and adverbs of interrogation and exclamation have a written accent to distinguish them from relative pronouns.

> —¿**Qué** comes?   *"What are you eating?"*
> —La pera que él dejó.   *"The pear that he left."*
>
> —¿**Quién** está ahí?   *"Who is there?"*
> —El hombre a quien tú llamaste. *"The man whom you called."*
>
> —¿**Dónde** está?   *"Where is he?"*
> —En el lugar donde trabaja.   *"At the place where he works."*

5. Words that have the same spelling but different meanings take a written accent to differentiate one from the other.

el	*the*	él	*he, him*	te	*you*	té	*tea*
mi	*my*	mí	*me*	si	*if*	sí	*yes*
tu	*your*	tú	*you*	mas	*but*	más	*more*

The Alphabet

Letter	Name	Letter	Name	Letter	Name	Letter	Name
a	a	h	hache	ñ	eñe	t	te
b	be	i	i	o	o	u	u
c	ce	j	jota	p	pe	v	ve (uve)
d	de	k	ka	q	cu	w	doble ve (uve)
e	e	l	ele	r	ere	x	equis
f	efe	m	eme	rr	erre	y	i griega
g	ge	n	ene	s	ese	z	zeta

Appendix B

Verbs

Regular Verbs

Model -ar, -er, ir verbs

INFINITIVE		
amar *(to love)*	**comer** *(to eat)*	**vivir** *(to live)*

PRESENT PARTICIPLE		
amando *(loving)*	**comiendo** *(eating)*	**viviendo** *(living)*

PAST PARTICIPLE		
amado *(loved)*	**comido** *(eaten)*	**vivido** *(lived)*

Simple Tenses

Indicative Mood

PRESENT		
(I love)	*(I eat)*	*(I live)*
am**o**	com**o**	viv**o**
am**as**	com**es**	viv**es**
am**a**	com**e**	viv**e**
am**amos**	com**emos**	viv**imos**
am**áis**[1]	com**éis**	viv**ís**
am**an**	com**en**	viv**en**

IMPERFECT		
(I used to love)	*(I used to eat)*	*(I used to live)*
am**aba**	com**ía**	viv**ía**
am**abas**	com**ías**	viv**ías**
am**aba**	com**ía**	viv**ía**
am**ábamos**	com**íamos**	viv**íamos**
am**abais**	com**íais**	viv**íais**
am**aban**	com**ían**	viv**ían**

PRETERIT		
(I loved)	*(I ate)*	*(I lived)*
am**é**	com**í**	viv**í**
am**aste**	com**iste**	viv**iste**
am**ó**	com**ió**	viv**ió**
am**amos**	com**imos**	viv**imos**
am**asteis**	com**isteis**	viv**isteis**
am**aron**	com**ieron**	viv**ieron**

---

[1]**Vosotros amáis:** The **vosotros** form of the verb is used primarily in Spain. This form has not been used in this text.

(I will love)	*(I will eat)*	*(I will live)*
amar**é**	comer**é**	vivir**é**
amar**ás**	comer**ás**	vivir**ás**
amar**á**	comer**á**	vivir**á**
amar**emos**	comer**emos**	vivir**emos**
amar**éis**	comer**éis**	vivir**éis**
amar**án**	comer**án**	vivir**án**

CONDITIONAL

(I would love)	*(I would eat)*	*(I would live)*
amar**ía**	comer**ía**	vivir**ía**
amar**ías**	comer**ías**	vivir**ías**
amar**ía**	comer**ía**	vivir**ía**
amar**íamos**	comer**íamos**	vivir**íamos**
amar**íais**	comer**íais**	vivir**íais**
amar**ían**	comer**ían**	vivir**ían**

Subjunctive Mood

PRESENT

([that] I [may] love)	*([that] I [may] eat)*	*([that I [may] live)*
am**e**	com**a**	viv**a**
am**es**	com**as**	viv**as**
am**e**	com**a**	viv**a**
am**emos**	com**amos**	viv**amos**
am**éis**	com**áis**	viv**áis**
am**en**	com**an**	viv**an**

IMPERFECT (two forms: **-ra, -se**)

([that] I [might] love)	*([that] I [might] eat)*	*([that] I [might] live)*
am**ara(-ase)**	com**iera(-iese)**	viv**iera(-iese)**
am**aras(-ases)**	com**ieras(-ieses)**	viv**ieras(-ieses)**
am**ara(-ase)**	com**iera(-iese)**	viv**iera(-iese)**
am**áramos** (**-ásemos**)	com**iéramos** (**-iésemos**)	viv**iéramos** (**-iésemos**)
am**arais(-aseis)**	com**ierais(-ieseis)**	viv**ierais(-ieseis)**
am**aran(-asen)**	com**ieran(-iesen)**	viv**ieran(-iesen)**

Imperative Mood (Command Forms)

(love)	*(eat)*	*(live)*
am**a** (tú)	com**e** (tú)	viv**e** (tú)
am**e** (Ud.)	com**a** (Ud.)	viv**a** (Ud.)
am**emos** (nosotros)	com**amos** (nosotros)	viv**amos** (nosotros)
am**ad** (vosotros)	com**ed** (vosotros)	viv**id** (vosotros)
am**en** (Uds.)	com**an** (Uds.)	viv**an** (Uds.)

Compound Tenses

	PERFECT INFINITIVE	
haber amado	**haber comido**	**haber vivido**
	PERFECT PARTICIPLE	
habiendo amado	**habiendo comido**	**habiendo vivido**

Indicative Mood

	PRESENT PERFECT	
(I have loved)	*(I have eaten)*	*(I have lived)*
he amado	he comido	he vivido
has amado	has comido	has vivido
ha amado	ha comido	ha vivido
hemos amado	hemos comido	hemos vivido
habéis amado	habéis comido	habéis vivido
han amado	han comido	han vivido

	PLUPERFECT	
(I had loved)	*(I had eaten)*	*(I had lived)*
había amado	había comido	había vivido
habías amado	habías comido	habías vivido
había amado	había comido	había vivido
habíamos amado	habíamos comido	habíamos vivido
habíais amado	habíais comido	habíais vivido
habían amado	habían comido	habían vivido

	FUTURE PERFECT	
(I will have loved)	*(I will have eaten)*	*(I will have lived)*
habré amado	habré comido	habré vivido
habrás amado	habrás comido	habrás vivido
habrá amado	habrá comido	habrá vivido
habremos amado	habremos comido	habremos vivido
habréis amado	habréis comido	habréis vivido
habrán amado	habrán comido	habrán vivido

	CONDITIONAL PERFECT	
(I would have loved)	*(I would have eaten)*	*(I would have lived)*
habría amado	habría comido	habría vivido
habrías amado	habrías comido	habrías vivido
habría amado	habría comido	habría vivido
habríamos amado	habríamos comido	habríamos vivido
habríais amado	habríais comido	habríais vivido
habrían amado	habrían comido	habrían vivido

Subjunctive Mood

PRESENT PERFECT

([that] I [may] have loved)	([that] I [may] have eaten)	([that] I [may] have lived)
haya amado	haya comido	haya vivido
hayas amado	hayas comido	hayas vivido
haya amado	haya comido	haya vivido
hayamos amado	hayamos comido	hayamos vivido
hayáis amado	hayáis comido	hayáis vivido
hayan amado	hayan comido	hayan vivido

PLUPERFECT

(two forms: **-ra, -se**)

([that] I [might] have loved)	([that] I [might] have eaten)	([that] I [might] have lived)
hubiera(-iese) amado	hubiera(-iese) comido	hubiera(-iese) vivido
hubieras(-ieses) amado	hubieras(-ieses) comido	hubieras(-ieses) vivido
hubiera(-iese) amado	hubiera(-iese) comido	hubiera(-iese) vivido
hubiéramos (-iésemos) amado	hubiéramos (-iésemos) comido	hubiéramos (-iésemos) vivido
hubierais(-ieseis) amado	hubierais(-ieseis) comido	hubierais(-ieseis) vivido
hubieran(-iesen) amado	hubieran(-iesen) comido	hubieran(-iesen) vivido

Stem-Changing Verbs

The -ar *and* -er *stem-changing verbs*

Stem-changing verbs are those that have a change in the root of the verb. Verbs that end in **-ar** and **-er** change the stressed vowel **e** to **ie**, and the stressed **o** to **ue**. These changes occur in all persons, except the first- and second-persons plural of the present indicative, present subjunctive, and command.

INFINITIVE	PRESENT INDICATIVE	IMPERATIVE	PRESENT SUBJUNCTIVE
cerrar *(to close)*	cierro	—	cierre
	cierras	cierra	cierres
	cierra	cierre (Ud.)	cierre
	cerramos	cerremos	cerremos
	cerráis	cerrad	cerréis
	cierran	cierren (Uds.)	cierren
perder *(to lose)*	pierdo	—	pierda
	pierdes	pierde	pierdas
	pierde	pierda (Ud.)	pierda
	perdemos	perdamos	perdamos
	perdéis	perded	perdáis
	pierden	pierdan (Uds.)	pierdan
contar *(to count, to tell)*	cuento	—	cuente
	cuentas	cuenta	cuentes
	cuenta	cuente (Ud.)	cuente
	contamos	contemos	contemos
	contáis	contad	contéis
	cuentan	cuenten (Uds.)	cuenten
volver *(to return)*	vuelvo	—	vuelva
	vuelves	vuelve	vuelvas
	vuelve	vuelva (Ud.)	vuelva
	volvemos	volvamos	volvamos
	volvéis	volved	volváis
	vuelven	vuelvan (Uds.)	vuelvan

Verbs that follow the same pattern include the following.

acertar   to guess right
acordarse   to remember
acostar(se)   to go to bed
almorzar   to have lunch
atravesar   to go through
cegar   to blind
cocer   to cook
colgar   to hang
comenzar   to begin
confesar   to confess
costar   to cost

demostrar   to demonstrate, to show
despertar(se)   to wake up
empezar   to begin
encender   to light, to turn on
encontrar   to find
entender   to understand
llover   to rain
mostrar   to show
mover   to move
negar   to deny

nevar   to snow
pensar   to think, to plan
probar   to prove, to taste
recordar   to remember
resolver   to decide on
rogar   to beg

sentar(se)   to sit down
soler   to be in the habit of
soñar   to dream
tender   to stretch, to unfold
torcer   to twist

The -ir *stem-changing verbs*

There are two types of stem-changing verbs that end in **-ir**: one type changes stressed **e** to **ie** in some tenses and to **i** in others, and stressed **o** to **ue** or **u**; the second type always changes stressed **e** to **i** in the irregular forms of the verb.

Type I   **e:ie**   or   **i**
        -ir:
              o:ue   or   **u**

These changes occur as follows.

Present Indicative: all persons except the first and second plural change **e** to **ie** and **o** to **ue**. *Preterit:* third person, singular and plural, changes **e** to **i** and **o** to **u**. *Present Subjunctive:* all persons change **e** to **ie** and **o** to **ue**, except the first- and second-persons plural, which change **e** to **i** and **o** to **u**. *Imperfect Subjunctive:* all persons change **e** to **i** and **o** to **u**. *Imperative:* all persons except the second-person plural change **e** to **ie** and **o** to **ue**; first-person plural changes **e** to **i** and **o** to **u**. *Present Participle:* changes **e** to **i** and **o** to **u**.

INFINITIVE	*Indicative* PRESENT	PRETERIT	*Imperative*	*Subjunctive* PRESENT	IMPERFECT
sentir	siento	sentí	—	sienta	sintiera(-iese)
(to feel)	sientes	sentiste	siente	sientas	sintieras
	siente	sintió	sienta (Ud.)	sienta	sintiera
PRESENT	sentimos	sentimos	sintamos	sintamos	sintiéramos
PARTICIPLE	sentís	sentisteis	sentid	sintáis	sintierais
sintiendo	sienten	sintieron	sientan (Uds.)	sientan	sintieran
dormir	duermo	dormí	—	duerma	durmiera(-iese)
(to sleep)	duermes	dormiste	duerme	duermas	durmieras
	duerme	durmió	duerma (Ud.)	duerma	durmiera
PRESENT	dormimos	dormimos	durmamos	durmamos	durmiéramos
PARTICIPLE	dormís	dormisteis	dormid	durmáis	dumierais
durmiendo	duermen	durmieron	duerman (Uds.)	duerman	durmieran

Other verbs that follow the same pattern include the following.

advertir   to warn
arrepentir(se)   to repent
consentir   to consent, to
   pamper
convertir(se)   to turn into
discernir   to discern
divertir(se)   to amuse
   oneself

herir   to wound, to hurt
mentir   to lie
morir   to die
preferir   to prefer
referir   to refer
sugerir   to suggest

Type II   **-ir: e:i**

The verbs in this second category are irregular in the same tenses as those of the first type. The only difference is that they only have one change: **e:i** in all irregular persons.

	Indicative		*Imperative*	*Subjunctive*	
INFINITIVE	PRESENT	PRETERIT		PRESENT	IMPERFECT
pedir	pido	pedí	—	pida	pidiera(-iese)
(*to ask for,*	pides	pediste	pide	pidas	pidieras
request)	pide	pidió	pida (Ud.)	pida	pidiera
PRESENT	pedimos	pedimos	pidamos	pidamos	pidiéramos
PARTICIPLE	pedís	pedisteis	pedid	pidáis	pidierais
pidiendo	piden	pidieron	pidan (Uds.)	pidan	pidieran

Verbs that follow this pattern include the following.

competir   to compete
concebir   to conceive
despedir(se)   to say good-bye
elegir   to choose
impedir   to prevent
perseguir   to pursue

reír(se)   to laugh
reñir   to fight
repetir   to repeat
seguir   to follow
servir   to serve
vestir(se)   to dress

231

Orthographic-Changing Verbs

Some verbs undergo a change in the spelling of the stem in certain tenses, in order to maintain the original sound of the final consonant. The most common verbs of this type are those with the consonants **g** and **c**. Remember that **g** and **c** have a soft sound in front of **e** or **i**, and have a hard sound in front of **a**, **o**, or **u**. In order to maintain the soft sound in front of **a**, **o**, and **u**, **g** and **c** change to **j** and **z**, respectively. And in order to maintain the hard sound of **g** and **c** in front of **e** and **i**, **u** is added to the **g** (**gu**) and **c** changes to **qu**.

The following important verbs undergo spelling changes in the tenses listed below.

1. Verbs ending in **-gar** change **g** to **gu** before **e** in the first person of the preterit and in all persons of the present subjunctive.

   pagar *(to pay)*
   Preterit: pa**gu**é, pagaste, pagó, etc.
   Pres. Subj.: pa**gu**e, pa**gu**es, pa**gu**e, pa**gu**emos, pa**gu**éis, pa**gu**en

   Verbs that follow the same pattern: **colgar, jugar, llegar, navegar, negar, regar, rogar.**

2. Verbs ending in **-ger** and **-gir** change **g** to **j** before **o** and **a** in the first person of the present indicative and in all persons of the present subjunctive.

   proteger *(to protect)*
   Pres. Ind.:   prote**j**o, proteges, protege, etc.
   Pres. Subj.: prote**j**a, prote**j**as, prote**j**a, prote**j**amos, prote**j**áis, prote**j**an

   Verbs that follow the same pattern: **coger, corregir, dirigir, elegir, escoger, exigir, recoger.**

3. Verbs ending in **-guar** change **gu** to **gü** before **e** in the first person of the preterit and in all persons of the present subjunctive.

   averiguar *(to find out)*
   Preterit: averi**gü**é, averiguaste, averiguó, etc.
   Pres. Subj.: averi**gü**e, averi**gü**es, averi**gü**e, averi**gü**emos, averi**gü**éis, averi**gü**en

   The verb **apaciguar** follows the same pattern.

4. Verbs ending in **-guir** change **gu** to **g** before **o** and **a** in the first person of the present indicative and in all persons of the present subjunctive.

   conseguir *(to get)*
   Pres. Ind.:   consi**g**o, consigues, consigue, etc.
   Pres. Subj.: consi**g**a, consi**g**as, consi**g**a, consi**g**amos, consi**g**áis, consi**g**an

   Verbs that follow the same pattern: **distinguir, perseguir, proseguir, seguir.**

5. Verbs ending in **-car** change **c** to **qu** before **e** in the first person of the preterit and in all persons of the present subjunctive.

   tocar *(to touch, to play [a musical instrument])*
   Preterit: to**qu**é, tocaste, tocó, etc.
   Pres. Subj.: to**qu**e, to**qu**es, to**qu**e, to**qu**emos, to**qu**éis, to**qu**en

   Verbs that follow the same pattern: **atacar, buscar, comunicar, explicar, indicar, pescar, sacar.**

6. Verbs ending in **-cer** and **-cir** preceded by a consonant change **c** to **z** before **o** and **a** in the first person of the present indicative and in all persons of the present subjunctive.

torcer *(to twist)*
Pres. Inc.: tuerzo, tuerces, tuerce, etc.
Pres. Subj.: tuerza, tuerzas, tuerza, torzamos, torzáis, tuerzan

Verbs that follow the same pattern: **convencer, esparcir, vencer**.

7. Verbs ending in **-cer** and **-cir** preceded by a vowel change **c** to **zc** before **o** and **a** in the first person of the present indicative and in all persons of the present subjunctive.

conocer *(to know, to be acquainted with)*
Pres. Inc.: conozco, conoces, conoce, etc.
Pres. Subj.: conozca, conozcas, conozca, conozcamos, conozcáis, conozcan.

Verbs that follow the same pattern: **agradecer, aparecer, carecer, entristecer, establecer, lucir, nacer, obedecer, ofrecer, padecer, parecer, pertenecer, reconocer, relucir**.

8. Verbs ending in **-zar** change **z** to **c** before **e** in the first person of the preterit and in all persons of the present subjunctive.

rezar *(to pray)*
Preterit: recé, rezaste, rezó, etc.
Pres. Subj.: rece, reces, rece, recemos, recéis, recen

Verbs that follow the same pattern: **abrazar, alcanzar, almorzar, comenzar, cruzar, empezar, forzar, gozar**.

9. Verbs ending in **-eer** change the unstressed **i** to **y** between vowels in the third-person singular and plural of the preterit, in all persons of the imperfect subjunctive, and in the present participle.

creer *(to believe)*
Preterit: creí, creíste, creyó, creímos, creísteis, creyeron
Imp. Subj.: creyera, creyeras, creyera, creyéramos, creyerais, creyeran
Pres. Part.: creyendo

Leer and **poseer** follow the same pattern.

10. Verbs ending in **-uir** change the unstressed **i** to **y** between vowels (except **-quir**, which has the silent **u**) in the following tenses and persons.

huir *(to escape, to flee)*
Pres. Part.: huyendo
Past Part.: huido
Pres. Ind.: huyo, huyes, huye, huimos, huís, huyen
Preterit: huí, huiste, huyó, huimos, huisteis, huyeron
Imperative: huye, huya, huyamos, huid, huyan
Pres. Subj.: huya, huyas, huya, huyamos, huyáis, huyan
Imp. Subj.: huyera(ese), huyeras, huyera, huyéramos, huyerais, huyeran

Verbs that follow the same pattern: **atribuir, concluir, constituir, construir, contribuir, destituir, destruir, disminuir, distribuir, excluir, incluir, influir, instruir, restituir, sustituir**.

11. Verbs ending in **-eír** lose one **e** in the third-person singular and plural of the preterit, in all persons of the imperfect subjunctive, and in the present participle.

   reír(se) *(to laugh)*
   Preterit: reí, reíste, rió, reímos, reísteis, rieron
   Imp. Subj.: riera(ese), rieras, riera, rierais, rieran
   Pres. Part.: riendo

   Freír and **sonreír** follow the same pattern.

12. Verbs ending in **-iar** add a written accent to the **i**, except in the first person plural of the present indicative and subjunctive.

   fiar(se) *(to trust)*
   Pres. Ind.: fío, fías, fía, fiamos, fiáis, fían
   Pres. Subj.: fíe, fíes, fíe, fiemos, fiéis, fíen

   Verbs that follow the same pattern: **ampliar, criar, desviar, enfriar, enviar, esquiar, guiar, telegrafiar, vaciar, variar.**

13. Verbs ending in **-uar** (except **-guar** and **-cuar**) add a written accent to the **u**, except in the first- and second-persons plural of the present indicative and subjunctive.

   actuar *(to act)*
   Pres. Ind.: actúo, actúas, actúa, actuamos, actuáis, actúan
   Pres. Subj.: actúe, actúes, actúe, actuemos, actuéis, actúen

   Verbs that follow the same pattern: **acentuar, continuar, efectuar, exceptuar, graduar, habituar, insinuar, situar.**

14. Verbs ending in **-ñir** remove the **i** of the diphthongs **ie** and **ió** in the third-person singular and plural of the preterit and in all persons of the imperfect subjunctive. They also change the **e** of the stem to **i** in the same persons.

   teñir *(to dye)*
   Preterit: teñí, teñiste, **tiñó**, teñimos, teñisteis, **tiñeron**
   Imp. Subj.: tiñera(ese), tiñeras, tiñera, tiñéramos, tiñerais, tiñeran

   Verbs that follow the same pattern: **ceñir, constreñir, desteñir, estreñir, reñir.**

Some Common Irregular Verbs

Only those tenses with irregular forms are given below.

adquirir *(to acquire)*
Pres. Ind.: adquiero, adquieres, adquiere, adquirimos, adquirís, adquieren
Pres. Subj.: adquiera, adquieras, adquiera, adquiramos, adquiráis, adquieran
Imperative: adquiere, adquiera, adquiramos, adquirid, adquieran

andar *(to walk)*
Preterit: anduve, anduviste, anduvo, anduvimos, anduvisteis, anduvieron
Imp. Subj.: anduviera (anduviese), anduvieras, anduviera, anduviéramos, anduvierais, anduvieran

avergonzarse *(to be ashamed, to be embarrassed)*
Pres. Ind.: me avergüenzo, te avergüenzas, se avergüenza, nos avergonzamos, os avergonzáis, se avergüenzan

Pres. Subj.:	me avergüence, te avergüences, se avergüence, nos avergoncemos, os avergoncéis, se avergüencen
Imperative:	avergüénzate, avergüéncense, avergoncémonos, avergonzaos, avergüézense

caber *(to fit, to have enough room)*

Pres. Ind.:	quepo, cabes, cabe, cabemos, cabéis, caben
Preterit:	cupe, cupiste, cupo, cupimos, cupisteis, cupieron
Future:	cabré, cabrás, cabrá, cabremos, cabréis, cabrán
Conditional:	cabría, cabrías, cabría, cabríamos, cabríais, cabrían
Imperative:	cabe, quepa, quepamos, cabed, quepan
Pres. Subj.:	quepa, quepas, quepa, quepamos, quepáis, quepan
Imp. Subj.:	cupiera (cupiese), cupieras, cupiera, cupiéramos, cupierais, cupieran

caer *(to fall)*

Pres. Ind.:	caigo, caes, cae, caemos, caéis, caen
Preterit:	caí, caíste, cayó, caímos, caísteis, cayeron
Imperative:	cae, caiga, caigamos, caed, caigan
Pres. Subj.:	caiga, caigas, caiga, caigamos, caigáis, caigan
Imp. Subj.:	cayera (cayese), cayeras, cayera, cayéramos, cayerais, cayeran
Past Part.:	caído

conducir *(to guide, to drive)*

Pres. Ind.:	conduzco, conduces, conduce, conducimos, conducís, conducen
Preterit:	conduje, condujiste, condujo, condujimos, condujisteis, condujeron
Imperative:	conduce, conduzca, conduzcamos, conducid, conduzcan
Pres. Subj.:	conduzca, conduzcas, conduzca, conduzcamos, conduzcáis, conduzcan
Imp. Subj.:	condujera (condujese), condujeras, condujera, condujéramos, condujerais, condujeran

(All verbs ending in **-ducir** follow this pattern.)

convenir *(to agree)* See **venir**.

dar *(to give)*

Pres. Ind.:	doy, das, da, damos, dais, dan
Preterit:	di, diste, dio, dimos, disteis, dieron
Imperative:	da, dé, demos, dad, den
Pres. Subj.:	dé, des, dé, demos, deis, den
Imp. Subj.:	diera (diese), dieras, diera, diéramos, dierais, dieran

decir *(to say, to tell)*

Pres. Ind.:	digo, dices, dice, decimos, decís, dicen
Preterit:	dije, dijiste, dijo, dijimos, dijisteis, dijeron
Future:	diré, dirás, dirá, diremos, diréis, dirán
Conditional:	diría, dirías, diría, diríamos, diríais, dirían
Imperative:	di, diga, digamos, decid, digan
Pres. Subj.:	diga, digas, diga, digamos, digáis, digan
Imp. Subj.:	dijera (dijese), dijeras, dijera, dijéramos, dijerais, dijeran
Pres. Part.:	diciendo
Past Part.:	dicho

detener *(to stop, to hold, to arrest)* See **tener**.

entretener *(to entertain, to amuse)* See **tener**.

errar (*to err, to miss*)
Pres. Ind.:	yerro, yerras, yerra, erramos, erráis, yerran
Imperative:	yerra, yerre, erremos, errad, yerren
Pres. Subj.:	yerre, yerres, yerre, erremos, erréis, yerren

estar (*to be*)
Pres. Inc.:	estoy, estás, está, estamos, estáis, están
Preterit:	estuve, estuviste, estuvo, estuvimos, estuvisteis, estuvieron
Imperative:	está, esté, estemos, estad, estén
Pres. Subj.:	esté, estés, esté, estemos, estéis, estén
Imp. Subj.:	estuviera (estuviese), estuvieras, estuviera, estuviéramos, estuvieras, estuvieran

haber (*to have*)
Pres. Ind.:	he, has, ha, hemos, habéis, han
Preterit:	hube, hubiste, hubo, hubimos, hubisteis, hubieron
Future:	habré, habrás, habrá, habremos, habréis, habrán
Conditional:	habría, habrías, habría, habríamos, habríais, habrían
Imperative:	he, haya, hayamos, habed, hayan
Pres. Subj.:	haya, hayas, haya, hayamos, hayáis, hayan
Imp. Subj.:	hubiera (hubiese), hubieras, hubiera, hubiéramos, hubieras, hubieran

hacer (*to do, to make*)
Pres. Ind.:	hago, haces, hace, hacemos, hacéis, hacen
Preterit:	hice, hiciste, hizo, hicimos, hicisteis, hicieron
Future:	haré, harás, hará, haremos, haréis, harán
Conditional:	haría, harías, haría, haríamos, haríais, harían
Imperative:	haz, haga, hagamos, haced, hagan
Pres. Subj.:	haga, hagas, haga, hagamos, hagáis, hagan
Imp. Subj.:	hiciera (hiciese), hicieras, hiciera, hiciéramos, hicierais, hicieran
Past Part:	hecho

imponer (*to impose, to deposit*) See **poner**.

introducir (*to introduce, to insert, to gain access*) See **conducir**.

ir (*to go*)
Pres. Ind.:	voy, vas, va, vamos, vais, van
Imp. Ind.:	iba, ibas, iba, íbamos, ibais, iban
Preterit:	fui, fuiste, fue, fuimos, fuisteis, fueron
Imperative:	ve, vaya, vayamos, id, vayan
Pres. Subj.:	vaya, vayas, vaya, vayamos, vayáis, vayan
Imp. Subj.:	fuera (fuese), fueras, fuera, fuéramos, fuerais, fueran

jugar (*to play*)
Pres. Ind.:	juego, juegas, juega, jugamos, jugáis, juegan
Imperative:	juega, juegue, juguemos, jugad, jueguen
Pres. Subj.:	juegue, juegues, juegue, juguemos, juguéis, jueguen

obtener (*to obtain*) See **tener**.

oír (*to bear*)
Pres. Ind.:	oigo, oyes, oye, oímos, oís, oyen
Preterit:	oí, oíste, oyó, oímos, oísteis, oyeron
Imperative:	oye, oiga, oigamos, oid, oigan
Pres. Subj.:	oiga, oigas, oiga, oigamos, oigáis, oigan
Imp. Subj.:	oyera (oyese), oyeras, oyera, oyéramos, oyerais, oyeran

Pres. Part.:   oyendo
Past Part.:   oído

oler (*to smell*)
Pres. Ind.:   huelo, hueles, huele, olemos, oléis, huelan
Imperative: huele, huela, olamos, oled, huelan
Pres. Subj.:   huela, huelas, huela, olamos, oláis, huelan

poder (*to be able*)
Pres. Ind.:   puedo, puedes, puede, podemos, podéis, pueden
Preterit: pude, pudiste, pudo, pudimos, pudisteis, pudieron
Future: podré, podrás, podrá, podremos, podríais, podrían
Conditional: podría, podrías, podría, podríamos, podríais, podrían
Imperative: puede, pueda, podamos, poded, puedan
Pres. Subj.:   pueda, puedas, pueda, podamos, podáis, puedan
Imp. Subj.:   pudiera (pudiese), pudieras, pudiera, pudiéramos, pudierais, pudieran
Pres. Part.:   pudiendo

poner (*to place, to put*)
Pres. Ind.:   pongo, pones, pone, ponemos, ponéis, ponen
Preterit: puse, pusiste, puso, pusimos, pusisteis, pusieron
Future: pondré, pondrás, pondrá, pondremos, pondréis, pondrán
Conditional: pondría, pondrías, pondría, pondríamos, pondríais, pondrían
Imperative: pon, ponga, pongamos, poned, pongan
Pres. Subj.:   ponga, pongas, ponga, pongamos, pongáis, pongan
Imp. Subj.:   pusiera (pusiese), pusieras, pusiera, pusiéramos, pusierais, pusieran
Past Part.:   puesto

querer (*to want, to wish, to like*)
Pres. Ind.:   quiero, quieres, quiere, queremos, queréis, quieren
Preterit: quise, quisiste, quiso, quisimos, quisisteis, quisieron
Future: querré, querrás, querrá, querremos, querréis, querrán
Conditional: querría, querrías, querría, querríamos, querríais, querrían
Imperative: quiere, quiera, queramos, quered, quieran
Pres. Subj.:   quiera, quieras, quiera, queramos, queráis, quieran
Imp. Subj.:   quisiera (quisiese), quisieras, quisiera, quisiéramos, quisierais, quisieran

resolver (*to decide on*)
Past Part.: resuelto

saber (*to know*)
Pres. Ind.:   sé, sabes, sabe, sabemos, sabéis, saben
Preterit: supe, supiste, supo, supimos, supisteis, supieron
Future: sabré, sabrás, sabrá, sabremos, sabréis, sabrán
Conditional: sabría, sabrías, sabría, sabríamos, sabríais, sabrían
Imperative: sabe, sepa, sepamos, sabed, sepan
Pres. Subj.:   sepa, sepas, sepa, sepamos, sepáis, sepan
Imp. Subj.:   supiera (supiese), supieras, supiera, supiéramos, supierais, supieran

salir (*to leave, to go out*)
Pres. Ind.:   salgo, sales, sale, salimos, salís, salen
Future: saldré, saldrás, saldrá, saldremos, saldréis, saldrán
Conditional: saldría, saldrías, saldría, saldríamos, saldríais, saldrían
Imperative: sal, salga, salgamos, salid, salgan
Pres. Subj.:   salga, salgas, salga, salgamos, salgáis, salgan

ser (*to be*)
Pres. Ind.:	soy, eres, es, somos, sois, son
Imp. Ind.:	era, eras, era, éramos, erais, eran
Preterit:	fui, fuiste, fue, fuimos, fuisteis, fueron
Imperative:	sé, sea, seamos, sed, sean
Pres. Subj.:	sea, seas, sea, seamos, seáis, sean
Imp. Subj.:	fuera (fuese), fueras, fuera, fuéramos, fuerais, fueran

suponer (*to assume*) See **poner**.

tener (*to have*)
Pres. Ind.:	tengo, tienes, tiene, tenemos, tenéis, tienen
Preterit:	tuve, tuviste, tuvo, tuvimos, tuvisteis, tuvieron
Future:	tendré, tendrás, tendrá, tendremos, tendréis, tendrán
Conditional:	tendría, tendrías, tendría, tendríamos, tendríais, tendrían
Imperative:	ten, tenga, tengamos, tened, tengan
Pres. Subj.:	tenga, tengas, tenga, tengamos, tengáis, tengan
Imp. Subj.:	tuviera (tuviese), tuvieras, tuviera, tuviéramos, tuvierais, tuvieran

traducir (*to translate*) See **conducir**.

traer (*to bring*)
Pres. Ind.:	traigo, traes, trae, traemos, traéis, traen
Preterit:	traje, trajiste, trajo, trajimos, trajisteis, trajeron
Imperative:	trae, traiga, traigamos, traed, traigan
Pres. Subj.:	traiga, traigas, traiga, traigamos, traigáis, traigan
Imp. Subj.:	trajera (trajese), trajeras, trajera, trajéramos, trajerais, trajeran
Pres. Part.:	trayendo
Past Part.:	traído

valer (*to be worth*)
Pres. Ind.:	valgo, vales, vale, valemos, valéis, valen
Future:	valdré, valdrás, valdrá, valdremos, valdréis, valdrán
Conditional:	valdría, valdrías, valdría, valdríamos, valdríais, valdrían
Imperative:	vale, valga, valgamos, valed, valgan
Pres. Subj.:	valga, valgas, valga, valgamos, valgáis, valgan

venir (*to come*)
Pres. Ind.:	vengo, vienes, viene, venimos, venís, vienen
Preterit:	vine, viniste, vino, vinimos, vinisteis, vinieron
Future:	vendré, vendrás, vendrá, vendremos, vendréis, vendrán
Conditional:	vendría, vendrías, vendría, vendríamos, vendríais, vendrían
Imperative:	ven, venga, vengamos, venid, vengan
Pres. Subj.:	venga, vengas, venga, vengamos, vengáis, vengan
Imp. Subj.:	viniera (viniese), vinieras, viniera, viniéramos, vinierais, vinieran
Pres. Part.:	viniendo

ver (*to see*)
Pres. Ind.:	veo, ves, ve, vemos, veis, ven
Imp. Ind.:	veía, veías, veía, veíamos, veíais, veían
Preterit:	vi, viste, vio, vimos, visteis, vieron
Imperative:	ve, vea, veamos, ved, vean
Pres. Subj.:	vea, veas, vea, veamos, veáis, vean
Imp. Subj.:	viera (viese), vieras, viera, viéramos, vierais, vieran
Past. Part.:	visto

volver (*to return*)
Past Part.:	vuelto

Appendix C

English Translations of Dialogues

Lección preliminar

Brief Conversations

A. "Tenth Police Station, good morning. What can I do for you?"
"Good morning. Lieutenant Donoso, please."
"One moment, please."

B. "Good afternoon, ma'am. I'm María Inés Fabio."
"Good afternoon, Miss Fabio. Come in and have a seat, please. How are you today?"
"Fine, thank you, and you?"
"Just fine. How may I help you?"

C. "Good evening, sergeant, and thank you very much for the information."
You're welcome, ma'am. At your service. Good-bye."

D. "Hi, Mario. What's new?"
"Nothing, officer."
"Okay, see you later."
"See you later."

E. "Name and surname?"
"Roberto Santacruz."
"Address?"
"Number thirty, Magnolia Avenue."
"Phone number?"
"Four, twenty eight, ninety two, sixty three."
"Marital status? Are you single or married?"
"I'm divorced."

Lección 1

In a Police Station

It is two in the afternoon.

Mr. Pérez telephones to report an accident.

MR. PÉREZ:	I don't speak English, but I want to report an accident.
DISPATCHER:	Where? I speak a little Spanish.
MR. PÉREZ:	Here, in front of my house, on Central Street, between Florida and Terracina.
DISPATCHER:	Slowly, please.
MR. PÉREZ:	Central Street, between Florida and Terracina. (*He spells.*) T-e-r-r-a-c-i-n-a.
DISPATCHER:	Very good, thanks. Are there any people injured?
MR. PÉREZ:	Yes, there are two hurt badly: an older woman and a small child.
DISPATCHER:	OK. Now I need your personal information. Who's speaking? I need your first and last name, please.
MR. PÉREZ:	José Antonio Pérez.

DISPATCHER:	Address?
MR. PÉREZ:	1546 Central Street, apartment 7.
DISPATCHER:	Telephone number?
MR. PÉREZ:	Seven-seventy three-fifty nine-zero-eight.
DISPATCHER:	I'll send the paramedics and a patrol car over there right away. Thank you very much for your information.
MR. PÉREZ:	You're welcome.

Mrs. Vera reports a robbery in person.

MRS. VERA:	I don't speak English, but I need help. I wish to speak with a police officer.
DISPATCHER:	Do you speak Spanish? One moment.
OFFICER LÓPEZ:	Good morning, ma'am. What can I do for you?
MRS. VERA:	I want to report a robbery.
OFFICER LÓPEZ:	One moment. You need to speak with Sergeant Viñas of the Robbery Division, but first you need to fill out a (robbery) report.

Mrs. Vera fills out the report.

Lección 2

With a Hispanic Officer, on a City Street

A lady asks for information.

LADY:	You speak Spanish, right?
OFFICER:	Yes, ma'am. How can I help you?
LADY:	Please, where is Bank of America?
OFFICER:	On Magnolia Street, between Roma and Paris Avenues.
LADY:	How do I get there?
OFFICER:	You should go straight until you reach Magnolia Street. There, you turn left.
LADY:	How many blocks should I go on Magnolia?
OFFICER:	About five or six blocks.
LADY:	Thank you very much for the information.
OFFICER:	At your service, ma'am.

The officer speaks with a boy on a bike.

OFFICER:	Wait a minute, please. Why aren't you wearing your bike helmet?
BOY:	The helmet is very uncomfortable, sir.
OFFICER:	In this state, the law requires the use of a helmet and, besides, helmets save lives. Where do you live?
BOY:	I live a block from here, on Madison Street.
OFFICER:	Good, you must return home on foot and look for your helmet.
BOY:	Should I leave my bike here?
OFFICER:	No, but you must walk and walk the bicycle.

The officer sees a child who is walking alone in the street and he speaks with her.

OFFICER:	Little girl, why are you by yourself?
CHILD:	I'm grown-up (big) now.
OFFICER:	No, you're still very small to be walking alone on the street.
CHILD:	It's not very late …
OFFICER:	Yes, it's late. Where do you live?

CHILD:	I live at 267 California Street, apartment 18.
OFFICER:	OK, let's go. I need to speak with your mom.

Later, the officer speaks with the child's mother.

MOTHER:	Oh, goodness gracious! What's going on? What's wrong with my daughter?
OFFICER:	Nothing, ma'am, but your daughter is very small to be walking alone on the street.
MOTHER:	Of course, but she doesn't pay attention to me.

Lección 3

With Officer Smith

Officer Smith is speaking with two members of a gang.

OFFICER SMITH:	(*To the older one*) What are you doing in the street at this hour?
JOSÉ:	Nothing. Why?
OFFICER SMITH:	Because there is a curfew for minors and you must be at your home before midnight.
MARIO:	We are always on this corner with our friends.
OFFICER SMITH:	Let's go to the police station. I am going to call your parents.

The boys protest, but they get into the officer's patrol car without a problem.

At six in the morning, Officer Smith speaks with a man who is in the yard of a vacant house.

OFFICER SMITH:	Good day, sir. Why are you in the yard of a vacant house?
MAN:	I'm Mr. Rodríguez's gardener. The owner is going to sell the house.
OFFICER SMITH:	Your identification, please.
MAN:	My green card, is it okay?
OFFICER SMITH:	I need an ID with your photograph.
MAN:	Okay, here's my driver's license.
OFFICER SMITH:	Very well, thank you very much for your cooperation.
MAN:	Any time, officer.

Officer Smith arrests a thief.

OFFICER SMITH:	Police! Stop! Stop or I'll shoot! Freeze!

Lección 4

Telephone Calls

The dispatcher at the Fourth Police Station receives an emergency call.

DISPATCHER:	Police Department, good evening.
LADY:	Please! I need help urgently!
DISPATCHER:	What's wrong (happening), ma'am?
LADY:	There's a strange man in my yard and I'm alone with my children. I'm very scared.

DISPATCHER:	Ok. What's your address?
LADY:	709 3rd Avenue, between 11th and 13th Streets. Two blocks from the hospital.
DISPATCHER:	I'll send a patrol car immediately. If the man tries to get in, you should turn on the light.
LADY:	You have to send somebody quick! My husband has a revolver in the house …
DISPATCHER:	Are you trained in the use of firearms?
LADY:	No, ma'am.
DISPATCHER:	Then using the revolver is more dangerous for you than for him. What does the man look like? Is he tall or short?
LADY:	He's tall and I believe he's white.
DISPATCHER:	How is he dressed?
LADY:	In dark clothing. His pants are blue or black and his shirt is blue … not as dark as his pants.
DISPATCHER:	Is he wearing a hat?
LADY:	A red cap. When are the officers coming?
DISPATCHER:	They're on their way.

The dispatcher receives another call.

GENTLEMAN:	I'm calling to let you know that there is a man and a woman in my neighbors' house, and they are on vacation and are not coming home until next week.
DISPATCHER:	The man and the woman, are they inside or outside the house?
GENTLEMAN:	Inside. The house is dark, but they have a flashlight.
DISPATCHER:	What do they look like?
GENTLEMAN:	The man is of medium height and the girl is a little bit shorter than he.
DISPATCHER:	Are they young?
GENTLEMAN:	Yes, but she seems much younger than he. She must be younger than 20 years old.
DISPATCHER:	Very well. Now I need the address of your neighbor's house.

Lección 5

Good Neighbors

On Mondays and Wednesdays, Officer Martí helps to establish special programs. Today he is speaking with a group of neighbors who want to organize a neighborhood watch program.

OFFICER MARTÍ:	Do you want to know the best way to prevent burglaries, kidnappings, and other crimes? Having a united neighborhood!
MR. LIMA:	The problem is that almost all of us are away from home a lot.
OFFICER MARTÍ:	Then we have to begin by identifying the people who are generally home during the day.
MRS. PAZ:	My mother, for example, is home taking care of the children while I work.

OFFICER MARTÍ:	Your mother and the other people who don't work should try to observe any unusual activity in the neighborhood. If they notice anything suspicious, they should call the police immediately.
MR. VEGA:	911?
OFFICER MARTÍ:	No, that number is only for emergencies. You must (ought to) have, in a visible place, the number of the nearest police station.
MR. ALBA:	We also have to take measures to avoid burglaries.
OFFICER MARTÍ:	The first thing is to lock the doors and not to leave windows open. It is a good idea to install deadbolts on the doors.
MR. LIMA:	We always turn on the porch light at night.
OFFICER MARTÍ:	Good idea! And the front door should have a peep hole to see who's ringing the doorbell.
MRS. PAZ:	And if he's a stranger, he doesn't come into the house!
MRS. CASO:	I think that the most important thing is to protect the children . . .
OFFICER MARTÍ:	In the first place, children should not be home alone and, when they return (home) from school, they must have a place to go to if there are problems. Oh! It's six o'clock. It's dinner time. I'll come back next Monday.
MRS. CASO:	If it's possible, we prefer to have the next meeting on Wednesday.

Lección 6

Officer Chávez reads the Miranda Warning

The officer stops two young men who are writing on the wall of a building.

OFFICER CHÁVEZ:	Police! Halt! Don't move! You're under arrest!
YOUNG MAN 1:	Why? We're not doing anything wrong (bad).
OFFICER CHÁVEZ:	You're committing a crime of vandalism. It is forbidden to write on the wall of a building. (*The officer takes out a card from his pocket and reads the Miranda warning.*)

MIRANDA WARNING

1. You have the right to refuse to speak about your case with the police.

2. If you decide to speak with us, anything you say can and will be used against you in a trial.

3. You have the right to speak with an attorney and to have him present during the interrogation.

4. If you cannot afford to hire a lawyer, one will be appointed to represent you before they question you, if you wish.

OFFICER CHÁVEZ:	Do you understand each one of these rights?
YOUNG MAN 1:	Yes, we understand them. So what? Are you going to arrest us?
YOUNG MAN 2:	You're wasting your time on me. I'm under fifteen; in a few hours I'll be home again.
OFFICER CHÁVEZ:	Now you're going to the police station with me. I don't decide the rest.

Hours later, the officer stops a driver who is committing a traffic violation. When he speaks with him, he notices that the man is drugged.

OFFICER CHÁVEZ:	Good morning. Your driver's license and car registration, please.
DRIVER:	Are you going to arrest me? Why? I'm not drunk. Besides, I drive better than ever when I have a couple of drinks.

The officer notices needle marks on the man's arm and hand. The marks are fresh.

OFFICER CHÁVEZ:	Let me see your arm. Do you have diabetes?
DRIVER:	No.
OFFICER CHÁVEZ:	Do you give blood often?
DRIVER:	Yes, I give blood sometimes.
OFFICER CHÁVEZ:	Where is the blood bank?
DRIVER:	On . . . I don't remember now.
OFFICER CHÁVEZ:	Look here, please. You must try not to blink.
DRIVER:	I can't stop blinking. I'm very sleepy . . . I am not sleeping well lately . . .
OFFICER CHÁVEZ:	I'm sorry, but you have to come with me to the police station. You're not in a condition to drive.
DRIVER:	But I have to return home! Why am I under arrest? What's my crime?
OFFICER CHÁVEZ:	Driving under the influence of some drug. (*The officer reads the Miranda warning.*)

Lección 7

Problems of the City

In the morning: Officer Flores speaks with the owner of a liquor store after a burglary, and he asks him for information about the burglars.

OFFICER FLORES:	You're saying the burglars are very young? Can you describe them?
OWNER:	Yes. The man is blond, with blue eyes, and the woman is red-haired, with green eyes.
OFFICER FLORES:	Can you tell me what else you remember?
OWNER:	The man is (measures) about six feet, and she is about five feet, two inches. He's thin. She is rather fat . . .
OFFICER FLORES:	Any visible marks?
OWNER:	He has a tatoo on his left arm. She has freckles.
OFFICER FLORES:	You don't know them, right? They're not customers . . .
OWNER:	No, but I know that I can recognize them if I see them again.
OFFICER FLORES:	What kind of car are they driving?
OWNER:	A two-door yellow Chevrolet. It's an old car.

OFFICER FLORES:	Anything else?
OWNER:	Yes, I think so. He smokes black cigarettes . . . from Mexico . . . and he's left-handed!
OFFICER FLORES:	If you remember anything else, you can call me at this number. If I'm not (there), you can leave me a message.
OWNER:	Certainly, sir.

In the afternoon: Officer Flores sees a man who is standing in front of a school. He suspects that the man sells drugs to the students, because he knows that many of these students take drugs.

OFFICER FLORES:	What are you doing here? Are you waiting for some-one?
MAN:	No, . . . I'm not doing anything . . .
OFFICER FLORES:	Do you have any identification? Your driver's license, for example?
MAN:	No, not here. I have it at home . . . But I can show you my Social Security card.
OFFICER FLORES:	Do you want to come with me to the car, please? I want to speak to you.

In the evening: Officer Flores leaves the police station to go home. In the parking lot, he sees a man on the ground. He runs toward him.

OFFICER FLORES:	What's wrong? Are you hurt?
MAN:	No, . . . I think . . . a heart attack . . .
OFFICER FLORES:	Do you have any heart medicine?
MAN:	Yes, . . . in the glove compartment of the car . . .
OFFICER FLORES:	(*He brings the medicine.*) Here it is. (*He gives the man the medicine.*) Now I'm going to call the paramedics.

Lección 8

Cases of Abuse of Family Members

Julia, a young girl, calls the police because her stepfather is hitting her mother. Officer Vera goes to the Aguirre home to investigate the report.

OFFICER VERA:	Good afternoon. Is this the house of the Aguirre family?
JULIA:	Yes. Come in, please. My mom and my stepfather are in their bedroom with the door locked (locked up in their bedroom).
OFFICER VERA:	What's the problem?
JULIA:	My stepfather doesn't have a job now and, instead of looking for other work, he goes to the bar and comes home drunk every day.
OFFICER VERA:	How does he get the money for liquor (drinking)?
JULIA:	He asks my mom for it, and if she doesn't give it to him, he hits her, and takes it from her by force.
OFFICER VERA:	Does he hit her with his fist (hand)?
JULIA:	With his fist and with his belt. Sometimes he tells her that he is going to kill her.
OFFICER VERA:	Does he have any weapons?
JULIA:	Yes, he has a switchblade and a pistol.

OFFICER VERA:	(*He knocks on the door of the bedroom.*) Mr. Aguirre, I'm a police officer and I need to speak with you. Will you come out for a moment, please?
MR. AGUIRRE:	(*From inside*) This is my house. Do you have a warrant? I don't have anything to talk to you about.
OFFICER VERA:	I don't need a warrant to speak with you.
MRS. AGUIRRE:	(*Coming out of the bedroom*) He's mad at me because he wants money to buy drinks. The only thing he likes is to drink.
MR. AGUIRRE:	(*Coming out also*) This is a problem between my wife and me.
OFFICER VERA:	Mrs. Aguirre, you're quite injured.
MRS. AGUIRRE:	Yes, my whole body hurts.
OFFICER VERA:	Are you willing to accuse your husband of abuse?
MR. AGUIRRE:	No. She does what I tell her. If you want to know something, you ask me.
MRS. AGUIRRE:	(*She pays no attention to her husband and answers the police officer.*) Yes, officer.
MR. AGUIRRE:	(*To his wife.*) You shouldn't do this to me. You know that I treat you well when I am not drunk. Forgive me (I ask you for forgiveness).
MRS. AGUIRRE:	No. This time I won't forgive you. I'm tired of your abuses.

Dr. Andrade notifies the police of his suspicions that the child, Carlos Jiménez, is being abused. Officer Rodríguez, in charge of the case, talks with his parents.

OFFICER RODRÍGUEZ:	Good morning. Are you the father of the child Carlos Jiménez?
MR. JIMÉNEZ:	Yes, I am. What can I do for you?
OFFICER RODRÍGUEZ:	I'm Officer Rodríguez, from the local police. This is my ID.
MR. JIMÉNEZ:	Come in and sit down. How can I help you?
OFFICER RODRÍGUEZ:	Your son has been in (is admitted to) the hospital since yesterday. This is the third time that the boy has been admitted to the hospital with more or less serious injuries, and the doctor suspects that someone is abusing him frequently.
MR. JIMÉNEZ:	What? Who says that? That's a lie. Besides, no one has the authority to tell us how we should punish our children.
OFFICER RODRÍGUEZ:	You're wrong, Mr. Jiménez. In this country certain forms of child discipline are not accepted.

Lección 9

The Sobriety Test

It's 3:00 in the morning. Officer López stops a man for driving 50 miles per hour, with the lights off, in a residential zone. The speed limit is 35 miles per hour. The man seems to be drunk.

OFFICER LÓPEZ:	Pull over to the curb and turn off the engine, please.

MAN:	What's wrong officer?
OFFICER LÓPEZ:	The speed limit in this area is thirty-five miles per hour, not fifty.
MAN:	It's just that I'm in a hurry.
OFFICER LÓPEZ:	Let me see your driver's license, please.
MAN:	It's at home . . .
OFFICER LÓPEZ:	Show me your car registration.
MAN:	I don't have it. The car is not mine. It's my uncle's.
OFFICER LÓPEZ:	What's your name?
MAN:	My name is Juan Lara.
OFFICER LÓPEZ:	Your address and your age, please.
MR. LARA:	I live at 520 Fifth Street. I'm twenty years old.
OFFICER LÓPEZ:	Step out of the car, please. Stand with your heels together and put your arms at your sides.
MR. LARA:	I'm telling you that I'm in a hurry!
OFFICER LÓPEZ:	Using your left hand, touch the tip of your nose with your index finger.
MR. LARA:	I can't . . . but I'm not drunk . . .
OFFICER LÓPEZ:	Now close your eyes and tilt your head backwards.
MR. LARA:	I'm going to fall . . .
OFFICER LÓPEZ:	Okay. Walk along this line to the end and come back on the same line. Take nine steps.
MR. LARA:	I don't understand . . . I don't see the line well. How many steps?

Mr. Lara cannot do what the officer tells him to do.

OFFICER LÓPEZ:	Count on your fingers, like this: one, two, three, four . . . four, three, two, one.
MR. LARA:	One, two, three, four, three . . . I'm going to start over . . .
OFFICER LÓPEZ:	Recite the alphabet, please.
MR. LARA:	A, B, C, D . . . F, J . . . N . . .
OFFICER LÓPEZ:	I'm going to read you something, Mr. Lara. Pay attention.

"You are required by state law to submit to a chemical test to determine the alcohol content of your blood. You have a choice of whether the test is to be of your blood, urine, or breath. If you refuse to submit to a test or fail to complete a test, your driving privilege will be suspended for a period of six months. You do not have the right to talk to an attorney or to have an attorney present before stating whether you will submit to a test, before deciding which test to take, or during the administration of the test chosen. If you are incapable, or state you are incapable, of completing the test you choose, you must submit to and complete any of the remaining tests."

Lección 10

The Police Investigate a Robbery

This morning Mrs. Ramos called the police to report a robbery. An hour later Sergeant Nieto, from the Robbery Division, arrived at her house.

Sergeant Nieto speaks with Mrs. Ramos:

SERGEANT NIETO:	Good morning, ma'am. I'm Sergeant Nieto, of the Robbery Division. Here is my ID.
MRS. RAMOS:	Good morning, Sergeant. I called because thieves broke into (entered) my home last night.
SERGEANT NIETO:	What did they steal from you, ma'am?
MRS. RAMOS:	Many things: two TV sets, a video camera, the computer, the compact disc player, some jewelry, and approximately $80.00 in cash.
SERGEANT NIETO:	What brand name is all that equipment?
MRS. RAMOS:	The computer is an IBM, the TV sets are a 19-inch JVC and a 24-inch RCA. The rest of the equipment is also RCA.
SERGEANT NIETO:	Do you have the serial numbers for all the stolen equipment?
MRS. RAMOS:	I believe so. We bought them on installments, and I have the contracts put away. Just a moment.

Mrs. Ramos leaves and returns with the contracts. Sergeant Nieto looks them over.

SERGEANT NIETO:	The contract for one of the TV sets is missing here.
MRS. RAMOS:	That's right. Now I remember that I threw it away in the trash when I finished paying for it.
SERGEANT NIETO:	And . . . you didn't write down the serial number?
MRS. RAMOS:	No, I didn't write it down. I see now that that was foolish.
SERGEANT NIETO:	Where did the thieves enter?
MRS. RAMOS:	Through the window in my son's room. They forced the lock. Look, because it rained last night, they left mud marks on the carpet.
SERGEANT NIETO:	Did you clean the house after the robbery?
MRS. RAMOS:	No, we didn't touch anything.
SERGEANT NIETO:	Good. Later the technicians are going to come to see if they left any fingerprints. You have no idea when the robbery occurred, right?
MRS. RAMOS:	No. My younger son is on spring break. We went (took him) to the beach and we stayed until today.
SERGEANT NIETO:	Did your older son go to the beach too?
MRS. RAMOS:	Yes, we all went and returned together.
SERGEANT NIETO:	OK, that's all, Mrs. Ramos. Now I'm going to speak with your neighbors to continue the investigation.
MRS. RAMOS:	I talked to the next-door neighbors and they didn't see anyone suspicious prowling around the house.
SERGEANT NIETO:	I gave you my card, didn't I? Call me if you have anything new to tell me.
MRS. RAMOS:	Thank you for your help, Sergeant. And, please, if you discover something, call me.
SERGEANT NIETO:	Of course, ma'am.

Lección 11

More Thefts!

Mr. Gómez came to the police station to report the theft of his car. Now he is speaking with Sergeant Alcalá, of the Robbery Division.

SERGEANT ALCALÁ:	When was your car stolen?
MR. GÓMEZ:	Last night. My son left it parked in front of the house and I think he didn't lock it.
SERGEANT ALCALÁ:	Is the car yours or your son's?
MR. GÓMEZ:	It's mine, but last night my son borrowed it from me to go to a party. He was the last one to drive it.
SERGEANT ALCALÁ:	At what time did your son return?
MR. GÓMEZ:	At about eleven.
SERGEANT ALCALÁ:	Did you see the car at that time?
MR. GÓMEZ:	Yes, sir. And he gave me the key when he arrived.
SERGEANT ALCALÁ:	Please tell me the make, model, and year of your car.
MR. GÓMEZ:	It's a '97 light blue Ford Taurus.
SERGEANT ALCALÁ:	What's the license plate number of your car?
MR. GÓMEZ:	PED 530.
SERGEANT ALCALÁ:	Is your car insured?
MR. GÓMEZ:	Yes, sir, I have complete coverage.
SERGEANT ALCALÁ:	Is it completely paid for now, Mr. Gómez?
MR. GÓMEZ:	No, I still owe many payments.
SERGEANT ALCALÁ:	Are you behind in your payments?
MR. GÓMEZ:	The truth is that I'm not up to date. I owe about two months. The fact is that we had to pay many bills, but now my wife got a good job.
SERGEANT ALCALÁ:	Fine. I will deliver copies of the report to the patrol cars.
MR. GÓMEZ:	Let's see if you find it soon . . . Thank you very much, sergeant.
SERGEANT ALCALÁ:	You're welcome, Mr. Gómez.

Mrs. Vega also comes to the police station to notify the police about a robbery. Now she is speaking with Sergeant Rivas.

MRS. VEGA:	I can't believe it! I've been living here for twenty years and there was never a robbery in the neighborhood before.
SERGEANT RIVAS:	Did you search the house carefully to find (see) all that is missing?
MRS. VEGA:	Yes. I made a list of what is missing: silverware, a VCR, a tape recorder, a video camera, and a computer.
SERGEANT RIVAS:	Were any weapons taken?
MRS. VEGA:	Oh, yes…! One of my husband's pistols.
SERGEANT RIVAS:	Is that pistol registered?
MRS. VEGA:	I think so, but I'm not sure. My husband died last year.
SERGEANT RIVAS:	Write down for me the brand, description, and approximate value of all the stolen items, please.
MRS. VEGA:	Okay.

SERGEANT RIVAS:	Do all of the stolen items belong to you?
MRS. VEGA:	Yes, sir. They are mine.
SERGEANT RIVAS:	We will do everything possible to recover them. (*To Officer Soto*) Take Mrs. Vega home, please. Then, come to my office and bring me the reports that Sergeant Viñas asked you for.

Lección 12

With an Officer of the Traffic Division

With the driver of a car that runs a red light.

OFFICER REYES:	Good afternoon, ma'am.
WOMAN:	Good afternoon, sir. Why did you stop me? I wasn't going very fast.
OFFICER REYES:	No, but you went through a red light.
WOMAN:	But I began to cross the intersection when the light was yellow!
OFFICER REYES:	But it was already red before you finished crossing it.
WOMAN:	Well, that's not my fault. The light changed very quickly.
OFFICER REYES:	You should only begin to cross the intersection on a yellow light if you are so close to the stop line that you don't have time to stop.
WOMAN:	But the car behind me was coming too fast.
OFFICER REYES:	I'm sorry, ma'am, but I have to give you a ticket. Sign here, please.

On the highway with a driver who is changing lanes recklessly.

OFFICER REYES:	Sir, you are changing lanes recklessly. You are going to cause an accident some time (at any moment).
DRIVER:	It's that I'm in a big hurry. I don't want to be late for work. I must arrive at seven.
OFFICER REYES:	That is not a valid excuse. You are endangering your life and that of others.
DRIVER:	It's just that my boss told me that, if I was late again, he was going to fire me.
OFFICER REYES:	Okay. This time I am only going to give you a warning. Here it is. Good day and drive safely.
DRIVER:	Thank you very much, officer.

With a woman who left her baby in a locked car.

WOMAN:	What's happening, officer?
OFFICER REYES:	Open the door, please. Are you the mother of this baby?
WOMAN:	Yes, sir. I only left him alone for a moment.
OFFICER REYES:	That is very dangerous, ma'am. Someone could kidnap the baby. Besides, the temperature in the car is very high. It's about 115 degrees.

It was four in the afternoon when the officer returned to the office.

Lección 13

An Accident

There was an accident on the highway. A truck collided with a car and a motorcycle. The man who was driving the car and his two passengers died. Officer Peña, who has just arrived, is trying to help the young man who was riding the motorcycle.

OFFICER PEÑA:	Don't try to get up. Stay still.
YOUNG MAN:	What happened? I feel dizzy . . .
OFFICER PEÑA:	There was an accident. Does anything hurt?
YOUNG MAN:	Yes, my right leg and my left hand . . .
OFFICER PEÑA:	Let's see . . . I'm going to apply a bandage to stop the bleeding.
YOUNG MAN:	What happened to the girl who was riding (coming) with me?
OFFICER PEÑA:	Her face and her arms were hurt, but it isn't serious . . . We wanted to take her to the hospital, but she didn't want (refused) to go. She went home.
YOUNG MAN:	Luckily, we were both wearing our helmets.
OFFICER PEÑA:	Did you know that, in this state, wearing a safety helmet is mandatory?
YOUNG MAN:	No, I didn't know it. And . . . my motorcycle? I bought it just a month ago!
OFFICER PEÑA:	I'm sorry. It's under the truck. Fortunately, you jumped off in time.

Officer Peña goes toward the truck and sees that there is a fire in the cab. He runs and puts out the fire with a fire extinguisher. The man who was driving the truck is at the side of the road.

OFFICER PEÑA:	How do you feel?
MAN:	I'm still shaking. I did everything possible to avoid the crash, but I couldn't.
OFFICER PEÑA:	What do you remember about the accident?
MAN:	The driver of the car tried to pass without realizing that a motorcycle was coming in the opposite direction. He tried to swerve, but he lost control of the vehicle, and crashed into my truck.
OFFICER PEÑA:	Look, the ambulance came already. They're going to take you to the hospital too. Do you want to call anybody?
MAN:	Yes, my wife, but the store where she works doesn't open until ten. Besides, I don't need to go to the hospital.
OFFICER PEÑA:	It's (just) a precaution. They're probably going to take X-rays and the doctor is going to examine you. I need your name and your address.
MAN:	Rafael Soto, 517 La Sierra Street.
OFFICER PEÑA:	What's your phone number?
MAN:	328-9961.

Lección 14

Interrogations

Sergeant Vega has just detained Carlos Guzmán. He has read him the Miranda Warning and is now beginning to interrogate him.

SERGEANT VEGA:	Do you understand the rights that I have read to you?
MR. GUZMÁN:	Yes, sir, but I don't need any attorney because I am innocent.
SERGEANT VEGA:	Do you know what you are accused of? Do you understand the accusation?
MR. GUZMÁN:	Yes, sir. I am accused of a theft that I did not commit.
SERGEANT VEGA:	Well, the computer that you tried to pawn was stolen.
MR. GUZMÁN:	Yes, they have told me that, but I didn't know it.
SERGEANT VEGA:	How did you come into the possession of that computer?
MR. GUZMÁN:	I bought it from a man who offered me a bargain.
SERGEANT VEGA:	You didn't suspect that it had been stolen? Buying stolen property is a felony.
MR. GUZMÁN:	I didn't know that he had stolen it. He told me that he had to sell it urgently because he had been out of work.
SERGEANT VEGA:	Where were you on the night of Saturday, April 20th?
MR. GUZMÁN:	At a bar on Franklin Street.
SERGEANT VEGA:	At what time did you leave?
MR. GUZMÁN:	After 12:00 A.M.
SERGEANT VEGA:	Nevertheless, I have spoken with witnesses who say that they saw you at about 10:00 P.M. in the building where the robbery occurred.
MR. GUZMÁN:	It can't be. The owner of the bar can tell you that I am there every night until very late.
SERGEANT VEGA:	Yes, but an employee told me that that night you had left there before 10:00.
MR. GUZMÁN:	That's a lie. It's someone who wants to get me into trouble (to hurt me).

The sergeant arrests the man.

Detective Rubio interrogates Mr. Darío, a man accused of swindling.

DETECTIVE RUBIO:	You sold a pearl necklace to Mrs. Carmen Hernández, right?
MR. DARÍO:	Yes, sir. A week ago.
DETECTIVE RUBIO:	Did you tell her that they were cultured pearls?
MR. DARÍO:	No, sir.
DETECTIVE RUBIO:	But you charged her for the pearls as if (they were) of first quality.
MR. DARÍO:	Well, I also had told here that the necklace had a great sentimental value for me.
DETECTIVE RUBIO:	You did not tell her the truth. I sincerely believe that you deceived her, but the jury is going to decide whether you swindled her or not. I'm not the one who's going to judge you.

Lección 15

With the Undercover Police

Isabel Cabrera, an undercover officer, has been assigned to Special Services. She has enrolled at a high school in a Hispanic neighborhood in order to infiltrate a gang that is distributing drugs at the school. Now, Officer Cabrera is speaking with María, a student whose boyfriend could be a gang member.

OFFICER CABRERA:	You speak Spanish, right?
MARÍA:	Yes, I learned it at home. I'm a latina.
OFFICER CABRERA:	I don't speak English well. Could you help me with my classes?
MARÍA:	Yes, although I am a very bad student. Where are you from, Isabel?
OFFICER CABRERA:	From Texas. We came to Chicago a week ago.
MARÍA:	Do you like Chicago?
OFFICER CABRERA:	Yes, but I don't have any friends here.
MARÍA:	You'll see how soon you'll find friends here.
OFFICER CABRERA:	I hope so. What do people do here to have a good time?
MARÍA:	I don't know, we go to the movies, we have parties . . . You know, you can find anything, if you have money: drinks, pot, rock . . .
OFFICER CABRERA:	I have a hundred dollars that my aunt gave me.
MARÍA:	If you want, my boyfriend will get us a bottle of tequila and I'll introduce you to some of our friends.
OFFICER CABRERA:	I'd like to meet them. What is your boyfriend's name?
MARÍA:	Roberto Álvarez.

At eleven in the evening, Officer Rosales, dressed as a prostitute, is responsible for arresting solicitors of prostitution on a street in the city. A man driving a blue car approaches her and greets her. They begin to talk.

MAN:	Hello! Do you want to have a good time?
OFFICER ROSALES:	You'll have a better one . . .
MAN:	I hope so. Get in.
OFFICER ROSALES:	Where are you taking me?
MAN:	We're going to a motel. I want to spend the whole night with you.
OFFICER ROSALES:	Well, something more than wanting to is needed.
MAN:	Here's a hundred dollars, and if you do everything I want, I'll give you more.
OFFICER ROSALES:	That's not necessary. This is enough. You're under arrest. (*She begins to read him the Miranda Warning.*)
MAN:	Please, I am a businessman and this would harm me a lot. Look, here is a thousand dollars.
OFFICER ROSALES:	That is an attempt at a bribe. Your situation is getting worse, sir.

Lección 16

In a Detention Cell

Mr. Bravo has just arrived, handcuffed, at the police station. After logging him in, a policeman takes the necessary precautions before placing him in a detention cell.

POLICEMAN:	I want you to empty your pockets completely and place the contents on the counter.
MR. BRAVO:	I only have my wallet with money, a handkerchief, and a comb.
POLICEMAN:	(*He counts the money in front of the prisoner.*) You have here seventy-one dollars and thirty-four cents. Do you agree?
MR. BRAVO:	Yes, sir.
POLICEMAN:	Now take off your watch and the chain you're wearing around your neck.
MR. BRAVO:	Please make a note there that the watch and chain are gold.
POLICEMAN:	Okay. All your belongings will be put in a sealed envelope.
MR. BRAVO:	I want you to give (deliver) them to my wife, please.
POLICEMAN:	Fine, but it is necessary that you authorize it in writing. Now we are going to photograph you and take your fingerprints.
MR. BRAVO:	I want to make a phone call to my wife.
POLICEMAN:	That's fine. You have the right to make one phone call. After we book you, we will give you the opportunity to make a call.
MR. BRAVO:	All right.
POLICEMAN:	Stand over there and look at the camera. Good. Now look toward the right. Good. Now, toward the left. Don't move.
MR. BRAVO:	Is that all?
POLICEMAN:	Yes. Now the technician will take your fingerprints.
TECHNICIAN:	Give me your right hand.
POLICEMAN:	(*After the technician finished taking his fingerprints*) Now take off your belt and take the shoelaces out of your shoes, and give it all to me.
MR. BRAVO:	For that I need you to take off my handcuffs.
POLICEMAN:	First I'm going to lock you in your cell.

With the investigating officer:

MR. BRAVO:	What are you going to do with me now?
INVESTIGATOR:	As soon as they have finished (After finishing) the preliminary investigation, the district attorney will put the case before a judge.
MR. BRAVO::	Will they let me go free on my own recognizance?
INVESTIGATOR:	It's possible. You're not accused of murder.
MR. BRAVO:	But they'll let me go free on bail, right?
INVESTIGATOR:	That the judge will decide, and it depends to a large extent on whether or not you have any previous offenses.
MR. BRAVO:	If they place my bail too high, I won't have enough money to pay it. They'll take me to jail.
INVESTIGATOR:	Your family could post (buy) a bond by paying a premium.
MR. BRAVO:	I need a bondsman. Whom do you recommend that I call?
INVESTIGATOR:	I'm sorry, but we are not allowed to recommend anybody.
MR. BRAVO:	Then, what do you advise me to do?
INVESTIGATOR:	I suggest that you look one up in the phone book.

Lección 17

A Girl Runs Away from Home

Officer Gómez speaks with Mr. and Mrs. Ruiz, the parents of a teenage girl who ran away from home.

OFFICER GÓMEZ:	When was the last time you saw your daughter?
MR. RUIZ:	Last night. She told us that she was going to study with a classmate.
OFFICER GÓMEZ:	When did you realize that she had run away?
MRS. RUIZ:	It was 11:00 P.M. already, and she hadn't returned home. Then we called her friend's house and discovered that she hadn't been there.
OFFICER GÓMEZ:	Your daughter may have been the victim of a kidnapping. Why do think she ran away from home?
MR. RUIZ:	Her friend told us that she was thinking of running away.
OFFICER GÓMEZ:	How old is she?
MR. RUIZ:	Sixteen.
OFFICER GÓMEZ:	It is necessary that you give me a complete description of your daughter.
MR. RUIZ:	Her name is María Elena Ruiz Portillo. She is short—she's five feet, two inches tall—slim, with black hair and black eyes. She has a mole near her mouth and a scar on her right cheek.
OFFICER GÓMEZ:	What clothes did she have on?
MRS. RUIZ:	She had on a white skirt, red blouse, and a black sweater . . . white sandals, and she had a white purse.
OFFICER GÓMEZ:	Was she wearing any jewelry?
MRS. RUIZ:	Yes, a gold chain with a cross, a silver ring, and some red earrings.
OFFICER GÓMEZ:	I hope you have a recent picture of her.
MR. RUIZ:	Yes, I have one here in my wallet.
OFFICER GÓMEZ:	This must be very difficult for you, but do you have any idea why she ran away? Has she had any problems with you or in school?
MR. RUIZ:	Well, . . . she was going out with a boy . . . and we told her we didn't like him. He was in jail twice.
OFFICER GÓMEZ:	Do you think that your daughter left with him?
MRS. RUIZ:	I think so, but it may be that she is with another friend.
OFFICER GÓMEZ:	How old is he?
MRS. RUIZ:	I don't know exactly. He's two or three years older than she is.
OFFICER GÓMEZ:	Do you know his name and where he lives?
MRS. RUIZ:	His name is José Ramírez. I don't know where he lives but they both attend the same high school.
OFFICER GÓMEZ:	Had your daughter run away from home on any other occasion?
MRS. RUIZ:	No, never. I think he took her against her will . . .
OFFICER GÓMEZ:	Do you know whether she had (any) money?
MRS. RUIZ:	Yes, she had about 75 dollars, at least.
OFFICER GÓMEZ:	Do you have any idea where she can be? It is important that you try to remember any detail.

MR. RUIZ:	No, none, but we're afraid that she may already be far from here.
OFFICER GÓMEZ:	Does she have a car?
MRS. RUIZ:	No. We don't want her to drive. She's very young . . .
OFFICER GÓMEZ:	Does she have any I.D.?
MRS. RUIZ:	It is possible that she's carrying her school I.D. in her purse . . .
OFFICER GÓMEZ:	Okay. It is necessary that you let me know right away if you remember anything else or if you receive any information.
MRS. RUIZ:	I hope you can find her soon.
OFFICER GÓMEZ:	We are going to do everything possible, ma'am.

Lección 18

A Rape

A sixteen-year-old Hispanic girl calls the police, saying that she has just been raped. The girl asks that they send someone who speaks Spanish, because she does not speak English well. Officer Rocha is with the victim now.

VICTIM:	Help me, please!
OFFICER ROCHA:	Your parents aren't home . . . ?
VICTIM:	No, and I doubt that they'll arrive before midnight.
OFFICER ROCHA:	Okay, calm down, and tell me what happened.
VICTIM:	I was in my room, reading, when there was a knock on the door . . . I went to open (it), and a man came in and pushed me . . . And I fell . . . and he hit me . . . (*She cries hysterically.*)
OFFICER ROCHA:	Look, I understand that this is very difficult for you, but to be able to help you and arrest the man that raped you, we need information.
VICTIM:	Yes, I know . . . but first I want to take a bath, take off these clothes . . . I feel dirty!
OFFICER ROCHA:	I'm sorry, but it is better to wait. First, a doctor has to examine you. Besides, a bath can destroy necessary evidence. Did you know the man who attacked you?
VICTIM:	No, no, no. He was a stranger.
OFFICER ROCHA:	Can you recognize him if you see him?
VICTIM:	I don't think I can forget the face.
OFFICER ROCHA:	What race was he?
VICTIM:	He was white. Rather short, fat, with brown eyes. He had a beard and a moustache, but he was bald.
OFFICER ROCHA:	You have never seen him before?
VICTIM:	No, I'm sure I had never seen him.
OFFICER ROCHA:	What time was it, more or less?
VICTIM:	It was about 9:30.
OFFICER ROCHA:	Did you change clothes?
VICTIM:	Not yet. I called as soon as he left.
OFFICER ROCHA:	Well, don't change. A doctor should examine you immediately. We have to take you to the hospital. Where are your parents?
VICTIM:	They are at my aunt's house. Her phone number is in that address book.

OFFICER ROCHA:	Now, did the man rape you? I mean, was there penetration?
VICTIM:	Yes. He threatened me with a knife. I was afraid and I didn't resist.
OFFICER ROCHA:	Did he force you to perform any abnormal sexual act during the rape?
VICTIM:	No.
OFFICER ROCHA:	Did he put on a condom?
VICTIM:	No, and that terrifies me. Maybe he has AIDS or a venereal disease.
OFFICER ROCHA:	Try to calm down. They will perform the necessary tests. What else do you remember about him? Did he have any visible marks? A tattoo?
VICTIM:	He had a tattoo on his left arm: a heart with an arrow through it (pierced by an arrow). Also, he wore glasses.
OFFICER ROCHA:	Did he have any accent? Did he say anything to you?
VICTIM:	No, I didn't notice any accent. He only told me that if I screamed, he'd kill me.
OFFICER ROCHA:	Did you try to fight with him . . . to defend yourself?
VICTIM:	No, I was so scared . . .
OFFICER ROCHA:	I understand. Is there anybody who can come and stay with you?
VICTIM:	No, I don't know anybody who can come at this hour.

Lección 19

A Typical Afternoon

An afternoon in the life of Officer Cabañas of the Fourth Police Station in Elizabeth, New Jersey.

2:00 P.M.:

Officer Cabañas is speaking with the father of a minor who has just been arrested.

FATHER:	Good day. Someone informed me that my son was being detained here.
OFFICER CABAÑAS:	What is your son's name?
FATHER:	Enrique Fernández.
OFFICER CABAÑAS:	Yes, sir. He is here.
FATHER:	Why did you bring him in? What is he accused of?
OFFICER CABAÑAS:	Your son is accused of selling drugs to his friends at his school.
FATHER:	It's not possible! That can't be right. I can't believe that my son has done such a thing. Can I speak with him?
OFFICER CABAÑAS:	Yes, sir, but you must wait until they have finished questioning him.

3:15 P.M.:

Officer Cabañas goes to Felipe Núñez's house to speak with him. He speaks with the boy's mother.

OFFICER CABAÑAS:	I need to speak with Felipe Núñez, ma'am. It is urgent.

MRS. NÚÑEZ:	He isn't home, and I don't know what time he is going to return.
OFFICER CABAÑAS:	Well, when he comes back, tell him to call me at this number, please. Tell him I want to ask him some questions.
MRS. NÚÑEZ:	Very well. I'll tell him as soon as I see him.

5:00 P.M.:

Officer Cabañas goes to the apartment of a girl who tried to commit suicide.

OFFICER CABAÑAS:	Where is the girl?
NEIGHBOR:	Over there, in the kitchen. I found her with her head inside the oven.
OFFICER CABAÑAS:	Was there a smell of gas?
NEIGHBOR:	Yes, that's why I called 911 as soon as I arrived. The paramedics are on their way.

They go to the kitchen and the officer speaks with the girl.

OFFICER CABAÑAS:	Can you hear me? How do you feel?
GIRL:	Bad . . . I took . . .
OFFICER CABAÑAS:	What did you take? Poison? What poison did you take . . . ?
GIRL:	No . . . tranquilizers . . . in the bathroom . . . more than ten . . .

6:00 P.M.:

Officer Cabañas stops a woman who is driving her car with its headlights turned off.

OFFICER CABAÑAS:	I stopped you because the headlights of your car are not on.
WOMAN:	Yes, . . . it seems that they are not working . . .
OFFICER CABAÑAS:	Well, you can't drive this car unless you have the lights fixed.
WOMAN:	Okay. Tomorrow, without fail.
OFFICER CABAÑAS:	When the car is ready, take it to this address. There they're going to sign the back of this form to confirm that you had the damage repaired.

Lección 20

Another Day, in the Morning . . .

A day of work for Officer Montero of the Third Precinct of the City of Albuquerque, New Mexico.

10:30 A.M.:

Officer Montero investigates a robbery at a market. He is talking with the clerk now.

OFFICER MONTERO:	Tell me exactly what happened.
CLERK:	At about 9:30 a man came and said he wanted a bottle of wine . . .
OFFICER MONTERO:	And then what happened?
CLERK:	He pointed at me with a pistol and made me give him all the money (that there was) in the cash register.

OFFICER MONTERO:	Would you be able to recognize him if you saw him again?
CLERK:	I don't know. He had a beard and a moustache … If he were to shave, I don't know if I would recognize him.
OFFICER MONTERO:	How tall was he, more or less? Was he about my height?
CLERK:	No, much taller and larger. He was about 6 feet, 2 inches (tall) and weighed about 250 pounds.
OFFICER MONTERO:	How was he dressed?
CLERK:	Let's see if I remember … Dark gray pants, blue shirt, and a brown corduroy jacket.
OFFICER MONTERO:	You gave him all the money. What happened then?
CLERK:	I tried to follow him, but he pointed at me with the pistol and told me to stay where I was.
OFFICER MONTERO:	Can you describe the pistol?
CLERK:	A semiautomatic, thirty-two caliber, possibly.

11:30 A.M.:

Officer Montero suspects that there are drugs in the trunk of a car. He's talking with the owner now.

OFFICER MONTERO:	I don't have a warrant from the judge to search your car, but I would like to see what you have in the trunk. Will you give me (do you want to give me) the key?
WOMAN:	There's a jack and a tire in the trunk …
OFFICER MONTERO:	Do you give me permission to search it? I'm not threatening you, nor am I promising you anything. If you give me permission, it has to be voluntary.
WOMAN:	Get a warrant from the judge if you want to search my car.

2:30 P.M.:

Officer Montero arrests a man who attacked a woman and tried to steal her wallet.

OFFICER MONTERO:	Put your hands on top of your head and clasp them together (intertwine your fingers). Turn around.
MAN:	Son of a bitch!
OFFICER MONTERO:	Be quiet. Walk toward the police car. Get in. Watch out for your head! …

4:30 P.M.:

Officer Montero sees a group of people who are shouting obscenities and threats in front of a consulate, and he orders them to disperse.

| OFFICER MONTERO: | I'm Officer Montero of the Albuquerque Police Department. This assembly is hereby declared illegal, and therefore I order you to disperse immediately. |

The crowd (multitude) starts to disperse; some murmur obscenities.

Appendix D

Weights and Measures

Length

la pulgada = *inch*
el pie = *foot*
la yarda = *yard*
la milla = *mile*
1 pulgada = 2.54 centímetros
1 pie = 30.48 centímetros
1 yarda = 0.9144 metro
1 milla = 1.609 kilómetros
1 centímetro (cm) = 0.3937 pulgadas (*less than ½ inch*)
1 metro (m) = 39.37 pulgadas (*1 yard, 3 inches*)
1 kilómetro (km) (1.000 metros) = .6214 millas (*⅝ mile*)

Weight

la onza = *ounce*
la libra = *pound*
la tonelada = *ton*
1 onza = 28.35 gramos
1 libra = 0.454 kilogramo
1 tonelada = 0.907 tonelada métrica
1 gramo (g) = 0.03527 onzas
100 gramos = 3.527 onzas (*less than ¼ pound*)
1 kilogramo (kg) (1.000 gramos) = 2.2 libras

Liquid Measure

la pinta = *pint*
el cuarto (de galón) = *quart*
el galón = *gallon*
1 pinta = 0.473 litro
1 cuarto = 0.946 litro
1 galón = 3.785 litros
1 litro (1) = 1.0567 cuartos (de galón) (*slightly more than a quart*)

Surface

el acre = *acre*
1 hectárea = 2.471 acres

Temperature

°C = *Celsius or Centigrade;* °F = *Fahrenheit*
0° C = 32° F (*freezing point of water*)
37° C = 98.6° F (*normal body temperature*)
100° C = 212° F (*boiling point of water*)
Conversión de grados Fahrenheit a grados Centígrados
    °C = ⅝ (°F − 32)
Conversión de grados Centígrados a grados Fahrenheit
    °F = ⅖ (°C) + 32

Appendix E

Answer Key to *Vamos a practicar* sections

Lección preliminar

A. 1. Clínica veterinaria: dos-seis-cinco-nueve-dos-seis-siete
    2. Ambulancia: dos-tres-cinco-tres-cero-cero-uno
    3. Paramédicos: uno-uno-cero
    4. Garaje municipal: dos-cinco-siete-ocho-cuatro-nueve-tres
    5. Policía: uno-uno-dos

B. 1. ese-a-ene-de-o-ve-a-ele   2. efe-u-e-ene-te-e-ese   3. ve-a-ere-e-ele-a
    4. u-ge-a-ere-te-e   5. be-a-erre-i-o-ese   6. zeta-u-be-i-zeta-a-erre-e-te-a

C. 1. la / las estaciones   2. la / las señoritas   3. el (la) / los (las) agentes
    4. el / los señores   5. el / los momentos   6. la / las informaciones
    7. la / las calles   8. el / los números

D. 1. Es / soy / es   2. son / somos   3. eres / soy /es

Lección 1

A. Answers will vary. Verb forms: 1. Usted necesita… / Usted no
    necesita…   2. Yo lleno… / Yo no lleno… 3. La telefonista manda… / La
    telefonista no manda…   4. La señora desea… / La señora no desea…
    5. Nosotras denunciamos… / Nosotras no denunciamos… 6. El señor
    Pérez habla… / El señor Pérez no habla…   7. Tú notificas… / Tú no
    notificas…   8. Ustedes llaman… / Ustedes no llaman…

B. 1. ¿La señora Vera denuncia un robo?   2. ¿Necesita la señora Vera llenar
    un informe de robo ahora?   3. ¿Mandan ellos un carro patrullero
    enseguida?   4. ¿Usted desea notificar un robo?

C. 1. Número de teléfono   2. división de robos   3. informe de accidente
    4. agente de policía

D. 1. quinientos noventa y seis   2. trescientos cincuenta y ocho   3. sete-
    cientos quince   4. novecientos sesenta y nueve   5. mil seiscientos setenta

E. 1. ancianas   2. pequeños   3. divorciados

F. 1. Son las doce y cuarto.   2. Son las dos y media.   3. Son las cinco
    menos veinte.

Lección 2

A. *Answers will vary. Verb forms:*   1. Ud. debe…   2. Nosotras vivimos…
    3. El agente Smith exige…   4. Yo vivo…   5. Tú debes…   6. Yo veo…

B. 1. a la hija de la Sra. Carreras   2. a mi madre (mamá)   3. Nuestras hijas /
    solas   4. muchos niños pequeños   5. una mujer herida

Lección 3

A. 1. están / estamos   2. va / Voy   3. das / doy   4. estás / estoy

B. 1. son   2. está   3. Está   4. están   5. soy   6. es   7. está   8. eres
   9. están   10. está / está   11. estar   12. Es

C. 1. la tarjeta verde del Sr. Lima   2. va a arrestar al ladrón (a la ladrona)
   3. El nombre del dueño   4. Yo voy a llevar a / al hospital

Lección 4

A. 1. Yo tengo un pantalón azul oscuro.   2. Ella tiene una pistola.
   3. Nosotros no tenemos armas de fuego en las casa.   4. Yo vengo
   vestido(a) con ropa oscura.   5. Ud. viene con mi esposo(a).   6. Nosotras
   venimos la semana próxima.

B. 1. más oscuros que   2. más peligroso   3. tan serio como   4. tantos
   carros patrulleros como   5. tan grande como   6. la más pequeña de
   7. menor que   8. el mejor de   9. mucho más alta que   10. tengo tanto
   miedo como

Lección 5

A. 1. piensan / pensamos   2. quieres / quiero   3. encender / enciende
   4. empieza / Empieza   5. cierras / cierro

B. 1. está ayudando   2. están encendiendo   3. estoy protegiendo   4. estamos instalando   5. estás haciendo

C. 1. los martes   2. las dos y media   3. a la escuela   4. la semana próxima
   5. Los niños

Lección 6

A. 1. Yo no puedo arrestar al chofer.   2. Ellos vuelven al edificio con ella.
   3. Ud. no recuerda nada.   4. Ellos duermen en la estación de policía.
   5. Ud. puede leer la advertencia ahora.

B. 1. No, yo nunca doy sangre.   2. No, no tengo que hacer nada hoy.
   3 No, nunca tomo un trago cuando manejo.   4. No, no hay nadie en mi
   carro ahora.   5. Yo no escribo en las paredes de los edificios tampoco.

C. 1. Sí, voy a leerla (la voy a leer).   2. Sí, el policía los arresta.   3. Sí, las
   necesito.   4. Sí, puedo llevarte (te puedo llevar) en mi coche.   5. Sí, mis
   amigos me recuerdan.

Lección 7

A. 1. Ellos miden la puerta.   2. Yo sigo a los ladrones.   3. El policía pide
   más información.   4. Ud. consigue la medicina.   5. Tú dices la verdad.

B. 1. Veo al dueño de la licorería.   2. Pido información.   3. Hago la descripción de los ladrones.   4. Digo lo que el dueño debe hacer mañana.   5. Salgo de la licorería.   6. Conduzco a la estación de policía.

C. 1. Les venden marihuana y cocaína a los jóvenes.   2. Sí, puedo darle (le puedo dar) información.   3. Sí, puedo decirte (te puedo decir) dónde está José.   4. No, no nos hablan de las drogas.   5. Voy a darle (le voy a dar) la medicina.

Lección 8

A. 1. esta / estos / estas   2. esa / esos / ese   3. aquellas / aquellos / aquella

B. 1. me hace falta   2. le duele   3. nos gusta   4. te hace falta   5. me duelen

C. 1. —¿Qué vas a hacer, Anita? / —Voy a decirle (Le voy a decir) que voy a llamar a la policía.   2. —¿Ud. les da dinero, Sr. Soto? / —No, ¡nunca les doy nada!   3. —¿Su esposo le pega, Sra. Varela? / —Sí, me pega cuando está borracho.

D. 1. Mi amigo me la dice.   2. Mi padre no se los perdona.   3 Nadie se las consigue.   4. El agente va a preguntárselo (se lo va a preguntar).

Lección 9

A. 1. la suya (la de él)   2. los míos   3. el suyo   4. me levanto / se levantan   5. se acuestan   6. nos vamos   7. se acuerda

B. 1. Ponga las manos en el volante.   2. Apague el motor y bájese del carro.   3. Preste atención y no hable.   4. Párese con los brazos a los costados.   5. Extienda los brazos, cierre los ojos y eche la cabeza hacia atrás.

C. 1. Tóquense la nariz.   2. Caminen.   3. Reciten el alfabeto.   4. Cuenten con los dedos.

D. 1. Sí, démelas. / No, no me las dé.   2. Sí, complételo ahora. / No, no lo complete ahora.   3. Sí, suspéndaselo. / No, no se lo suspenda.   4. Sí, sométase. / No, no se someta.   5. Sí, bájese del carro. / No, no se baje del carro.   6. Sí, ciérrelos. / No, no los cierre.

Lección 10

A. Cuando la familia García *salió* de su casa, los ladrones *entraron* y le *robaron* la computadora. Cuando la familia *regresó*, la Sra. García *llamó* a la policía. *Habló* con el sargento Smith y le *dio* el número de serie del equipo. El sargento le *prometió* investigar el caso. Por la tarde, el sargento *fue* a la casa de los García.

B. 1. por   2. para   3. por / para   4. para   5. para / por   6. por   7. Para   8. por / por   9. por   10. por

C. 1. ¿Cómo entraron Uds. anoche? 2. ¿Adónde fueron Uds.? 3. ¿Cuánto les dio (diste)? 4. ¿Entendieron Uds. la conversación? 5. ¿A qué hora volvió Ud. (volviste tú) a su (tu) casa? 6. ¿Ud. fue el agente que investigó el robo?

Lección 11

A. 1. Hace tres años que yo tengo carro. 2. Hace dos horas que el sargento Alcalá habla con el Sr. Gómez. 3. ¿Cuántos años hace que Ud. vive en esa casa? 4. Hace quince minutos que yo reviso la casa. 5. Hace veinte años que mi esposo tiene esas pistolas. 6. Hace media hora que la Sra. Vega anota la marca de los objetos robados. 7. Hace dos meses que nosotros no estamos al día.

B. 1. Ayer tuve que anotar todos los datos. 2. Anoche estuvimos en la fiesta de una vecina. 3. Cuando compré el carro no pude comprar un seguro contra todo riesgo. 4. Anoche ellos lo supieron. 5. Ayer la Sra. Ramos hizo la denuncia en la estación de policía. 6. Anoche no quiso decir nada. 7. Ayer la señora dijo la verdad. 8. Anoche conduje el carro de mi tío a toda velocidad. 9. El sábado pasado sirvieron tequila en la fiesta. 10. Anoche Elsa durmió muy mal. 11. Ayer Uds. no le pidieron nada. 12. El año pasado muchas personas prefirieron ir a México.

C. Doña Marta- *Ven* aquí, Roberto. *Hazme* un favor: *tráeme* hoy los libros a la oficina, pero *no se los des* a mi secretaria; *ponlos* en mi escritorio. *Llama* a tu papá y *dile* que necesito hablar con él. *Dale* el número de teléfono de mi nuevo trabajo. Esta noche, *ve* a la casa de tu hermano Diego y *pregúntale* si puede venir a casa mañana. Pero *vuelve (regresa)* a las ocho porque tienes que estudiar. ¡Ah!, si no puedes hablar con tu papá, *escríbele* una nota.

Lección 12

A. 1. vi / iba 2. dije / necesitaba 3. cambió / estaba 4. venía / detuvo 5. Eran / llegaron 6. tenía / era

B. 1. en casa 2. a las ocho 3. en la escuela 4. en la fiesta

C. 1. estaba haciendo / Estaba leyendo 2. estaban diciendo / Estábamos diciendo 3. estabas escribiendo / Estaba escribiendo

Lección 13

A. 1. Hace tres meses que nosotros llegamos. 2. Hace cuatro horas que ella se levantó. 3. Hace veinte minutos que las tiendas se abrieron. 4. Hace dos días que hubo un accidente.

B. 1. no conocía / La conocí 2. sabían / no quisieron 3. no quería 4. cuál 5. se venden

Lección 14

A. 1. cerradas / abierta 2. muerto 3. hecha 4. escrita 5. robados 6. roto

B. 1. Me ha dicho la verdad. / Me había dicho la verdad. 2. Lo han interrogado. / Lo habían interrogado. 3. Le hemos dicho que no. / Le habíamos dicho que no. 4. Esa mujer me ha ofrecido una ganga. / Esa mujer me había ofrecido una ganga. 5. ¿Uds. han sido testigos? / ¿Uds. habían sido testigos? 6. Yo no he comprado artículos robados. / Yo no había comprado artículos robados. 7. Los testigos no han podido hablar con el detective. / Los testigos no habían podido hablar con el detective. 8. Han empeñado un collar de perlas y otras joyas. / Habían empeñado un collar de perlas y otras joyas.

Lección 15

A. 1. Nosotros trataremos de infiltrarnos en la pandilla. 2. Mi compañera me ayudará con el español. 3. Ellos irán a Chicago. 4. La botella de tequila te costará doce dólares. 5. Yo te la conseguiré. 6. Ella no vendrá a la fiesta. 7. Nosotros no podremos matricularnos este año. 8. Yo tendré que demandarlo.

B. 1. La Sra. Santos dijo que su hija no podría matricularse mañana. 2. La estudiante dijo que su amigo saldría pronto. 3. Yo creía que mi tía estaría en mi casa en dos horas. 4. El hombre de negocios dijo que eso le perjudicaría. 5. El hombre pensaba que ellos pasarían un buen rato. 6. El sargento dijo que la agente tendría que infiltrarse en la pandilla. 7. La agente pensaba que el acusado no diría la verdad.

Lección 16

A. 1. — trabaje / trabajes / trabaje / trabajemos / trabajen 2. decir / — / digas / diga / digamos / digan 3. conducir / conduzca / — / conduzca / conduzcamos / conduzcan 4. venir / venga / vengas / — / vengamos / vengan 5. ir / vaya / vayas / vaya / — / vayan 6. entender / entienda / entiendas / entienda / entendamos / — 7. — / muera / mueras / muera / muramos / mueran 8. dar / — / des / dé / demos / den 9. estar / esté / — / esté / estemos / estén 10. conocer / conozca / conozcas / — / conozcamos / conozcan 11. saber / sepa / sepas / sepa / — / sepan 12. ser / sea / seas / sea / seamos / — 13. — / mueva / muevas / mueva / movamos / muevan 14. poner / — / pongas / ponga / pongamos / pongan 15. salir / salga / — / salga / salgamos / salgan 16. hacer / haga / hagas — / hagamos / hagan 17. ver / vea / veas / vea / — / vean 18. encerrar / encierre / encierres / encierre / encerremos / —

B. 1. Queremos que ella pague la prima del bono. 2. Necesito que me muestre el sobre con sus pertenencias. 3. Le recomiendo que Ud. hable con un abogado. 4. Yo deseo que Ud. le entregue el reloj y la cadena a mi esposa. 5. Necesita que le quiten las esposas. 6. Yo les pido que ellos vayan a su celda. 7. No quiero que me hables del homicidio. 8. Yo le pido que Ud. me diga la hora y el lugar del accidente. 9. Deseamos que ellos los pongan en libertad bajo fianza. 10. Necesito que Uds. me den la información.

Lección 17

A. 1. Ojalá que compren las faldas negras. 2. Nos alegramos de que ellos

265

nos traigan las fotografías.   3. Esperamos que no estén interrogando al acusado.   4. Temo que ella se escape.

B.   1. Es necesario que Ud. nos avise enseguida.   2. Es posible que ella se escape con su novio.   3. Es importante que asistan a esa escuela.
4. Es mejor que tú no salgas con ese muchacho.

Lección 18

A.   1. No creo que mis padres lleguen mañana.   2. Dudo que él la empuje y la golpee.   3. No es verdad que esto sea muy difícil.   4. No estoy segura de que él tenga bigote y barba.

B.   1. ¿Hay alguien que hable inglés?   2. Busco un médico que pueda examinarte.   3. Necesito encontrar un testigo que esté seguro de que lo vio allí.   4. Espero conseguir una fotografía que identifique al ladrón.

Lección 19

A.   1. los vea   2. las arreste   3. arregle los faros   4. traigan al detenido

B.   1. No creo que hayan muerto todos.   2. Ojalá que el juez les haya nombrado un abogado.   3.   Es posible que le hayan hecho algunas preguntas.
4. Ella tiene miedo de que él se haya suicidado.   5. Espero que lo hayan encontrado.   6. Dudo que los faros hayan estado encendidos.

Lección 20

A.   1. Era importante que el agente tuviera permiso del juez.   2.   Quería que usted abriera el maletero.   3. Les diría que me dieran la llave.   4. La mujer no creía que el gato estuviera en el maletero.   5. Les ordenaría que se dispersaran.   6. Ella dudaba que él atacara a las mujeres.   7. La agente nos dijo que nos pusiéramos las manos en la cabeza. 8. ¡Te dije que no me llamaras así!   9. Era posible que tuviera una pistola semiautomática.
10. El agente quería que el dependiente le dijera la verdad.

B.   1. Si lo supiera, se (te) lo contaría.   2. Si lo recordara, se (te) lo diría.
3. Si pudiera, los seguiría.   4. Si tuviera permiso del juez, lo registraría.
5. Si hicieran algo ilegal, se lo ordenaría.

C.   1. Si hace algo ilegal, lo arrestaré, señora.   2. Si Ud. me da la llave, lo registraré, señorita.   3. Si la veo, le diré que venga, señor.   4. Si puedo hacerlo, me quedaré aquí, señor.   5. Si tengo el carro, los traeré, señora.

Appendix F

Answer Key to the *Crucigramas*

Lecciones 1–5

Horizontal: 2. telefonista 3. notificar 5. alto 6. querer 9. enviamos
10. luz 11. medianoche 12. cerrojo 15. vecindario 18. comienzan
19. derecha 21. marido 22. semana 24. mayor 25. fuera
Vertical: 1. patrullero 4. hombre 7. blanco 8. fuego 9. enciende
13. ropa 14. modo 16. inglés 17. dueña 20. esquina 23. mediana

Lecciones 6–10

Horizontal: 4. lugar 5. perdonar 8. mañana 9. padrastro 11. bastante
13. arma 14. cinturón 18. automóvil 19. parezco 20. licorería
22. sin 23. zurdo 24. caso 25. velocidad 26. agarra
Vertical: 1. quitar 2. frecuentemente 3. delgada 6. nariz 7. cantina
10. abecedario 12. equivocada 13. abogado 15. mismo 16. edificio
17. residencial 18. apurado 21. enseñar 24. cuenta

Lecciones 11–15

Horizontal: 1. muchísimo 4. videograbadora 7. cuidado 9. chamaco
13. conductor 14. ocurrir 15. autopista 17. empleado 18. entregaría
Vertical: 2. último 3. válido 5. radiografía 6. vehículos 8. imprudentemente 10. jurado 11. parada 12. descripción 13. carril 16. acusación

Lecciones 16–20

Horizontal: 3. libreta 4. espejuelos 6. desperfecto 8. maletero 9. flecha
14. voluntariamente 16. cartera 19. antecedentes 21. generalmente
22. reloj 23. autorizar 24. libertad
Vertical: 1. veneno 2. cállese 5. chamarra 7. calmante 10. gato
11. botella 12. prueba 13. pesa 15. importante 17. pertenencias
18. investigador 20. registrar

Spanish-English Vocabulary

The Spanish-English and English-Spanish vocabularies contain all active and passive vocabulary that appears in the manual. Active vocabulary includes words and expressions appearing in the **Vocabulario** lists. These items are followed by a number indicating the lesson in which each word is introduced in the dialogues. Passive vocabulary consists of words and expressions included in the **Vocabulario adicional** lists and those that are given an English gloss in the readings, exercises, activities, and authentic documents.

The following abbreviations are used in the vocabularies.

adj.	adjective		*L.A.*	Latin America
adv.	adverb		*m.*	masculine noun
col.	colloquial		*Méx.*	Mexico
f.	feminine noun		*pl.*	plural
form.	formal		*sing.*	singular noun
inf.	infinitive			

A

a to, at, on
— **cargo de** in charge of, 8
— **los costados** on the sides, 9
— **cuadros** plaid
— **eso de** about (with time), 14
— **esta hora** at this time (hour), 3
— **la derecha** to the right, 2
— **la fuerza** by force, 8
— **la izquierda** to the left, 2
— **la vista de** in the presence of, in front of, 16
— **mediados de mes (semana)** about the middle of the month (week)
— **medianoche** at midnight
— **menos que** unless, 19
— **menudo** often, 6
— **pie** on foot, 2
— **plazos** in installments, on time (payments), 10
— **rayas** striped, pinstriped
— **sus órdenes** at your service, any time, 3
— **tiempo** on time, 1; just in time, 13
— **una cuadra (dos cuadras, etc.) de aquí** a block (two blocks, etc.) from here, 2
— **veces** sometimes, 2
— **ver** let's see, 6
abandonar los estudios to drop out of school
abecedario (*m.*) alphabet, 9
abierto(a) open, 5
abogado(a) (*m., f.*) lawyer, 6

— **defensor(a)** (*m., f.*) counsel for the defense
abrigo (*m.*) coat
— **de piel** fur coat
abrir las piernas y los brazos to spreadeagle
absuelto(a) acquitted
abuelo(a) (*m., f.*) grandfather; grandmother
abusar to abuse, 8
acabar de (+ *inf.*) to have just (done something), 13
accidente (*m.*) accident, 1
aceite (*m.*) oil
acelerador (*m.*) accelerator
acento (*m.*) accent, 18
aceptar to accept, 8
acera (*f.*) sidewalk, 9
ácido (*m.*) LSD (col.)
acné (*m.*) acne
acompañar to accompany, to go (come) with, 7
aconsejar to advise, 16
acordarse (o:ue) (de) to remember, 10
acostarse (o:ue) to lie down
actividad (*f.*) activity, 5
acto (*m.*) act, 18
actuar to act
acumulador (*m.*) battery
acusación (*f.*) accusation, 14
acusado(a) (*m., f.*) defendant
acusar to accuse, 8
además besides, 2
adentro inside, 8
adicional additional
adicto(a) addicted
adiós good-bye, P

adjetivo (*m.*) adjective

adolescente (*m., f.*) adolescent, teenager, 17

¿adónde? where (to)?, 5

advertencia Miranda (*f.*) Miranda Warning, 6

afeitarse to shave, 20

agacharse to bend down

agarrar to get hold of, to grab, 9

agente (*m., f.*) officer, P

agravarse to get worse, to worsen, 15

agresión (*f.*) aggression; attack; assault

agresor(a) (*m., f.*) aggressor; assailant

Agte. (*abbreviation for* Agente) officer

aguardiente (*m.*) a type of liquor

aguja (*f.*) needle, 6

agujerito (*m.*) small hole, 5

ahí there, 16

ahijado(a) (*m., f.*) godson; goddaughter

ahogarse to drown

ahora now, 1

al (a + el) to the, 3

  — amanecer at dawn; at daybreak

  — anochecer at dusk

  — contado in cash, 10

  — día up to date, 11

  — día siguiente the next day

  — mediodía at noon

alarma (*f.*) alarm

alberca (*f.*) (*Méx.*) swimming pool

alcohol (*m.*) alcohol, 9

alcohólico(a) alcoholic, 9

alegrarse de to be glad

alejarse to get away

alérgico(a) allergic

alfabeto (*m.*) alphabet, 9

alfombra (*f.*) carpet, 10

algo something, 5; anything, 8

  ¿— más? Anything else?, 7

alguien someone, 4

algún, alguno(a) some, any, 6

  alguna vez ever

alias (*m.*) alias

aliento (*m.*) breath, 9

aló (*Puerto Rico*) hello (on the telephone)

allá there, 2

allí there, 2

alojamiento (*m.*) lodging

alto(a) tall, 4; high, 12

¡alto! halt!, stop!, 3

alucinaciones (*f. pl.*) hallucinations

amarillo(a) yellow, 7

ambulancia (*f.*) ambulance, 13

amenaza (*f.*) threat, 20

amenazar to threaten, 18

ametralladora (*f.*) machine gun

amigo(a) (*m., f.*) friend, 3

amortiguador (de ruido) (*m.*) muffler

  — de choque (*m.*) shock absorber

anciano(a) old, 1

andar to walk, 2

anillo (*m.*) ring, 17

anoche last night, 10

anormal abnormal, 18

anotar to write down, to take note of, 10

anteanoche the night before last

anteayer the day before yesterday

antecedente penal (*m.*) criminal record, 16

anteojos (*m. pl.*) eyeglasses, 18

antes (de) before, 3

  — de anoche the night before last

  — de ayer the day before yesterday

  — de que lo interroguen before they question you, 6

anular (*m.*) ring finger

año (*m.*) year, 11

  el — pasado last year

  el — próximo next year

  el — que viene next year

apagado(a) out, off (light), 9

apagar to turn off, 9; to put out (*a fire*), 13

apartamento (*m.*) apartment, 1

apelación (*f.*) appeal

apelar to appeal

apellido (*m.*) last name, surname, P

apoyo (*m.*) support

aprender to learn, 15

aproximadamente approximately

aproximado(a) approximate, 11

apuntar to point, to aim, 20

aquel that, 18

aquello(a) that, 18

aquí here, 1

área (*f. but* el área) area

arete (*m.*) earring, 17

arma (*f. but* el arma) weapon, 8

chaqueta (*f.*)   jacket, 20
chequear   to examine, 13
chico(a) (*m., f.*)   boy, girl, 13
chiva (*f.*)   heroin, (*col.*)
chocar   to collide, to run into, to hit, 13
chocolate (*m.*)   hashish, (*col.*)
chofer (*m.*)   driver, 6
choque (*m.*)   collision, crash, 13
cicatriz (*f.*)   scar, 17
ciego(a)   blind
cierto(a)   certain, 8
cigarrillo (*m.*)   cigarette, 7
cine (*m.*)   (movie) theatre, movies, 15
cinto (*m.*)   belt, 8
cintura (*f.*)   waist
   nivel de la —   waist-high
cinturón (*m.*)   belt, 8
   — de seguridad   safety belt
ciudad (*f.*)   city, 2
claro(a)   light, 11
   claro que sí   of course, 10
clase (*f.*)   kind, type, class, 7
clavo (*m.*)   speed (drugs) (*col.*)
cliente (*m., f.*)   customer, 7
clínica (*f.*)   clinic
coartada (*f.*)   alibi
cobrar   to charge, to collect, 14
coca (*f.*)   cocaine (*col.*)
   — cocinada   crack cocaine (*col.*)
cocaína (*f.*)   cocaine
coche (*m.*)   car, 6
cocina (*f.*)   kitchen, 5
codo (*m.*)   elbow
coger   to get hold of, to grab, 9
cognado (*m.*)   cognate
cojo(a)   lame
collar (*m.*)   necklace, 14
colocar   to place, to put
colonia (*f.*) (*Méx.*)   neighborhood, district, 5
color (*m.*)   color
colorado(a)   red
comadre (*f.*)   godmother or mother (*in relation to each other*)
comedor (*m.*)   dining room
comenzar (e:ie)   to begin, 5
   comienza la autopista   freeway begins
cometer   to commit, 6
comisaría (*f.*)   police station, P
como   about, approximately, 11; as, like, 14; since, being that, 10

¿cómo?   how?, 2
   ¿— es?   what does he/she/you look like?, 4
   ¿— está Ud.?   how are you?, P
   ¡— no!   certainly!, gladly!, sure!, 7
   ¿— se escribe?   how do you spell it?
compadre (*m.*)   godfather or father (*in relation to each other*)
compañero(a) (*m., f.*)   pal, peer
   — de clase   classmate, 17
comparecer   to appear
   — ante un juez   to appear in court
completar   to complete, 9
completo(a)   complete, 5
complexión (*f.*)   build
cómplice (*m., f.*)   accomplice
comprar   to buy, 10
comprender   to understand, 18
computadora (*f.*)   computer, 10
común   common
comunicar   to communicate, 5
con   with, P
   — cuidado   carefully, 12
   — él   with him, 6
condena (*f.*)   sentence
condición (*f.*)   condition, 6
condón (*m.*)   condom, 18
conducir   to drive, 6
   — a cincuenta millas por hora   to drive fifty miles per hour, 9
conductor(a) (*m., f.*)   driver, 12
confesar (e:ie)   to confess
confesión (*f.*)   confession
confirmar   to confirm, 19
confuso(a)   confused
congregación (*f.*)   meeting, assembly, 20
conmigo   with me, 6
conocer   to know, 7
conocido(a) (*m., f.*)   acquaintance
conseguir (e:i)   to get, to obtain, 8; to manage
consejero(a) (*m., f.*)   counsellor
conserve su derecha   keep right
consigo   with him/her
considerar   to consider
consulado (*m.*)   consulate, 20
contar (o:ue)   to count, 9; to tell, 18
contenido (*m.*)   content, 9
contestación (*f.*)   answer
contestar   to answer, 5
contigo   with you, 15

continuar   to continue, 10
contra   against, 11
contrabandear   to smuggle
contrabando (*m.*)   contraband; smuggling
contrato (*m.*)   contract, 10
control (*m.*)   control, 13
conversación (*f.*)   conversation, P
   — breve   brief conversation, P
conversar   to talk
cooperación (*f.*)   cooperation, 3
copia (*f.*)   copy, 11
corazón (*m.*)   heart, 7
corbata (*f.*)   tie
cordón (del zapato) (*m.*)   shoelace, 16
correa (*f.*)   belt, 8
correo (*m.*)   mail, 5
correr   to run, 7
correspondencia (*f.*)   mail, 5
cortar (el césped)   to mow, to cut (the lawn), 5
cortavidrios (*m.*)   glass cutter
corte (*f.*)   court (of law)
cortesía (*f.*)   courtesy
corto(a)   short (*in length*)
cosa (*f.*)   thing, 6
costar (o:ue)   to cost, 15
crac (*m.*)   crack cocaine, 15
creer   to believe, to think, 4
   — que sí   to think so, 7
crespo(a)   curly (*hair*)
criminal   criminal
cruce (*m.*)   crossing, intersection, 12
   — de niños   school crossing
cruz (*f.*)   cross, 17
cruzar   to cross, 12
cuadra (*f.*)   block, 2
¿cuál?   which?, what?, 4
cualquier(a)   any, any (one), either, 9
   cualquier cosa que diga   anything you say, 6
cuando   when, 6
¿cuándo?   when?, 4
¿cuánto(a)?   how much?
¿cuánto tiempo?   how long?, 5
¿cuántos(as)?   how many?, 2
cuarto (*m.*)   room, 10
cuarto(a)   fourth, 4
cubierta (*f.*)   hood
cubiertos (*m. pl.*)   silverware, 11
cucaracha (*f.*)   joint (*col.*)
cuchillo (*m.*)   knife, 18
cuello (*m.*)   neck, 16, collar
cuenta (*f.*)   bill, 11

cuerpo (*m.*)   body, 8
¡cuidado!   careful!, 20
cuidar   to take care of, 5
culpa (*f.*)   blame
culpable   guilty
cultural   cultural
cuñado(a) (*m., f.*)   brother-in-law; sister-in-law
curva peligrosa (*f.*)   dangerous curve
cuyo(a)   whose, 15

D

daga (*f.*)   dagger
dar   to give, 3
   — fuego   to set on fire
   — respiración artificial   to give CPR
   — un tiro (balazo)   to shoot
   — un paso   to take a step, 9
   — una puñalada   to stab
darse   to give (oneself)
   — cuenta de   to realize, to become aware of, 13
   — preso(a)   to be under arrest
   — vuelta   to turn around, 20
dato personal (*m.*)   personal data (information), 1
de   of, 1; from, about
   — al lado   next-door (*neighbor, house*), 10
   — cuadros   plaid
   — cultivo   cultured (pearl), 14
   — estatura mediana   of medium height, 4
   — este modo   in this way
   — la mano   by the hand, 2
   — lunares   polka dot
   — madrugada   at dawn; at daybreak
   — mangas cortas   short-sleeved
   — mangas largas   long-sleeved
   — nada   you're welcome, don't mention it, P
   — nuevo   over, again, 9
   — ojos (azules)   with (blue) eyes, 7
   — pelo (negro)   with (black) hair, 17
   — primera calidad   first class, top quality, 14
   — rayas   striped
   — vacaciones   on vacation, 4

debajo de under, underneath, below, 13

deber must, should, 2; to owe, 11

decidir to decide, 6

décimo(a) tenth, P

decir (e:i) to say, to tell, 7

declaración falsa (*f.*) false statement

declarar culpable to convict

dedo (*m.*) finger, 9

— **del pie** toe

defender(se) to defend (oneself), 18

defensa propia (*f.*) self-defense

deformado(a) deformed

dejar to leave (behind), 2; to allow; to let, 9

— **de** (+ *inf.*) to fail (to do something); to stop (doing something), 6

— **encendido(a), prendido(a)** to leave on (*a light*)

del (de + el) of the, to the, 3

deletrear to spell, 1

delgado(a) thin, 7

delincuente juvenil (*m., f.*) juvenile delinquent

delirium tremens (*m.*) DT's

delito (*m.*) crime, misdemeanor, 5

— **mayor (grave)** felony, 14

demanda (*f.*) lawsuit

demandar to sue

demasiado(a) excessive, too much, 12

dentro inside, 4

— **de** in, within, 6

denuncia (*f.*) report (*of a crime*), 4

denunciar to report (*a crime*), 1

departamento (*m.*) department, 4

depender to depend, 16

dependiente(a) (*m., f.*) clerk, 20

derecha (*f.*) right-hand side, 16

derecho (*m.*) right; (*adv.*) straight ahead

derecho(a) right, 13, straight ahead

desaparecer to disappear

desaparecido(a) missing

descanso (*m.*) rest, vacation

— **de primavera** spring break, 10

descompuesto(a) broken, not working, 19

desconocido(a) (*m., f.*) stranger

describir to describe, 7

descripción (*f.*) description, 11

desde from, 8

— **luego** of course, 2

¡dése preso(a)! you're under arrest!

¡dése vuelta! turn around!, 20

desear to want, to wish, 1

desfigurado(a) disfigured

desintoxicación (*f.*) detoxification

desocupado(a) vacant, empty, 3

despacio slowly, 1; slow

despedida (*f.*) farewell

despedir (e:i) to fire (*from a job*), 12

desperfecto (*m.*) (slight) damage; imperfection, 19

después (de) later, 6; after, 7

destruir to destroy, 18

desviarse to swerve, 13

desvío (*m.*) detour

detalle (*m.*) detail, 17

detective (*m., f.*) detective, 14

detención (*f.*) detention, 16

detener to detain, to stop, 6

detenido(a) arrested, 6; (*m., f.*) person under arrest, 16

determinar to determine, 9

detrás de la espalda behind your back

diabetes (*f.*) diabetes, 6

diario (*m.*) newspaper, 5

dictar sentencia to sentence

diente (*m.*) tooth

diga (Cuba y España) hello (*on the telephone*)

dinamita (*f.*) dynamite

dinero (*m.*) money, 8

dirección (*f.*) address, P

disciplinar to discipline, 8

disco compacto (*m.*) compact disc, 10

disparar to shoot, 3

dispersarse to disperse, 20

dispuesto(a) willing, 8

distribuir to distribute, 15

distrito (*m.*) area

división (*f.*) section, division, 1

divorciado(a) divorced, P

doblar to turn, 2

doble double

— **circulación** (*f.*) two-way traffic

— **vía** (*f.*) divided road

doctor(a) (*m., f.*) doctor, 8

documento (*m.*) document, 17

— **falso** forged document

dólar (*m.*) dollar, 10

doler (o:ue) to hurt, to ache, 18
domicilio (*m.*) address, P; domicile
¿dónde? where?, 1
dormir (o:ue) to sleep, 6
dormitorio (*m.*) bedroom, 8
dorso (*m.*) back (*of paper*), 19
dos veces twice, 17
droga (*f.*) drug, 6
droguero(a) (*m., f.*) drug user, drug pusher
ducharse to shower
dudar to doubt, 16
dueño(a) (*m., f.*) owner, 3
durante during, 5
 — el día (la noche) during the day (night)

E

echar to throw
 — la cabeza hacia atrás to tilt one's head back, 9
edad (*f.*) age, 17
edificio (*m.*) building, 6
elegido(a) chosen, 9
elegir (e:i) to choose, 9
embarazada pregnant
embrague (*m.*) gearshift lever, clutch
emergencia (*f.*) emergency, 4
empeñar to pawn, 14
empezar (e:ie) to begin, 5
empleado(a) (*m., f.*) employee, clerk, 14
empleo (*m.*) job, 11
empujar to push, 18
en in, on, at, 1
 — bicicleta on a bike, 2
 — buena parte to a large extent, 16
 — casa at home, 5
 — contra de against, 6
 — cuanto as soon as, 18
 — defensa propria in self-defense
 — efectivo in cash, 10
 — libertad bajo fianza out on bail, 16
 — libertad bajo palabra out on one's own recognizance, 16
 — lugar de instead of, 8
 — persona personally, in person, 1

—primer lugar in the first place, 5
¿— qué puedo (podemos) servirle? what can I (we) do for you?, P
— sentido contrario in the opposite direction, 13
encender (e:ie) to turn on (a light), 5
encendido(a) on (a light, a TV set), 5
encerrado(a) locked up, closeted, 8
encerrar (e:ie) to lock up, 16
encontrar (o:ue) to find, 11
endrogado(a) on drugs, 6
endrogarse to take drugs, to become addicted to drugs
enfermedad (*f.*) disease
 — venérea venereal disease, 18
enfrente de across the street from, 5
engañar to cheat, to deceive, 14
enojado(a) angry, 8
enseguida right away, 1
enseñar to show, 9
entender (e:ie) to understand, 6
entonces then, 4
entrada (*f.*) entrance
entrar (en) to go in, 4
 no entre do not enter; wrong way
entre between, 1; among
entrega (*f.*) delivery, 5
entregar to give, to turn over (something to someone), 11
entrelazar to interlace; to intertwine, 20
entremeterse to meddle, to butt in, 8
entrenado(a) trained, 4
entrometerse to meddle, to butt in, 8
enviar to send, 1
epiléptico(a) epileptic
equipo (*m.*) equipment, 10
es it is
 — de unos... it's about . . .
 — decir... that is to say . . . , 18
 — que... it's just that . . . , 9
escala de soga (*f.*) rope ladder
escalera de mano (*f.*) hand ladder
escaparse to run away, 17
escopeta (*f.*) shotgun

276

escribir to write, 6
escuela (*f.*) school, 7; school crossing
  — **primaria (elemental)** grade school
  — **secundaria** junior high school, high school, 15
escusado (*m.*) (*Méx.*) bathroom
ése(a) (*m., f.*) that one, 8
eso (*m.*) that, 5
espalda (*f.*) back
español (*m.*) Spanish (language), 1
especial special
espejo (*m.*) mirror
espejuelos (*m. pl.*) (*Cuba, Puerto Rico*) eyeglasses, 18
esperar to wait (for), 7
esposado(a) handcuffed, 16
esposas (*f. pl.*) handcuffs, 16
esposo(a) (*m., f.*) husband, 4; wife
esquina (*f.*) corner, 3
esta this
  — **noche** tonight, 5
  — **vez** this time, 8
ésta (*f.*) this one, 8
establecer to establish, 5
estación (*f.*) station
  — **de bomberos** fire department
  — **de correos** post office
  — **de ómnibus (autobuses)** bus station
  — **de policía** police station, P
  — **de servicio** gas station
estacionado(a) parked, 11
estacionamiento de emergencia solamente emergency parking only
estado (*m.*) state, 2
  — **civil** marital status
estafa (*f.*) swindle, fraud, 14
estafar to swindle, 14
estampado(a) print
estar to be, 3
  — **a la vista** to be visible
  — **apurado(a)** to be in a hurry, 9
  — **bien** to be okay, 3
  — **de acuerdo** to agree, 16
  — **de regreso** to be back, 5
  — **de vuelta** to be back, 5
  — **en condiciones de** (+ *inf.*) to be in a condition to (do something), 6
  — **equivocado(a)** to be wrong, 8

  — **preso(a)** to be under arrest, to be in jail
  — **seguro(a)** to be certain, 18
estatal (*adj.*) of or pertaining to the state, 9
estatua (*f.*) statue
estatura (*f.*) height, 20
  de — mediana medium height, 4
este (*m.*) east
este(a) this, 2
éste(a) (*m., f.*) this one, 8
estómago (*m.*) stomach
estos(as) these, 6
estudiante (*m., f.*) student, 7
estudiar to study, 17
evidencia (*f.*) evidence, 18
evitar to avoid, 5
exactamente exactly, 17
examinar to examine, 13
excusa (*f.*) excuse, 12
excusado (*m.*) (*Méx.*) bathroom
exigir to demand, 2
explosivo (*m.*) explosive
expresión (*f.*) expression
extender (e:ie) to stretch out, to spread, 9
extinguidor de incendios (*m.*) fire extinguisher, 13
extintor de incendios (*m.*) (*Espana*) fire extinguisher, 13
extraño(a) strange, 4; (*m., f.*) stranger, 18

F

fácilmente easily
falda (*f.*) skirt, 17
falsificación (*f.*) falsification; counterfeit; forgery
falsificar to falsify; to counterfeit; to forge
falso(a) forged; fake
faltar to be missing, 10
fallecer to die, to pass away, 11
fallo (*m.*) decision; verdict
familia (*f.*) family, 8
fango (*m.*) mud, 10
farmacia (*f.*) pharmacy
faro (*m.*) headlight, 19
felpudo (*m.*) mat
ferrocarril (*m.*) railroad
fiancista (*m., f.*) bailor, bail bondsman, 16

fianza (*f.*)   bail, 16
fichar   to book, to log in, 16
fiesta (*f.*)   party, 10
filtro (*m.*)   filter
final (*m.*)   end, 9
fiscal (*m., f.*)   prosecutor, district attorney, 16
flaco(a)   thin, skinny
flecha, flechita (*f.*)   arrow, 18
floreado(a)   flowered
foco (*m.*)   light
fondo (*m.*)   back
  en el —   in the back
forma (*f.*)   way, 8
forzar (o:ue)   to force, 10
fotografía (*f.*)   photograph, 3
frecuentemente   frequently, 8
freno (*m.*)   brake
frente (*f.*)   forehead
  — a   in front of, 1
fuego (*m.*)   fire, 5
  — intencional   arson
fuera   outside, 4
fugarse   to run away, 17
fumar   to smoke, 7
futuro (*m.*)   future

G

gafas (*f. pl.*)   eyeglasses, 18
galleta (*f.*) (*Cuba y Puerto Rico*)   slap
ganga (*f.*)   bargain, 14
ganzúa (*f.*)   skeleton key, picklock
garaje (*m.*)   garage
gas (*m.*)   gas, 19
gasolina (*f.*)   gasoline
gasolinera (*f.*)   gas station
gata (*f.*) (*Costa Rica, Spain*)   jack, 20
gato (*m.*)   jack, 20
generalmente   generally, 5
gente (*f.*)   people, 20
golpear   to hit, to strike, 18
goma (*f.*)   tire, 20
  — ponchada   flat tire
gordo(a)   fat, 7
gorra (*f.*)   cap, 4
grabadora (*f.*)   tape recorder, 11
gracias   thank you, P
grado (*m.*)   degree, 12
grafiti (*m.*)   graffiti
gran   great, 14
granada de mano (*f.*)   hand grenade
grande   big, large, 2

grano (*m.*)   pimple
grave   serious, 1
grifa (*f.*)   hashish (*col.*)
gris   gray, 20
gritar   to scream, to shout, 18
grueso(a)   portly
grupo (*m.*)   group, 5
guagua (*f.*) (*Cuba y Puerto Rico*)   bus
guante (*m.*)   glove
guantera (*f.*)   glove compartment, 7
guardado(a)   put away, saved, 10
guardafangos (*m.*)   fender
guardar   to keep
güero(a) (*Méx.*)   blonde, fair skinned, 7
guía de teléfonos (*f.*)   telephone book, 16
gustar   to be pleasing, to like, 8

H

habitación (*f.*)   room, 10
hablar   to speak, to talk, 1
  — con (la) zeta   to lisp
hace un mes (una semana)   a month ago, 13; (a week ago); 14
hacer   to do, to make, 3
  — arreglar   to have (something) fixed, 19
  — buen tiempo   to have good weather
  — (mucho) calor   to be (very) hot
  — caso (a)   to pay attention (to), 2
  — falta   to need, 8
  — (mucho) frío   to be (very) cold
  — resistencia   to resist, 18
  — una pregunta   to ask a question, 19
  — (mucho) sol   to be (very) sunny
  — (mucho) viento   to be (very) windy
hacerse   to become
hacia   toward, 7
hachich, hachís (*m.*)   hashish
hasta   until, 2
  — la...   up to . . .
  — luego   so long, see you later, P
  — mañana   I'll see you tomorrow, 18
  — que   until, 19

hay   there is, there are, 1
— **de todo**   you can find everything, 15
no — de qué   you're welcome, don't mention it, P
helicóptero (*m.*)   helicopter
herido(a)   (*adj.*) hurt, injured, 1; (*m., f.*) injured person
hermanastro(a) (*m., f.*)   stepbrother; stepsister
hermano(a) (*m., f.*)   brother; sister
heroína (*f.*)   heroin
hijastro(a) (*m., f.*)   stepson; stepdaughter
hijo(a) (*m., f.*)   son; daughter, 2
hijos (*m. pl.*)   children, 4; sons
hispánico(a)   Hispanic
hispano(a)   Hispanic, 2
histéricamente   hysterically, 18
hola   hello, hi, P
hombre (*m.*)   man, 3
— **de negocios**   businessman, 15
hombro (*m.*)   shoulder
homicidio (*m.*)   manslaughter, homicide, 16
hora (*f.*)   time, hour, 3
horno (*m.*)   oven, 19
hospedaje (*m.*)   lodging
hospital (*m.*)   hospital, 4
hotel (*m.*)   hotel
hoy   today, P
hubo   there was, (were), 11
huella (*f.*)   footprint, 10
— **digital**   fingerprint, 10
humillar   to humiliate
humo (*m.*)   smoke, 5

I

idea (*f.*)   idea, 5
identificación (*f.*)   identification, ID, 3
— **falsa**   fake identification, forged ID
identificar   to identify, 5
iglesia (*f.*)   church
impermeable (*m.*)   raincoat
imponer una multa   to impose a fine, to give a ticket, 12
importante   important, 5
imprudentemente   imprudently, recklessly, 12
incendiar   to set on fire

incendio (*m.*)   fire, 5
— **intencional**   arson
incómodo(a)   uncomfortable, 2
indicador (*m.*)   turn signal
índice (*m.*)   index (finger), 9
infiltrar(se)   to infiltrate, 15
información (*f.*)   information, P
informe (*m.*)   report, 1
infracción de tránsito (*f.*)   traffic violation, 6
inglés (*m.*)   English (language), 1
ingresado(a)   admitted (to), 8
ingresar   to be admitted (to), to enter, 8
iniciar   to begin, 12
inmediatamente   immediately, 15
inocente   innocent, 14
instalar   to install, 5
intento (*m.*)   attempt, 15
intérprete (*m., f.*)   interpreter
interrogar   to question, to interrogate, 6
interrogatorio (*m.*)   interrogation, questioning, 6
inválido(a)   disabled, crippled
investigación (*f.*)   investigation, 16
investigador(a) (*adj.*)   investigating, 16
investigar   to investigate, 8
invierno (*m.*)   winter
ir   to go, 3
— **a** (+ *inf.*)   to be going (to do something), 5
irse   to go away, to leave, 10
izquierdo(a)   left, 7

J

jardín (*m.*)   garden
jardinero(a) (*m., f.*)   gardener, 3
jefatura de policía (*f.*)   police station, P
jefe(a) (*m., f.*)   boss, 12
jeringa hipodérmica (*f.*)   hypodermic syringe
jeringuilla (*f.*)   hypodermic syringe
joven   young, 4; (*m., f.*) young man, young woman, 6
jovencito(a) (*m., f.*)   adolescent, teenager, 17
joya (*f.*)   jewel, jewelry, 10
juanita (*f.*)   marijuana (*col.*)
juez(a) (*m., f.*)   judge, 8
juicio (*m.*)   trial, 6

junta (*f.*)   meeting, 5
juntos(as)   together, 9
jurado (*m.*)   jury, 14
juramento (*m.*)   oath
jurar   to take an oath, to swear
juzgado (*m.*)   court (of law)
juzgar   to judge, 14

L

labio (*m.*)   lip
lacio(a)   straight (*hair*)
lado (*m.*)   side, 13
ladrillo (*m.*)   1-kilo brick of marijuana (*col.*)
ladrón(ona) (*m., f.*)   thief, burglar, 3
largo(a)   long
lastimado(a)   hurt, injured, 7
lastimarse   to get hurt, 13
latino(a)   Latin, Hispanic, 15
leer   to read, 6
lejos   far, 17
— de   far from
lengua (*f.*)   tongue; language
lentes (*m. pl.*)   eyeglasses, 18
leño (*m.*)   joint (*col.*)
lesión (*f.*)   injury, 8
lesionado(a)   injured, 8
levantar   to lift
levantarse   to get up, 13
ley (*f.*)   law, 2
libra (*f.*)   pound, 20
librería (*f.*)   bookstore
libreta (de teléfonos) (*f.*)   address book, 18
licencia (*f.*)   license
— de conducir   driver's license, 3
— para manejar (conducir)   driver's license, 3
licorería (*f.*)   liquor store, 7
límite (*m.*)   limit, 9
— de velocidad   speed limit, 9
limpiaparabrisas (*m.*)   windshield wiper
limpiar   to clean, 10
línea (*f.*)   line, 9
— de parada   stop line, 12
linterna (*f.*)   flashlight, 4
lista (*f.*)   list, 11
listo(a)   ready, 19
llamada (*f.*)   call, 4
— telefónica   phone call, 5
llamar   to call, 1
— al perro   to call off the dog

llamarse   to be named, to be called, 9
llanta (*f.*)   tire, 20
— pinchada   flat tire
llave (*f.*)   key, 5
— falsa   skeleton key; picklock
llegar (a)   to arrive (at), to reach, 2
— a (+ *inf.*)   to succeed in (doing something), 18
— tarde   to be late, 12
llenar   to fill out, 1
llevar   to take, to carry, to wear, 2
— puesto(a)   to wear, 2
llevarse   to steal, 11
llorar   to cry, 18
llover (o:ue)   to rain
lluvia (*f.*)   rain
lo   you, him, it, 6
— demás   the rest, 6
— más importante   the most important thing, 5
— primero   the first thing, 5
— que   what, that which, 8
— siento   I'm sorry, 6
— único   the only thing, 8
local   local, 8
los (las) demás   the others, 5; the remaining ones, 10
luchar   to fight, to struggle, 18
luego   later, afterwards, 10
lugar   (*m.*) place
lunar (*m.*)   mole, 17
de lunares   polka dot
luz (*f.*)   light, 4

K

kif (*m.*)   hashish

M

maceta de flores (*f.*)   flower pot
madrastra (*f.*)   stepmother
madre (*f.*)   mother, mom, 2
madrina (*f.*)   godmother
madrugada (*f.*)   early morning, 9
maestro(a) (*m., f.*)   teacher
maletero (*m.*)   trunk (*of a car*), 20
malo(a)   bad, 6
maltratar   to abuse, 8
maltrato (*m.*)   abuse, 8

mamá (*f.*) mom, mother, 2
mancha (*f.*) spot, mark, blemish
mandar to send, 1
  mande (*Mex.*) hello (*on the telephone*)
manejar to drive, 6
  ¡maneje con cuidado! drive safely!, 12
manera (*f.*) way, 5
mangas (*f. pl.*) sleeves
  de — cortas short-sleeved
  de — largas long-sleeved
  sin — sleeveless
mano (*f.*) hand, 6
  ¡manos arriba! hands up!
manteca (*f.*) (*Caribe*) heroin (*col.*)
mantener to keep
  mantenga su derecha keep right
manzana (*f.*) city block
mañana (*f.*) morning, 10; (*adv.*) tomorrow
máquina (*f.*) (*Cuba*) car, 6
marca (*f.*) mark, 6; brand, 10; make (car)
mareado(a) dizzy, 13
marido (*m.*) husband, 4
mariguana, marihuana, marijuana (*f.*) marijuana
más more
  — bien rather, 7
  — o menos more or less, 8
  —... que (de) more . . . than, 4
  — tarde later, 2
máscara (*f.*) mask
matar to kill, 8
matricularse to register, to enroll (*in a school*), 15
mayor older, oldest, 3
  — de edad of age, adult
  dedo — (*m.*) middle finger
mécanico (*m.*) mechanic
mediano(a) medium; average
medianoche (*f.*) midnight, 3
medicina (*f.*) medicine, 7
médico (*m., f.*) doctor, 8
medio (*adv.*) rather, 7
medir (e:i) to measure, 7; to be (amount) tall, 17
mejilla (*f.*) cheek, 17
mejor better, best, 12
  — que nunca better than ever, 6
menor younger, 4; minor
  — de edad (*m., f.*) minor, 3

menos de (que) less than, fewer than, 4
mensaje (*m.*) message, 7
mentira (*f.*) lie, 8
meñique (*m.*) little finger
mercado (*m.*) market, 20; supermarket
  — al aire libre (*m.*) open-air market
mes (*m.*) month
  el — pasado (próximo) last (next) month
  el — que viene next month
mestizo(a) mixed (any of two or more races)
metadona (*f.*) methadone
metido(a) inside, inserted in, 19
mi my, 1
miembro (*m., f.*) member, 3
  — del jurado jury member
mientras while, 5
milla (*f.*) mile, 9
mirando watching
mirar to look at, 5; to watch
mire look, 6
mismo(a) same, 9
  por sí — by himself, by herself
mitin (*m.*) meeting, assembly, 20
modelo (*m.*) model, 11
modo (*m.*) way, 5
momento (*m.*) moment, P
moneda (*f.*) coin, 9
monumento (*m.*) monument
mordaza (*f.*) gag
mordida (*f.*) bite
morfina (*f.*) morphine
morgue (*f.*) morgue
morir (o:ue) to die, to pass away, 11
mostrador (*m.*) counter, 16
mostrar (o:ue) to show, 7
mota (*f.*) marijuana (*col.*)
motel (*m.*) motel, 15
motivo (*m.*) motive
motocicleta (*f.*) motorcycle, 13; motor-driven cycle
motor (*m.*) engine, motor, 9
  — de arranque starter
mover(se) (o:ue) to move, 6
  ¡no se mueva(n)! don't move!, freeze!, 6
muchacho(a) (*m., f.*) boy, girl, 2
muchísimo very much, 15
mucho (*adv.*) much, 4

muchos(as)   many, 2
  muchas gracias   thank you very much, P
mudo(a)   mute
mujer (*f.*)   woman, 1; wife
  — de negocios   businesswoman, 15
mulato(a)   mixed race (black and white)
multa (*f.*)   ticket, fine, 6
multitud (*f.*)   crowd, 20
municipal   municipal
muñeca (*f.*)   wrist
murmurar   to murmur, 20
musculoso(a)   muscular
muy   very, P

N

nacimiento (*m.*)   birth
nada   nothing, P
nadie   nobody, 8
nalgada (*f.*)   spanking, slap on the buttocks
nariz (*f.*)   nose, 9
navaja (*f.*)   switchblade, razor, 8
neblina (*f.*)   fog
necesario(a)   necessary, 5
necesitar   to need, 1
negarse (e:ie)(a)   to refuse to, 6
  — a hablar   to refuse to speak, 6
negro(a)   black, 4
  negra (*f.*)   black heroin (*col.*)
neumático (*m.*)   tire, 20
nevar (e:ie)   to snow
niebla (*f.*)   fog
nieto(a) (*m., f.*)   grandson; granddaughter
nieve (*f.*)   snow
ninguno(a)   not any
niño(a) (*m., f.*)   child, 1
no   no
  ¡— dispare!   don't shoot!
  — entre   do not enter; wrong way
  — hay de qué   you're welcome, don't mention it, P
  — pasar   do not pass
  — rebasar (*Mex.*)   do not pass
  ¡— salte!   don't jump!
  ¡— se mueva!   don't move! freeze!, 6
  ¡— tire!   don't shoot
  ¡— tire basura   don't litter

¿Nos va a llevar presos?   Are you going to arrest us?, 6
noche (*f.*)   night, 5
nombrar   to appoint
nombre (*m.*)   name, P; noun
noreste (*m.*)   northeast
noroeste (*m.*)   northwest
norte (*m.*)   north
nota (*f.*)   note
notar   to notice, 5
notificar   to inform, to give notice, to report, 1
novio(a) (*m., f.*)   boyfriend, 15; girlfriend, 15
nuera (*f.*)   daughter-in-law
nuestro(a)   our, 5
nuevo(a)   new, fresh, 6
número (*m.*)   number, 5
  — de serie   serial number, 10
  — de teléfono   phone number, P
nunca   never, 6
  — antes   never before, 11

O

o   or, 3
objeto (*m.*)   object, item, 11
obligar   to obligate, to force, 18
obligatorio(a)   compulsory, 13
obscenidad (*f.*)   obscenity, 20
observar   to observe, 5
ocasión (*f.*)   occasion, 17
ocurrir   to occur, 14; to happen
oeste (*m.*)   west
oficina (*f.*)   office, 12
  — de correos   post office
ofrecer   to offer, 14
oído (*m.*)   inner ear
oigo. (*Cuba*)   Hello. (on the telephone)
oír   to hear, 19
ojalá   I hope, 17
ojo (*m.*)   eye
  — de vidrio   glass eye
  de ojos (azules)   with (blue) eyes, 7
  ojos saltones (*m. pl.*)   bulging eyes, bug eyes
olor (*m.*)   smell, 19
  — a   smell of, 19
olvidar   to forget, 18
ómnibus (*m.*)   bus
operador(a) (*m., f.*)   telephone operator, dispatcher, 1
opio (*m.*)   opium

oportunidad (*f.*) opportunity, 16
opuesto(a) opposite
orden (*f.*) warrant, order, 8
ordenador (*m.*) (*España*) computer, 10
ordenar to order, 20
organizar to organize, 5
oreja (*f.*) outer ear
orina (*f.*) urine, 9
oro (*m.*) gold, 16
oscuro(a) dark, 4
otoño (*m.*) autumn, fall
otro(a) other, another, 4
  otra vez again, once again, 6

P

padrastro (*m.*) stepfather, 8
padre (*m.*) father, dad, 5
padres (*m. pl.*) parents, 3
  — de crianza (*m. pl.*) foster parents
padrino (*m.*) godfather
pagado(a) paid (for), 11
pagar to pay (for), 6
pago (*m.*) payment, 11
país (*m.*) country, 8
palabra (*f.*) word
palanca de cambio de velocidades (*f.*) gearshift lever
paliza (*f.*) beating
pana (*f.*) corduroy, 20
pandilla (*f.*) gang, 3
pantalón, (*m.*) **pantalones** (*m. pl.*) pants, trousers, 4
pañuelo (*m.*) handkerchief, 16
papá (*m.*) dad, father, 5
papeleta (*f.*) form, 19
par: un — de a couple of, 6
para for, 1; to, in order to, 5
  — allá there, over there, 1
  — mí for me, 14
  — que so that
  — que lo represente to represent you, 6
  — servirle at your service, P
  — ti for you, 18
parada (*f.*) stop
  — de autobuses, de guaguas (*Cuba y Puerto Rico*), **de ómnibus** bus stop
paradero (*m.*) whereabouts
parado(a) standing, 7
paralítico(a) disabled, crippled

paramédico (*m., f.*) paramedic, 1
parar to stop, 12
  ¡pare! stop!
pararse to stand (up), 9
  ¡párese! stand up!
parecer to seem, 4
pared (*f.*) wall, 6
pariente (*m., f.*) relative
  parientes políticos (*m. pl.*) in-laws
parpadear to blink, 6
parque (*m.*) park
parte (*f.*) part
pasado (*m.*) past
pasado(a) last, 11
  pasado mañana the day after tomorrow
pasajero(a) (*m., f.*) passenger, 13
pasar to come in, P; to happen, 2; to pass (a car), 13; to spend (time)
  no — do not pass
  no pase wrong way; do not enter
  — un buen rato to have a good time, 15
  pasarlo bien to have a good time, 15
pase come in, P
pasarse la luz roja to go through a red light, 12
pasillo (*m.*) hall(way)
paso (*m.*) steps, 9
  — de peatones pedestrian crossing
pastilla (*f.*) LSD (*col.*)
pasto (*m.*) marijuana (*col.*)
pata de cabra (*f.*) crowbar
patada (*f.*) kick
patio (*m.*) yard, 3
patrulla (*f.*) patrol, 5
patrullero(a) (*adj.*) patrol
peatón (*m., f.*) pedestrian
peca (*f.*) freckle, 7
pecho (*m.*) chest
pedir (e:i) to ask (for), 7
  — prestado(a) to borrow, 11
pegao (*m.*) LSD (*col.*)
pegar to beat, 8
  — fuego to set on fire
  — un tiro (un balazo) to shoot
peine (*m.*) comb, 16
pelado(a) bald, 18
pelea (*f.*) fight
peligro (*m.*) danger
peligroso(a) dangerous, 4
pelirrojo(a) red-haired, 7

pelo (*m.*)   hair, 17
pelón(ona)   bald
peluca (*f.*)   wig; hairpiece
penetración (*f.*)   penetration, 18
pensar (e:ie)   to think, 5
— (+ *inf.*)   to plan (to do something), 5
pequeño(a)   little, small, 1
perder (e:ie)   to lose, 6
perdido(a)   lost, 2
perdón (*m.*)   pardon, forgiveness, 8
perdonar   to forgive, 8
perico (*m.*)   cocaine (*col.*)
periódico (*m.*)   newspaper, 5
perito (*m., f.*)   expert
perjudicar   to cause damage, to hurt, 14
perla (*f.*)   pearl, 14
permanecer   to stay, to remain, 6
permiso (*m.*)   permission, warrant, 20
permitido(a)   permitted, 16
pero   but, 1
persona (*f.*)   person, 1
pertenencias (*f. pl.*)   belongings, 16
pesar   to weigh, 20
peso (*m.*)   weight
pestaña (*f.*)   eyelash
pie (*m.*)   foot, 7
piedra (*f.*)   rock (crack cocaine) (*col.*), 15; stone, rock
piel (*f.*)   skin
pierna (*f.*)   leg, 13
piscina (*f.*)   swimming pool
pista (*f.*)   clue
pistola (*f.*)   pistol, 4
pito (*m.*)   marijuana (*col.*)
placa (*f.*)   license plate, 11
plata (*f.*)   silver, 11
playa (*f.*)   beach, 10
plazo (*m.*)   installment, 11
poco   little
un — de   a little, 1
podar arbustos (árboles)   to trim bushes (trees)
poder (o:ue)   can, to be able, 6
no se puede escribir...   you (one) cannot write..., 6
puede usarse   can be used, 6
policía (*f.*)   police (force), (*m., f.*) police officer, 1
— **secreta** (*f.*)   undercover police, 15
polvo (*m.*)   cocaine (*col.*)

poner   to put, 9
— **en peligro**   to endanger, 12
— **las manos en la pared**   to put one's hands against the wall
ponerse   to put on, 18
— **de pie**   to stand up
— **de rodillas**   to get on one's knees
— **las manos en la pared**   to put one's hands on the wall
por   for, P; on (by way of), 2; through, 2
— **completo**   completely, 16
— **ejemplo**   for example, 5
— **escrito**   in writing, 16
— **favor**   please, P
— **la mañana**   in the morning, 7
— **la noche**   in the evening, at night, 7
— **la tarde**   in the afternoon, 7
— **lo menos**   at least, 17
— **lo tanto**   therefore, so, 20
— **poseer drogas**   for possession of drugs
¿— **qué?**   why?, 2
— **sí mismo(a)**   by himself/herself
— **suerte**   fortunately, 13
— **teléfono**   on the phone, by phone, 1
pornográfico(a)   pornographic
porque   because, 3
porqué (*m.*)   reason, 8
porro (*m.*)   joint (*col.*)
portaequipajes (*m.*)   trunk (*of a car*)
portaguantes (*m.*)   glove compartment
portal (*m.*)   porch, 5
posible   possible, 5
practicar   to practice
precaución (*f.*)   precaution, 13
preferir (e:ie)   to prefer, 5
pregunta (*f.*)   question
preguntar   to ask, 8
preliminar   preliminary, 16
prender   to arrest, 3; to turn on (*a light*), 4
prendido(a)   (turned) on (*a light, a TV set*), 5; lit, 19
presentar   to introduce, 15
— **una apelación**   to file an appeal
presente   present, 6
preso(a)   arrested, 6

prestar to lend

  — atención to pay attention, 9

prevenir to prevent, 5

preventivo(a) preventive, 16

prima (*f.*) premium, 16

primavera (*f.*) spring, 10

primero (*adv.*) first, 1

primero(a) first, 5

primeros auxilios (*m. pl.*) first aid

primo(a) (*m., f.*) cousin

prisión (*f.*) prison, jail

problema (*m.*) problem, 3

procesado(a) indicted

programa (*m.*) program, 5

prohibido(a) forbidden, 6; 1
  prohibited

  — estacionar no parking

  — pasar no trespassing

prometer to promise, 20

prometido(a) (*m., f.*) fiancé(e)

pronto soon, 4

propiedad (*f.*) property, 11

  — privada private property

prostitución (*f.*) prostitution

prostituto(a) (*m., f.*) prostitute, 15

proteger to protect, 5

protestar to complain, to protest, 3

próximo(a) next, 4

prueba (*f.*) test, 9; evidence

  — del alcohol sobriety
  test, 9

pueblo (*m.*) town, 10

puede ser it may be, 17

puerta (*f.*) door, 5

  — de la calle front door, 5

  — de salida exit (door)

pulgada (*f.*) inch, 7

pulgar (*m.*) thumb

pullar (*Caribe*) to shoot up
  (drugs)

punta (*f.*) end, tip, 9

puñal (*m.*) dagger

puñalada: dar una — to stab

puñetazo (*m.*) punch

Q

que that, what, who 2

¿qué? what?, 1

  ¿— hay de nuevo? what's
  new?, P

  ¿— hora era (es)? what time
  was (is) it?, 18

  ¿— más? what else?, 7

  ¿— tiene? what's wrong?, 7

  ¿— se le ofrece? what can I (we)
  do for you?, P

quedar to be located, 2

  — declarado(a) ilegal to be
  hereby declared illegal, 20

quedarse to stay, 10

  — callado(a) to remain silent, 6

  — sin trabajo to lose one's
  job, 14

queja (*f.*) complaint

querer (e:ie) to want, to wish, 5

¿quién? ¿quiénes? who?, 1

quieto(a) still, quiet, calm, 13

  ¡quieto(a)! freeze!, 3

químico(a) (*adj.*) chemical, 9

quitar to take away, 8

quitarse to take off (*clothing*), 16

R

radiografía (*f.*) X-ray, 13

rápido (*adj.*) quick, quickly, fast, 5

raza (*f.*) race, 18

realizar to perform, to carry
  out, 18

rebasar (*Méx.*) to pass (a car), 13

recámara (*f.*) (*Méx.*) bedroom, 8

recibir to receive, 4

reciente recent, 17

recientemente recently

recitar to recite, 9

recobrar to recover, 11

recoger to pick up, 5

recomendar (e:ie) to
  recommend, 16

reconocer to recognize, 7

recordar (o:ue) to remember, 6

refugiarse to find refuge
  (shelter)

regalar to give (*a gift*), 15

registrado(a) registered, 11

registrar to book, to log in, 16

registro (*m.*) registration, 6

regresar to return, 2

reloj (*m.*) watch, 16

reo(a) (*m., f.*) defendant

reporte (*m.*) report, 1

representar to represent

rescatar to rescue

rescate (*m.*) ransom

residencial residential, 9

resistencia a la autoridad (*f.*)
  resisting arrest

285

respirar   to breathe
responder   to respond, 15
respuesta (*f.*)   answer
restaurante (*m.*)   restaurant
retratar   to photograph, 16
reunión (*f.*)   meeting, assembly, 5
revisar   to review, to check, 10
revólver (*m.*)   revolver, 4
rico(a)   rich
riego (*m.*)   watering, 5
riesgo (*m.*)   risk, 11
rifle (*m.*)   rifle
rincón (*m.*)   corner
riña (*f.*)   fight
rizado(a)   curly
rizo(a)   curly
robado(a)   stolen, 10
robar   to rob, to steal from, 10
robo (*m.*)   robbery, burglary, 1
roca (*f.*)   crack cocaine (*col.*)
rodilla (*f.*)   knee
rojo(a)   red, 4
rondar   to prowl, 10
ropa (*f.*)   clothes, 4
rubio(a)   blond(e), 7
rueda (*f.*)   wheel
ruido (*m.*)   noise

S

saber   to know, 5
sacar   to take out, 6
saco (*m.*)   jacket
sala (*f.*)   living room
   — de estar   family room
salida (*f.*)   exit
salir   to get out, 5; to leave, 5; to
   come out
   — con   to go out with, to date,
   17
saltar   to jump, 13
¡salud!   to your health!
saludar   to greet, 15
saludo (*m.*)   greeting
salvar   to save, 2
sandalia (*f.*)   sandal, 17
sangre (*f.*)   blood, 9
sargento (*m.*)   sergeant, P
sección (*f.*)   section, division, 1
secreto(a)   secret, 15
secuestrar   to kidnap, 12
secuestro (*m.*)   kidnapping, 5
sedante (*m.*)   sedative, 19
sedativo (*m.*)   sedative, 19

seguir (e:i)   to follow
   — caminando   to keep walking
   — derecho   to go straight
   ahead, 2
según   according to
seguro(a)   safe
sellado(a)   sealed, 16
sello (*m.*)   LSD (*col.*)
semáforo (*m.*)   traffic light, 12
semana (*f.*)   week, 4
   la — pasada (próxima)   last
   (next) week
   la — que viene   next week
semiautomático(a)   semiautomatic,
   20
sentarse (e:ie)   to sit down
   siéntese   sit down, 8
sentencia (*f.*)   sentence
sentenciar   to sentence
sentimental   sentimental, 14
sentirse (e:ie)   to feel, 13
señal de tránsito (*f.*)   traffic sign
señor (Sr.) (*m.*)   Mr., sir,
   gentleman, P
   los señores (Ruiz) (*m. pl.*)   Mr.
   and Mrs. (Ruiz), 17
señora (Sra.) (*f.*)   Mrs., lady,
   Ma'am, Madam, P
señorita (Srta.) (*f.*)   Miss, young
   lady, P
separar los pies   to separate
   (spread) your feet
ser   to be, P
   — como las (+ *time*) to be about
   (+ time), 18
   — culpable (de)   to be at fault,
   to be guilty (of), 12
serie (*f.*)   series, 10
serio(a)   serious, 13
serrucho de mano (*m.*)   handsaw
servicio (*m.*)   service, 15
servir (e:i)   to serve
sexo (*m.*)   sex, 15
sexual   sexual, 18
Sgto. (*abbreviation of* Sargento)
   sergeant
shorts (*m. pl.*)   shorts
si   if, 4
sí   yes, 1
sí mismo(a)   yourself; himself;
   herself
SIDA (síndrome de inmunodefi-
   ciencia adquirida) (*m.*)   AIDS, 18
siempre   always, 3

siéntese sit down, 8
sierra de mano (*f.*) handsaw
siguiente following
silenciador (*m.*) muffler
silla de ruedas (*f.*) wheelchair
sin without, 3
 — **embargo** nevertheless, however, 14
 — **falta** without fail, 19
 — **mangas** sleeveless
sinceramente sincerely, 14
sistema (*m.*) system, 5
situación (*f.*) situation
soborno (*m.*) bribe, 15
sobre (*m.*) envelope, 16
sobre (*prep.*) about; 1 on, on top of, 20
sobredosis (*f.*) overdose
sobrino(a) (*m., f.*) nephew; niece
¡socorro! help!
soga (*f.*) rope
solamente only, 5
solicitar to ask for, 2; to solicit, 15
solo(a) alone, 2
sólo only, 5
soltar (o:ue) to let go of
 — **el arma** to drop the gun (weapon)
soltero(a) single, P
sombrero (*m.*) hat, 4
someterse a to submit (oneself) to, 9
son las (time) it's (*time*)
sordo(a) deaf
sortija (*f.*) ring, 17
sospecha (*f.*) suspicion, 8
sospechar to suspect, 7
sospechoso(a) suspicious, 5
sótano (*m.*) basement
su your, 1; his, her, 3
subir to get in (*a car, etc.*), 3
 súbase al carro get in the car
suceder to happen, 2
sucio(a) dirty, 18
suegro(a) (*m., f.*) father-in-law; mother-in-law
suelo (*m.*) floor, 7
suéter (*m.*) sweater, 17
suficiente sufficient, enough, 15
sugerir (e:ie) to suggest, 16
suicidarse to commit suicide, 19
supermercado (*m.*) supermarket, market
suspender (la entrega) to stop (delivery)

 — **la entrega de la correspondencia** to stop mail delivery
 — **la entrega del periódico** to stop the newspaper delivery
sur (*m.*) south
sureste (*m.*) southeast
suroeste (*m.*) southwest
suyo(a) yours

T

tabique (*m.*) 1-kilo brick of marijuana (*col.*)
tal such
 — **cosa** such a thing, 19
 — **vez** perhaps, 18
talón (*m.*) heel, 9
tamaño (*m.*) size
también also, too, 5
tan so, 12
 — **...como** as . . . as, 4
 —**pronto como** as soon as, 19
tanque (*m.*) tank
tapicería (*f.*) upholstery
taquígrafo(a) (*m., f.*) court reporter, stenographer
tarde (*f.*) afternoon, 1; (*adv.*) late, 2
tarjeta (*f.*) card, 3
tartamudear to stutter
tartamudo(a) (*m., f.*) person who stutters
tatuaje (*m.*) tattoo, 7
teatro (*m.*) (movie) theater
técnico(a) (*m., f.*) technician, 10
techo (de tejas) (*m.*) (tile) roof
telefónico(a) (*adj.*) related to the telephone, 4; telephonic
telefonista (*m., f.*) operator, dispatcher, 1
teléfono (*m.*) telephone, 1
televisor (*m.*) television set, 10
temblar (e:ie) to shake, to tremble, to shiver, 13
temer to fear, to be afraid, 17
temperatura (*f.*) temperature, 12
temprano early
tener to have, 4
 — **a su cargo** to be in charge of, 15
 — **... años** to be . . . years old, 4
 — **el derecho de** to have the right to, 6
 — **la culpa (de)** to be at fault, to be guilty, 12

— **(mucho) miedo** to be (very) afraid, scared, 4

— **(mucho) sueño** to be (very) sleepy, 6

— **prisa** to be in a hurry, 9

— **puesto(a)** to have on, to wear, 17

— **que** (+ *inf.*) to have to (do something), 4

— **razón** to be right, 12

— **tanto miedo** to be so scared, 18

teniente lieutenant, P

tequila (*f.*) tequila, 15

tercero(a) third, 8

terminar to finish, 10; to end

— **de** (+ *inf.*) to finish (doing something), 10

terraza (*f.*) terrace

testigo (*m., f.*) witness, 14

tianguis (*m.*) (*Méx.*) open-air market

tiempo (*m.*) time, 5

tienda (*f.*) store

timón (*m.*) (*Cuba*) steering wheel

tío(a) (*m., f.*) uncle; aunt, 9

tirar to throw away, 10; to shoot

título (*m.*) title

tobillo (*m.*) ankle

tocadiscos (*m.*) record player, 10

tocar to touch, 9

— **a la puerta** to knock at the door, 8

— **el timbre** to ring the door bell, 5

— **la bocina** to honk the horn

todavía still, yet, 2

todo (*m.*) everything

— **lo posible** everything possible, 11

todo(a) whole, 8; all, 11

— **el (la)...** the whole . . .

todos(as) all, every (body), 5

todos los días every day, 8

tomar to take, 6; to drink, 8

— **asiento** to take a seat, P

— **las huellas digitales** to fingerprint, 16

— **medidas** to take measures, 5

tontería (*f.*) foolishness, nonsense, 10

toque de queda (*m.*) curfew, 3

totalmente totally, 11

trabajo (*m.*) work, job, 8

traer to bring, 7

tráfico (*m.*) traffic

trago (*m.*) drink, 6

traje (*m.*) suit

tránsito (*m.*) traffic

— **lento** slow traffic

tratar (de) to try (to), 4; to treat, 8

tribunal (*m.*) court

— **de menores** (*m.*) juvenile court

— **supremo** Supreme Court

trompada (*f.*) punch

Tte. (*abbreviation of Teniente*) lieutenant

tu your, 2

U

últimamente lately

último(a) last (*in a series*), 11

unido(a) united, 5

unos(as) about, around, 2

urgente urgent, 4

urgentemente urgently, 14

usado(a) used

usar to use, 4

se usará will be used, 6

uso (*m.*) use, 2

usual usual, 5

no — unusual, 5

V

vacaciones (*f. pl.*) vacation, 10

de — on vacation, 4

— **de primavera** spring break, 10

vaciar to empty, 16

válido(a) valid, 12

valor (*m.*) value, 11

vamos let's go, 2

— **a** (*inf.*) let's (+ verb)

vandalismo (*m.*) vandalism, 6

varios(as) several, 5

vecindario (*m.*) neighborhood, 5

vecino(a) (*m., f.*) neighbor, 5

vehículo (*m.*) vehicle, 13

velocidad (*f.*) speed, 9

— **máxima** speed limit, 9

vello (*m.*) body hair

velludo(a) hairy

venda (*f.*) bandage, 13

vender to sell, 3

veneno (*m.*) poison, 19

venir (e:ie) to come, 4

ventana (*f.*) window, 5

ventanilla (*f.*) window (*of a car*)

ver to see, 2
verano (*m.*) summer
verbo (*m.*) verb
verdad (*f.*) truth, 11
  ¿verdad? right?, true?, 2
verde green, 3
veredicto (*m.*) verdict
verruga (*f.*) wart
vestido (*m.*) dress
vestido(a) dressed, 4
veterinario(a) (*m. f.*) veterinary
vez (*f.*) time, 8
vía (*f.*) lane, 12
viaje (*m.*) trip
víctima (*f.*) victim, 17
vida (*f.*) life, 2
videocámara (*f.*) video camera, 10
videocasetera (*f.*) videocassette
  recorder (VCR), 11
videograbadora (*f.*) videocassette
  recorder (VCR), 11
viejo(a) old, 7
vigilancia del barrio (*f.*) neighborhood watch, 5
vino (*m.*) wine, 20
violación (*f.*) rape, 18
violar to rape, 18
virarse (*Cuba*) to turn around, 20
visible visible, 5

visto(a) seen
viudo(a) widower; widow
vivir to live, 2
vocabulario (*m.*) vocabulary
volante (*m.*) steering wheel
voltear(se) (*Méx.*) to turn (around)
voluntad (*f.*) will, 17
voluntariamente voluntarily, 20
volver (o:ue) to come (go) back, to
  return, 6

Y

y and, P
ya already, 2; at last, finally, 8
  — están en camino they are (already) on their way, 4
yerba (*f.*) marijuana (*col.*)
yerno (*m.*) son-in-law
yesca (*f.*) marijuana (*col.*)

Z

zacate (*m.*) (*Méx.*) lawn, 5;
  marijuana (*col.*)
zapato (*m.*) shoe
  — de tenis tennis shoe
zona (*f.*) zone, 9
  — de estacionamiento parking
  lot, 7
zurdo(a) left-handed, 7

English-Spanish Vocabulary

A

a little   un poco, 1
a week ago   hace una semana, 14
abnormal   anormal, 18
about   unos(as), 2; como, 11; (*with time*) a eso de, 14; sobre
abuse   maltrato (*m.*), 8; maltratar, abusar, 8
accelerator   acelerador (*m.*)
accent   acento (*m.*), 18
accept   aceptar, 8
accident   accidente (*m.*), 1
accompany   acompañar, 7
accomplice   cómplice (*m., f.*)
according to   según
accusation   acusación (*f.*), 14
accuse   acusar, 8
ache   doler (o:ue), 8
acid (LSD)   pegao (*m.*) (*col.*)
acne   acné (*m.*)
acquaintance   conocido(a) (*m., f.*)
acquitted   absuelto(a)
across the street from   enfrente de, 5
act   acto (*m.*), 18; actuar
activity   actividad (*f.*), 5
addicted   adicto(a)
additional   adicional
address   dirección (*f.*), domicilio (*m.*), P
  — book   libreta de direcciones (*f.*), 18
adjective   adjetivo (*m.*), 1
admitted (to)   ingresado(a), 8
adolescent   adolescente (*m., f.*), jovencito(a) (*m., f.*), 17
adult   mayor de edad
advise   aconsejar, 16
after   después (de), 7
afternoon   tarde (*f.*), 1
  in the —   por la tarde, 7
afterwards   luego, 10
again   otra vez, 6; de nuevo, 9
against   en contra de, 6; contra, 11
age   edad (*f.*), 17
ago: a week —   hace una semana, 14
agree   estar de acuerdo, 16
aggression   agresión (*f.*); ataque (*m.*)
aggressor   agresor(a) (*m., f.*)
AIDS   SIDA (síndrome de inmuno-deficiencia adquirida) (*m.*), 18
aim (a gun)   apuntar, 20

alarm   alarma (*f.*)
alcohol   alcohol (*m.*), 9
alcoholic   alcohólico(a), 9
alias   alias (*m.*)
alibi   coartada (*f.*)
all   todo(a), 11; todos(as)
allergic   alérgico(a)
allow   dejar, 9; autorizar, 16
almost   casi, 5
alone   solo(a), 2
alphabet   abecedario (*m.*), alfabeto (*m.*), 9
already   ya, 2
also   también, 5
although   aunque, 15
always   siempre, 3
ambulance   ambulancia (*f.*), 13
among   entre
and   y, P
angry   enojado(a), 8
ankle   tobillo (*m.*)
another   otro(a), 4
answer   contestar, 5; respuesta (*f.*), contestación (*f.*)
any   cualquier, alguno(a), 5
  — one   cualquier(a)
  — time   a sus órdenes, 3
  not —   ninguno(a)
anything   algo (*m.*), 8; cualquier cosa (*f.*)
  — else?   ¿algo más?, 7
  — you say   cualquier cosa que diga, 6
apartment   apartamento (*m.*), 1
appeal   apelación (*f.*); 1 apelar
appear   comparecer
—in court   Comparecer ante un juez
appoint   nombrar
approximate   aproximado(a), 11
approximately   como, 11; aproximadamente
area   distrito (*m.*), área (*f. but* el área)
arm   brazo (*m.*), 6
around   unos(as), 2
arrange   arreglar
arrest   arrestar, prender, 3; llevar preso(a)
  person under —   detenido(a) (*m., f.*), 16
arrested   arrestado(a), detenido(a), preso(a), 6
arrive (at)   llegar (a), 2

arrow   flecha (*f.*), 18
arson   fuego intencional (*m.*), incendio intencional (*m.*)
article   artículo (*m.*), 14
as   como, 14
   — (big, small, etc.) as   tan (grande, pequeño, etc.) como, 4
   — soon as   en cuanto, 18; 1 tan pronto como, 19
Asian   asiático(a)
ask (a question)   preguntar, 8
   — a question   hacer una pregunta, 19
   — for   solicitar, 2; pedir (e:i), 7
assailant   agresor(a) (*m., f.*), asaltante (*m., f.*)
assassin   asesino(a) (*m., f.*)
assault   asaltar; asalto (*m.*), agresión (*f.*), ataque (*m.*)
assembly   reunión (*f.*), congregación (*f.*), mitin (*m.*), 20
assigned   asignado(a), 15
at   en, 1; a, 2
   — dawn (daybreak)   al amanecer; de madrugada
   — dusk   al anochecer
   — home   en casa, 5
   — least   por lo menos, 17
   — midnight   a medianoche
   — night   por la noche
   — noon   a mediodía
   — this time (hour)   a esta hora, 3
   — your service   para servirle, P; a sus órdenes, 3
attack   atacar, 18; ataque (*m.*), agresión (*f.*)
attempt   intento (*m.*), 15
attend   asistir, 17
aunt   tía (*f.*), 9
authority   autoridad (*f.*), 8
authorize   autorizar, 16
automatic   automático(a)
automobile   automóvil (*m.*), 6
avenue   avenida (*f.*), P
average   mediano(a)
avoid   evitar, 5

B

baby   bebé (*m.*), 12
back   (*of paper*) dorso (*m.*); (*part of body*) espalda (*f.*)
   in the — (of)   en el fondo (de)
bad   malo(a), 6

bail   fianza (*f.*), 16
   — bondsman   fiancista (*m., f.*), 16
bailor   fiancista (*m., f.*), 16
bald   calvo(a), pelado(a), 18; pelón(ona)
bandage   venda (*f.*), 13
bank   banco (*m.*), 2
bar   bar (*m.*), cantina (*f.*), barra (*f.*), 8
bargain   ganga (*f.*), 14
basement   sótano (*m.*)
bath   baño (*m.*), 18
bathe   bañarse, 18
bathroom   baño (*m.*); escusado (excusado) (*m.*) (*Méx.*)
bathtub   bañadera (*f.*), tina (*f.*) (*Mex.*)
battery   batería (*f.*), acumulador (*m.*)
be   ser, P; estar, 3
   — able to   poder (o:ue), 6
   — about (+ *time*)   ser como las (+ *time*), 18
   — admitted (to)   ingresar, 8
   — afraid   tener miedo, 5; temer
   — at fault   tener la culpa (de), ser culpable (de), 12
   — back   estar de vuelta, estar de regreso, 5
   — called   llamarse, 9
   — certain   estar seguro(a), 18
   — (very) cold   hacer (mucho) frío
   — free on bail   estar en libertad bajo fianza
   — glad   alegrarse
   — going (to do something)   ir a (+ *inf.*), 5
   — guilty   tener la culpa (de), ser culpable (de), 12
   — hereby declared illegal   quedar declarado(a) ilegal, 20
   — (very) hot   hacer (mucho) calor
   — in a condition to (do something)   estar en condiciones de (+ *inf.*), 6
   — in a hurry   estar apurado(a), tener prisa, 9
   — in charge   tener a su cargo, 15
   — in jail   estar preso(a)
   — late   llegar tarde, 12
   — located   quedar, 2
   — missing   faltar, 10

— named llamarse, 9
— okay estar bien, 3
— on the way estar en camino, 4
— pleasing gustar, 8
— quiet! ¡cállese!, 20
— right tener razón, 12
— (very) sleepy tener (mucho) sueño, 6
—(very) scared tener (mucho) miedo, 4
— so scared tener tanto miedo, 18
— (very) sunny hacer (mucho) sol
— (*amount*) tall medir (e:i) (*amount*), 17
— under arrest darse preso(a)
— visible estar a la vista
— (very) windy hacer (mucho) viento
— wrong estar equivocado(a), 8
— . . . years old tener... años, 4
beach playa (*f.*), 10
beard barba (*f.*), 18
beat pegar, 8
beating paliza (*f.*)
because porque, 3
become hacerse
— addicted to drugs endrogarse
— aware of darse cuenta de, 13
bedroom dormitorio (*m.*), recámara (*f.*) (*Méx.*), 8
before antes (de), 3
— they question you antes de que lo interroguen, 6
begin comenzar (e:ie), 5; empezar (e:ie), 5; iniciar, 12
behind atrasado(a), 11; atrás, 12
— your back detrás de la espalda
believe creer, 4
belongings pertenencias (*f. pl.*), 16
below debajo de, 13
belt cinto (*m.*), cinturón (*m.*), correa (*f.*), 8
bend down agacharse
besides además, 2
best mejor, 12
better mejor, 12
— than ever mejor que nunca, 6
between entre, 1
bicycle bicicleta (*f.*), 2
big grande, 2
bill cuenta (*f.*), 11
birth nacimiento (*m.*)

bite mordida (*f.*)
black negro(a), 4
— heroin negra (*f.*) (*col.*)
blackmail chantaje (*m.*); chantajear
blade arma blanca (*f. but* el arma blanca)
blame culpa (*f.*); culpar
blemish mancha (*f.*)
blind ciego(a)
blink parpadear, 6
block cuadra (*f.*), 2; manzana (*f.*)
a — from here a una cuadra de aquí, 2
blonde rubio(a), güero(a) (*Méx.*), 7
blood sangre (*f.*), 9
— bank banco de sangre (*m.*), 6
blouse blusa (*f.*), 17
blue azul, 4
body cuerpo (*m.*), 8; (*corpse*) cadáver (*m.*)
— hair vello (*m.*)
bomb bomba (*f.*)
time — bomba de tiempo (*f.*)
bond bono (*m.*), 16
book registrar, fichar, 16
bookstore librería (*f.*)
boot bota (*f.*)
borrow pedir (e:i) prestado, 11
boss jefe (a) (*m., f.*), 12
bottle botella (*f.*), 15
boy muchacho (*m.*), 2; chico (*m.*), chamaco (*m.*) (*Méx.*), 13
boyfriend novio (*m.*), 15
brake freno (*m.*)
brand marca (*f.*), 10
breath aliento (*m.*), 9
breathe respirar
bribe soborno (*m.*), 15
brief breve, P
— conversation conversación breve (*f.*), P
bring traer, 7
broken descompuesto(a), 19
brother hermano (*m.*)
— -in-law cuñado (*m.*)
brown (*hair, eyes*) castaño(a), café, 18
bug-eyes (bulging eyes) ojos saltones (*m. pl.*)
build complexión (*f.*)
building edificio (*m.*), 6
bullet bala (*f.*)
burglar ladrón (ona), (*m., f.*), 3

burglary robo (*m.*), 1
bus ómnibus (*m.*), autobús (*m.*),
guagua (*f.*) (*Cuba*)
— **station** estación de ómnibus
(autobuses) (*f.*)
— **stop** parada de autobuses (*f.*);
1 parada de guaguas (*f.*) (*Cuba y
Puerto Rico*); 1 parada de ómnibus
(*f.*)
businessman(woman) hombre
(mujer) de negocios (*m., f.*), 15
but pero, 1
butt in entremeterse,
entrometerse, 8
button botón (*m.*)
buy comprar, 10
by: — **force** a la fuerza, 8
— **hand** de la mano, 2
— **himself/herself** por sí
mismo(a)
— **phone** por teléfono, 1

C

cab (*of a truck*) cabina (*f.*), 13
caliber calibre (*m.*), 20
call llamar, 1; llamada (*f.*), 4
— **off the dog** llamar al perro
calm quieto(a), 13
— **down** calmarse, 18
can poder (o:ue), 6
cannot: you (one) — write... no
se puede escribir... , 6
cap gorra (*f.*), 4
car carro (*m.*), coche (*m.*), máquina
(*f.*) (*Cuba*), 6
— **-related** automovilístico(a)
carburetor carburador (*m.*)
card tarjeta (*f.*), 3
careful! ¡cuidado!, 20
carefully con cuidado, 12
carpet alfombra (*f.*), 10
carry llevar, 2
— **out** realizar, 18
case caso (*m.*), 6
cash: in — en efectivo, 10
— **register** caja (*f.*), 20
cashier cajero(a) (*m., f.*)
caucasian blanco(a)
cause causar, 12
— **damage** perjudicar, 14
cell celda (*f.*), 16
cent centavo (*m.*), 16
central central, 1

certain cierto(a), 8
certainly! ¡cómo no!, 7
chain cadena (*f.*), 16
change cambiar, 12
— **clothes** cambiarse de ropa, 18
characteristic característica (*f.*)
charge acusación (*f.*), 14; cobrar, 14
cheat engañar, 14
check revisar, 10
cheek mejilla (*f.*), cachete (*m.*), 17
chemical químico(a), 9
chest pecho (*m.*)
child niño(a) (*m., f.*), 1
—**'s car seat** asiento para el
niño (*m.*)
children hijos (*m. pl.*), 4
chin barbilla (*f.*)
choose elegir (e:i), 9
chosen elegido(a), 9
church iglesia (*f.*)
cigarette cigarrillo (*m.*), 7
city ciudad (*f.*), 2
class clase (*f.*), 7
classmate compañero(a) de clase
(*m., f.*), 17
clean limpiar, 10
clerk empleado(a) (*m., f.*), 14;
dependiente (*m., f.*), 20
clinic clínica (*f.*)
close cerrar (e:ie), 5
close (*adj.*) cercano (a), 5; cerca
(de), 12
closed cerrado(a), 11
closeted encerrado(a), 8
clothes ropa (*f.*), 4
clothing ropa (*f.*), 4
clue pista (*f.*)
clutch embrague (*m.*)
coat abrigo (*m.*)
cocaine coca (*f.*), cocaína (*f.*); *col.:*
perico (*m.*), polvo (*m.*)
cognate cognado (*m.*)
coin moneda (*f.*), 9
collar cuello (*m.*)
collect cobrar, 14
collide chocar, 13
collision choque (*m.*), 13
color color (*m.*)
comb peine (*m.*), 16
come venir, 4
— **back** volver (o:ue), 6
— **in** pasar, P; entrar (en)
— **out** salir
— **with** acompañar, 7

commit cometer, 6
— **suicide** suicidarse, 19
common común
communicate comunicar, 5
compact disc disco
compacto (*m.*), 10
complain protestar, 3
complaint queja (*f.*)
complete completo(a), 5;
completar, 9
completely por completo, 16
compulsory obligatorio(a), 13
computer computadora (*f.*),
ordenador (*m.*) (*España*), 10
condition condición (*f.*), 6
condom condón (*m.*), 18
confess confesar (e:ie)
confession confesión (*f.*)
confirm confirmar, 19
confused confuso(a)
consider considerar
consulate consulado (*m.*), 20
content contenido (*m.*), 9
continue continuar, 10
contraband contrabando (*m.*)
contract contrato (*m.*), 10
control control (*m.*), 13
conversation conversación (*f.*)
convict declarar culpable
cooperation cooperación (*f.*), 3
copy copia (*f.*), 11
corduroy pana (*f.*), 20
corner esquina (*f.*), 3; rincón (*m.*)
corporal punishment castigo
corporal (*m.*)
cost costar (o:ue), 15
counsel for the defense abogado(a)
defensor(a) (*m., f.*)
counselor consejero(a) (*m., f.*)
count contar (o:ue), 9
counter mostrador (*m.*), 16
counterfeit falsificar; falsificación
country país (*m.*), 8
couple: a — of un par de, 6
court (of law) corte (*f.*), tribunal
(*m.*), juzgado (*m.*), 6
— **reporter** taquígrafo(a) (*m., f.*)
courtesy cortesía (*f.*)
cousin primo(a) (*m., f.*)
crack cocaine crac (*m.*); *col.*:
piedra (*f.*), roca (*f.*), coca
cocinada (*f.*), 15
crash choque (*m.*), 13
crime delito (*m.*), 6

criminal criminal
— **record** antecedentes penales
(*m. pl.*), 16
crippled inválido(a); paralítico(a)
cross cruzar, 12; cruz (*f.*), 17
cross-eyed bizco(a)
crossing cruce (*m.*), 12
crowbar pata de cabra (*f.*)
crowd multitud (*f.*), 20
cry llorar, 18
cultural cultural
curfew toque de queda (*m.*), 3
curly rizado(a), rizo(a), crespo(a)
customer cliente (*m., f.*), 7
cut cortar, 5

D

dad papá (*m.*), 5
dagger puñal (*m.*); daga (*f.*)
damage: slight — desperfecto
(*m.*), 19
danger peligro (*m.*)
dangerous peligroso(a), 4
— **curve** curva peligrosa (*f.*)
dark oscuro(a), 4
date fecha (*f.*); salir con, 17
daughter hija (*f.*)
— **-in-law** nuera (*f.*)
day día (*m.*)
during the — durante el día
the — after tomorrow pasado
mañana
the — before yesterday anteayer,
antes de ayer
deadbolt cerrojo de seguridad
(*m.*), 5
deaf sordo(a)
deceive engañar, 14
decide decidir, 6
decision fallo (*m.*)
defend (oneself) defender(se), 18
defendant acusado(a) (*m., f.*),
reo(a) (*m., f.*)
deformed deformado(a)
degree grado (*m.*), 12
delivery entrega (*f.*), 5
demand exigir, 2
department departamento (*m.*), 4
depend depender, 16
describe describir, 7
description descripción (*f.*), 11
destroy destruir, 18
detail detalle (*m.*), 17

detain detener, 6
detective detective (*m., f.*), 14
detention detención (*f.*), 16
determine determinar, 9
detour desvío (*m.*)
detoxification desintoxicación (*f.*)
diabetes diabetes (*f.*), 6
die fallecer, 11; morir (o:ue), 13
dining room comedor (*m.*)
dinner cena (*f.*), 5
dirty sucio(a), 18
disabled inválido(a); paralítico(a)
disappear desaparecer
discipline disciplinar, 8
disease enfermedad (*f.*)
disfigured desfigurado(a)
dispatcher operador(a) (*m., f.*), telefonista (*m., f.*), 1
disperse dispersar(se), 20
distribute distribuir, 15
district barrio (*m.*), colonia (*f.*) (*Méx.*), 5
   — **attorney** fiscal (*m., f.*), 16
divided road doble vía (*f.*)
division división (*f.*), 1; sección, 1
divorced divorciado(a), P
dizzy mareado(a), 13
do hacer, 3
do not no
   — **enter** no entre, no pase
   — **jump!** ¡no salte!
   — **litter** no tire basura
   — **mention it** no hay de qué
   — **move!** ¡no se mueva!
   — **pass** no pasar, no rebasar (*Méx.*)
   — **shoot!** ¡no dispare!, ¡no tire!
doctor médico(a) (*m., f.*), doctor(a) (*m., f.*), 8
document documento (*m.*), 17
dollar dólar (*m.*), 10
domicile domicilio (*m.*)
door puerta (*f.*), 5
double doble
doubt dudar, 16
dress vestido (*m.*)
dressed vestido(a), 4
drink trago (*m.*), 6; bebida (*f.*), 8; tomar, 6; beber, 8
drinking bebida (*f.*), 8
drive manejar, conducir, 6
   — **fifty miles per hour** conducir a cincuenta millas por hora, 9
   — **safely!** ¡maneje con cuidado!, 12

driver chofer (*m.*), 6; conductor(a) (*m., f.*), 12
   —**'s license** licencia para manejar (*f.*), licencia de conducir (*f.*), 3
drop soltar (o:ue)
   — **out of school** abandonar los estudios
   — **the gun (weapon)** soltar el arma
drown ahogarse
drug droga (*f.*), 6
   — **pusher** droguero(a) (*m., f.*)
   — **user** droguero(a) (*m., f.*)
   on drugs endrogado(a), 6
drugstore farmacia (*f.*), botica (*f.*)
drunk borracho(a), 6
DT's delirium tremens (*m.*)
during durante, 15
dynamite dinamita (*f.*)

E

each cada, 6
ear (inner) oído (*m.*); (outer) oreja (*f.*)
early temprano
earring arete (*m.*), 17
east Este (*m.*)
easy fácil
either cualquiera, 9
elbow codo (*m.*)
emergency emergencia (*f.*), 4
   — **parking only** estacionamiento de emergencia solamente
employee empleado(a) (*m., f.*), 14
empty desocupado(a), 3; vaciar, 16
end final (*m.*), punta (*f.*), 9; terminar
endanger poner en peligro, 12
engine motor (*m.*), 9
English (language) inglés (*m.*), 1
enough suficiente, 15
enroll (in a school) matricularse, 15
enter ingresar, 8
   do not — no entre; no pase
entrance entrada (*f.*)
envelope sobre (*m.*), 16
epileptic epiléptico(a)
equipment equipo (*m.*), 10
establish establecer, 5
even though aunque
evening noche (*f.*)
   in the — por la noche, 7
ever alguna vez

every cada, 6, todos(as)

— **day** todos los días, 8

everything possible todo lo posible, 11

evidence evidencia (*f.*), 18; prueba (*f.*)

exactly exactamente, 17

examine examinar, chequear, 13

example: for — por ejemplo, 7

excessive demasiado(a), 12

excuse excusa (*f.*), 12

expensive caro(a)

expert perito(a) (*m., f.*)

explosive explosivo (*m.*)

expression expresión (*f.*)

— **of courtesy** expresión de cortesía (*f.*)

extent: to a large — en buena parte, 16

exit salida (*f.*)

— **door** puerta de salida (*f.*)

eye ojo (*m.*)

with (blue) eyes de ojos (azules), 7

eyebrow ceja (*f.*)

eyeglasses anteojos (*m. pl.*), lentes (*m. pl.*), espejuelos (*m. pl.*) (*Cuba, Puerto Rico*), gafas (*f. pl.*), 18

eyelashes pestañas (*f. pl.*)

F

face cara (*f.*), 13

— **down** boca abajo

fake falso(a)

— **identification** identificación falsa (*f.*)

fall caerse, 9; (autumn) otoño (*m.*)

false statement declaración falsa (*f.*)

falsification falsificación (*f.*)

falsify falsificar

family familia (*f.*), 8

— **room** sala de estar (*f.*)

far lejos, 17

— **from** lejos de

farewell despedida (*f.*)

fast rápido, 5

fat gordo(a), 7

father padre (*m.*), papá (*m.*), 5

— **-in-law** suegro (*m.*)

fear temer

feel sentir(se) (e:ie), 13

felony delito mayor (*m.*), delito grave (*m.*), 14

fender guardafangos (*m.*)

fewer than menos de, 4

fiancé(e) prometido(a) (*m., f.*)

fight luchar, 18; pelea (*f.*), riña (*f.*)

file an appeal presentar una apelación

fill out llenar, 1

filter filtro (*m.*)

finally ya, 8

find encontrar (o:ue), 11; hallar

— **out** averiguar, 10

— **refuge (shelter)** refugiarse

fine (*adv.*) bien, P; multa (*f.*), 6

finger dedo (*m.*), 9

fingerprint huella digital (*f.*), 10; tomar las huellas digitales, 16

finish terminar, 10

— **(doing something)** terminar de (+ *inf.*), 10

fire fuego (*m.*), incendio (*m.*), 5; despedir (e:ie), 12

— **department** estación de bomberos (*f.*)

— **extinguisher** extinguidor de incendios (*m.*), extintor de incendios (*m.*) (*España*) 13

— **fighter** bombero(a) (*m., f.*), 5

firearm arma de fuego (*f. but* el arma de fuego), 4

first (*adv.*) primero, 1; (*adj.*) primero(a)

— **aid** primeros auxilios (*m. pl.*)

— **class** de primera calidad, 14

the — thing lo primero, 5

fix arreglar, 19

flashlight linterna (*f.*), 4

flat tire goma ponchada (*f.*), llanta pinchada (*f.*)

floor piso (*m.*), 7

flower flor (*f.*)

— **pot** maceta de flores (*f.*)

flowered floreado(a)

following siguiente

fog niebla (*f.*), neblina (*f.*)

foolishness tontería (*f.*), 10

foot pie (*m.*), 7

footprint huella (*f.*), 10

for por, P; para, 1

— **example** por ejemplo, 5

— **me** para mí, 14

— **possession of drugs** por poseer drogas

— **you** para ti, 18

forbidden prohibido (a), 6

force forzar (o:ue), 10; obligar, 18; fuerza (*f.*)
  by — a la fuerza, 8
forehead frente (*f.*)
forge falsificar
forged falso(a)
  — document documento falso (*m.*)
forgery falsificación (*f.*)
forget olvidar, 18
forgive perdonar, 8
forgiveness perdón (*m.*), 8
form papeleta (*f.*), 19
fortunately por suerte, 13
foster parents padres de crianza (*m. pl.*)
fourth cuarto(a), 4
fraud estafa (*f.*), 14
freckle peca (*f.*), 7
freeze! ¡quieto(a)!, 3; ¡no se mueva(n)!, 6
frequently frecuentemente, 8
fresh nuevo(a), 6
friend amigo(a) (*m., f.*), 3
frightened aterrorizado(a), 18
from desde, 8
front frente
  — door puerta de la calle (*f.*), 5
  in — of frente a, 1
fur coat abrigo de piel (*m.*)
future futuro (*m.*)

G

gag mordaza (*f.*)
gang pandilla (*f.*), 3
garage garaje (*m.*)
garbage basura (*f.*), 10
garden jardín (*m.*)
gardener jardinero(a) (*m., f.*), 3
gas gas (*m.*), 19
  — station gasolinera (*f.*), estación de servicio (*f.*)
  — pedal acelerador (*m.*)
gasoline gasolina (*f.*)
gearshift cambio de velocidades (*m.*)
  — lever palanca de cambio de velocidades (*f.*), embrague (*m.*)
generally generalmente, 5
gentleman señor (Sr.) (*m.*), P
get conseguir (e:i), 8
  — away alejarse
  — down bajarse

— hold of agarrar, coger, 9
— hurt lastimarse, 13
— in (a car, etc.) subir, 3
— off bajarse, 9
— on one's knees ponerse de rodillas
— out salir, 5; bajarse, 9
— up levantarse, 13
— worse agravarse, 15
girl muchacha (*f.*), 2
girlfriend novia (*f.*), 15
give dar, 3; entregar, 11
  — CPR dar respiración artificial
  — a gift regalar, 15
  — a ticket imponer una multa, 12
  — notice avisar de, 1
gladly! ¡cómo no!, 7
glass vidrio (*m.*)
  — cutter cortavidrios (*m.*)
  — eye ojo de vidrio (*m.*)
glove guante (*m.*)
  — compartment guantera (*f.*), 7; portaguantes (*m.*)
go ir, 3
  — away irse, 10
  — in entrar, 4
  — out (with) salir (con), 17
  — through a red light pasarse la luz roja, 12
  — with acompañar, 7
goddaughter ahijada (*f.*)
godfather padrino (*m.*)
godmother madrina (*f.*)
godson ahijado (*m.*)
gold oro (*m.*), 16
good bueno(a)
  — afternoon buenas tardes, P
  — evening buenas noches, P
  — morning (day) buenos días, P
  — night buenas noches, P
good-bye adiós, P
grab agarrar, coger, 9
grade school escuela primaria, escuela elemental
graffiti grafiti (*m.*)
granddaughter nieta (*f.*)
grandfather abuelo (*m.*)
grandmother abuela (*f.*)
grandson nieto (*m.*)
gray gris, 20
gray-haired canoso(a)

great gran, 14
green verde, 3
greet saludar, 15
greeting saludo (*m.*)
ground suelo (*m.*)
group grupo (*m.*), 5
guilty culpable

H

hair pelo (*m.*), 17; cabello (*m.*)
  body — vello (*m.*)
hairpiece peluca (*f.*)
hairy velludo(a)
hall pasillo (*m.*)
hallucinations alucinaciones (*f. pl.*)
halt! ¡alto!, 3
hand mano (*f.*), 6
  — grenade granada de mano (*f.*)
  hands up! ¡manos arriba!
handcuffed esposado(a), 16
handcuffs esposas (*f. pl.*), 16
handkerchief pañuelo (*m.*), 16
handsaw sierra de mano (*f.*), serrucho de mano (*m.*)
happen pasar, suceder, 2; ocurrir
hashish hachich (*m.*), hachís (*m.*), *col.:* chocolate (*m.*), kif (*m.*), grifa (*f.*)
hat sombrero (*m.*), 4
have tener, 4
  — a good time pasarlo bien, pasar un buen rato, 15
  — (something) fixed hacer arreglar, 19
  — good weather hacer buen tiempo
  — just (done something) acabar de (+ *inf.*)
  — on tener puesto(a), llevar puesto(a), 17
  — the right to tener el derecho de, 6
  — to (do something) tener que (+ *inf.*), 4
head cabeza (*f.*), 9
headlight faro (*m.*), 19
health salud (*f.*)
  to your —! ¡salud!
hear oír, 19
heart corazón (*m.*), 7
  — attack ataque al corazón (*m.*), 7

heel talón (*m.*), 9
height estatura (*f.*), 20
  of medium — de estatura mediana, 4
helicopter helicóptero (*m.*)
hello hola, P; *(when answering the telephone)* aló *(Puerto Rico)*, bueno *(Méx.)*, diga *(Cuba, España)*, mande *(Méx.)*, oigo *(Cuba)*
helmet casco de seguridad (*m.*), 2
help ayuda (*f.*), 1; ayudar, 5
help! ¡socorro!, ¡auxilio!, 5
her su, 3
here aquí, 1
heroin heroína (*f.*); *col.:* caballo (*m.*), chiva (*f.*), manteca (*f.*) *(Caribe)*
herself: by — por sí misma
hi hola, P
high alto(a), 12
high school escuela secundaria (*f.*), 15
highway autopista (*f.*), 12; carretera (*f.*), 13
hijack asaltar
hijacking asalto (*m.*)
him lo, 6
himself: by — por sí mismo
hip cadera (*f.*)
his su, 3
Hispanic hispano(a), 2; hispánico(a), latino(a)
hit chocar, 13; golpear, 18
hold-up asalto (*m.*)
hole agujerito (*m.*), 5
home casa (*f.*), 1
homicide homicidio (*m.*), 16
honk the horn tocar la bocina
hood capucha (*f.*); *(car)* capó (*m.*); cubierta (*f.*)
hope: I — ojalá, 17
horn bocina (*f.*)
hospital hospital (*m.*), 4
hotel hotel (*m.*)
hour hora (*f.*), 3
house casa (*f.*), 1
how? ¿cómo?, 2
  — are you? ¿cómo está Ud.?, P
  — do you spell it? ¿cómo se escribe?
  — long? ¿cuánto tiempo?, 5
  — many? ¿cuántos(as)?, 2
however sin embargo, 14

humiliate humillar

hurt herido(a), 1; lastimado(a), 7; doler (o:ue), 8; perjudicar, 14; causarle daño a

husband esposo (*m.*), marido (*m.*), 4

hypodermic syringe jeringuilla (*f.*), jeringa hipodérmica (*f.*)

hysterical histérico(a)

hysterically histéricamente, 18

I

ID identificación (*f.*), 3

idea idea (*f.*), 5

identification identificación (*f.*), 3

identify identificar, 5

if si, 4

I'll see you tomorrow hasta mañana, 18

immediately inmediatamente, 5

imperfection desperfecto (*m.*), 19

important importante, 5

impose a fine imponer una multa, 12

imprudently imprudentemente, 12

in en, 1; dentro (de), 6
  — **charge of** a cargo de, 8
  — **front of** a la vista de, 16
  — **installments** a plazos, 5
  — **order to** para, 5
  — **the afternoon** por la tarde, P
  — **the evening** por la noche, P
  — **the first place** en primer lugar, 5
  — **the morning** por la mañana, P
  — **the presence of** la vista de, 16
  — **self-defense** en defensa propia
  — **this way** de este modo, así
  — **writing** por escrito, 16

inch pulgada (*f.*), 7

index (finger) (dedo) índice (*m.*), 5

indicted procesado(a)

infiltrate infiltrar, 15

inform avisar de, notificar, 1

information información (*f.*), P
  personal — dato personal (*m.*), 1

injured herido(a), 1; lastimado(a), 7; lesionado(a), 8

injury lesión (*f.*), 8

in-laws parientes políticos (*m. pl.*)

innocent inocente, 14

inserted in metido(a), 19

inside dentro, 4; adentro, 8; metido(a), 19

install instalar, 5

installment plazo (*m.*), 11
  in —s a plazos, 10

instead of en lugar de, 8

insured asegurado(a), 11

interlace entrelazar

interpreter intérprete (*m., f.*)

interrogate interrogar, 6

interrogation interrogatorio (*m.*), 6

intertwine entrelazar

interview entrevista (*f.*)

introduce presentar, 15

investigate investigar, 8

investigating investigador(a), 16

investigation averiguación (*f.*), 10; investigación (*f.*)

it lo, 6
  — **is (time)** son las (*tine*)
  — **may be** puede ser, 17

item objeto (*m.*), 11

J

jack gato (*m.*), gata (*f.*) (*Costa Rica*), 20

jacket chaqueta (*f.*), chamarra (*f.*) (*Méx.*), 20; saco (*m.*)

jail cárcel (*f.*), prisión (*f.*)

jewelry joya (*f.*), 10
  — **store** joyería (*f.*)

job trabajo (*m.*), 8; empleo (*m.*), 11

joint (drugs) *col.:* cucaracha (*f.*), leño (*m.*), porro (*m.*)

judge juez(a), (*m., f.*), 8; juzgar, 14

jump saltar, 13

junior high school escuela secundaria (*f.*), 15

jury jurado (*m.*), 14

just: it's — that . . . es que... , 9

just in time a tiempo

juvenile juvenil
  — **court** tribunal de menores (*m.*)
  — **delinquent** delincuente juvenil (*m., f.*)
  — **hall** centro de reclusión de menores (*m.*)

K

keep guardar; mantener (e:ie)
  — **right** conserve su derecha; mantenga su derecha
  — **walking** seguir (e:i) caminando

key llave (*f.*), 5
kick patada (*f.*)
kidnap secuestrar, 12
kidnapping secuestro (*m.*), 5
kill matar, 8
kind clase (*f.*), 7
kitchen cocina (*f.*), 5
knee rodilla (*f.*)
knife cuchillo (*m.*), 18
knock at the door tocar a la puerta, 8
know conocer, saber, 5

L

ladder escalera (*f.*)
 rope — escala de soga (*f.*)
 hand — escalera de mano (*f.*)
lady señora (*f.*), P
lame cojo(a)
lane carril (*m.*), 12
language lengua (*f.*)
large grande, 2
last último(a), pasado(a), 11
 at — ya, 8
 — month el mes pasado
 — name apellido (*m.*), P
 — night anoche, 10
 — week la semana pasada
 — year el año pasado
late tarde, 2
later más tarde, 2; después, 6; luego, 10
Latin latino(a), 15
law ley (*f.*), 2
lawn césped (*m.*), zacate (*m.*) (*Méx.*), 5
lawsuit demanda (*f.*)
lawyer abogado(a) (*m.*, *f.*), 6
learn aprender, 15
leave salir, 5; irse, 10
 — behind dejar, 5
 — turned on dejar encendido(a), dejar prendido(a)
left izquierdo(a), 7
left-handed zurdo(a), 7
leg pierna (*f.*), 13
lend prestar
less than menos de, 4
let dejar, 9
 — go of soltar (o:ue)
let's (do something) vamos a (+ *inf.*)
 — go vamos, 2
 — see a ver, 6

license plate placa (*f.*), chapa (*f.*), 11
lie mentira (*f.*), 8
 — down acostarse (o:ue)
life vida (*f.*), 2
lift levantar
light luz (*f.*), 4; foco (*m.*); (*light in color*) claro(a), 11
like como, 14; gustar, 8
 — this así, 9
limit límite (*m.*), 9
line línea (*f.*), 9
lip labio (*m.*)
liquor store licorería (*f.*), 7
lisp hablar con (la) zeta
list lista (*f.*), 11
lit prendido(a), 19
little (*quantity*) poco; (size) pequeño(a), 1
 a — un poco de, 1
 — finger meñique (*m.*)
live vivir, 2
living room sala (*f.*)
local local, 8
lock cerrojo (*m.*), cerradura (*f.*), 10; cerrar (e:ie) con llave, 5
 — up encerrar (e:ie), 16
locked cerrado(a), 11
 — up encerrado(a), 8
lodging alojamiento (*m.*), hospedaje (*m.*)
log in registrar, fichar, 16
long largo(a)
long-sleeved de mangas largas
look mire, 6
 — at mirar, 5
 — for buscar, 2
 What does he/she/you — like? ¿cómo es?, 4
lose perder (e:ie), 6
 — one's job quedarse sin trabajo, 14
lost perdido(a), 2
low bajo(a)
LSD ácido (*m.*); *col.*: pastilla (*f.*), pegao (*m.*), sello (*m.*)

M

Ma'am señora (Sra.) (*f.*), P
machine gun ametralladora (*f.*)
Madam señora (Sra.) (*f.*), P
mail correo (*m.*), correspondencia (*f.*), 5
make hacer, 3; (brand) marca (*f.*)

man hombre (*m.*), 3
manage conseguir (e:i)
manslaughter homicidio (*m.*), 16
many muchos(as), 2
marijuana (*col.*), mariguana (*f.*),
  marihuana (*f.*), marijuana (*f.*); *col.:*
  juanita (*f.*), mota (*f.*), pasto (*m.*),
  pito (*m.*), yesca (*f.*), yerba (*f.*) zacate (*m.*)
marital status estado civil (*m.*)
mark marca (*f.*), 6; mancha (*f.*)
market mercado (*m.*), 20
  open-air — mercado al aire libre
  (*m.*), tianguis (*m.*) (*Méx.*)
married casado(a), P
mask máscara (*f.*)
mat felpudo (*m.*)
measure medir (e:i), 7
mechanic mecánico (*m.*)
meddle entremeterse, 8;
  entrometerse, 8
medication medicina (*f.*),
  medicamento (*m.*)
medicine medicina (*f.*), 7
medium mediano(a)
  — height de estatura mediana
meeting junta (*f.*), reunión (*f.*),
  congregación (*f.*), mitin (*m.*), 5
member miembro (*m.*, *f.*), 3
mention: don't — it de nada, no
  hay de qué, P
message mensaje (*m.*), 7
methadone metadona (*f.*)
middle medio (*m.*)
  **about the — of the month
  (week)** a mediados de mes
  (semana)
  — finger dedo mayor (*m.*), dedo
  corazón (*m.*)
midnight medianoche (*f.*), 3
mile milla (*f.*), 9
minor menor de edad (*m.*, *f.*), 3;
  menor
Miranda Warning advertencia
  Miranda (*f.*), 6
mirror espejo (*m.*)
misdemeanor delito (*m.*), 5
miss señorita (Srta.) (*f.*), P
missing desaparecido(a)
mixed race (*black and white*)
  mulato(a); (*any of two or more races*)
  mestizo(a)
model modelo (*m.*), 11
mole lunar (*m.*), 17

mom mamá (*f.*), madre (*f.*), 2
moment momento (*m.*), P
money dinero (*m.*), 8
month mes (*m.*)
  a—ago hace un mes, 13
monument monumento (*m.*)
more más
  — or less más o menos, 8
  — . . . than más... que, 4
morgue morgue (*f.*)
morning mañana (*f.*), 10
  early — madrugada (*f.*), 9
  in the — por la mañana, 7
morphine morfina (*f.*)
most important thing lo más
  importante, 5
motel motel (*m.*), 15
mother madre (*f.*), mamá (*f.*), 2
  — -in-law suegra (*f.*)
motive motivo (*m.*)
motor motor (*m.*), 9
motorcycle motocicleta (*f.*), 13
motor-driven cycle motocicleta
  (*f.*)
moustache bigote (*m.*), 18
mouth boca (*f.*), 17
move moverse (o:ue), 6
  don't—! ¡no se mueva(n)!, 6
movie theatre cine (*m.*), 15
movies cine (*m.*), 15
mow cortar, 5
Mr. señor (Sr.) (*m.*), P
  — and Mrs. (Ruiz) los señores
  (Ruiz) (*m. pl.*), 17
Mrs. señora (Sra.) (*f.*), P
much (*adv.*) mucho, 4
mud barro (*m.*), fango (*m.*), 10
muffler amortiguador (de ruido)
  (*m.*), silenciador (*m.*)
mug asaltar
mugging asalto (*m.*)
municipal municipal
murder asesinar; asesinato (*m.*)
murderer asesino(a) (*m.*, *f.*)
murmur murmurar, 20
muscular musculoso(a)
must deber, 2
mute mudo(a)
my mi, 1

N

name nombre (*m.*), P
near cercano(a), 10; (*prep.*) cerca de

nearby cercano(a), 10
necessary necesario(a), 5
neck cuello (*m.*), 16
necklace collar (*m.*), 14
need necesitar, 1; hacer falta, 8
needle aguja (*f.*), 6
neighbor vecino(a), 5
neighborhood barrio (*m.*), colonia
  (*f.*) (*Méx.*), 5; vecindario (*m.*), 5
—watch vigilancia del barrio
  (*f.*), 5
nephew sobrino (*m.*)
never nunca, 6
  — before nunca antes, 11
nevertheless sin embargo, 14
new nuevo(a), 6
newspaper periódico (*m.*), diario
  (*m.*), 5
next próximo(a), 4; siguiente
  — month (year) el mes (año)
  que viene, el mes (año) próximo
  — week la semana que viene, la
  semana próxima
  the — day al día siguiente
next-door (*neighbor, house*) de al
  lado, 10
niece sobrina (*f.*)
night noche (*f.*), 5
  the — before last anteanoche,
  antes de anoche
nobody nadie, 8
noise ruido (*m.*)
nonsense tontería (*f.*), 10
north norte (*m.*)
northeast noreste (*m.*)
northwest noroeste (*m.*)
nose nariz (*f.*), 9
note nota (*f.*)
  take — of anotar, 10
nothing nada, P
notice notar, 5
notify avisar
noun nombre (*m.*)
now ahora, 1
number número (*m.*)

O

oath juramento (*m.*)
  to take an — jurar
  under — bajo juramento
object objeto (*m.*), 11
obligate obligar, 18
obscenity obscenidad (*f.*), 20

observe observar, 5
occasion ocasión (*f.*), 17
occur ocurrir, 14
of de, 1
  — age mayor de edad
  — course desde luego, 2; claro
  que sí, 10
off (*light*) apagado(a), 9
offer ofrecer, 14
office oficina (*f.*), 12
officer agente (*m., f.*), P
often a menudo, 6
oh, goodness gracious! ¡ay, Dios
  mío!, 2
oil aceite (*m.*)
okay bueno, P
old anciano(a), 1; viejo(a), 7
older mayor, 3
oldest mayor, 3
on en, 1; a, 2; (*by way of*) por, 2;
  (*a light*) encendido(a), prendido(a),
  5; sobre, 20
  — a bike en bicicleta, 2
  — foot a pie, 2
  — the sides a los costados, 9
  — time a tiempo
  — time payments a plazos, 10
  — top of sobre, 20
  — vacation de vacaciones, 4
once again otra vez, 6
only sólo, solamente, 5
  the—thing lo único, 8
open abierto(a), 5
opium opio (*m.*)
opportunity oportunidad (*f.*), 16
opposite opuesto(a)
  in the — direction en sentido
  contrario, 13
or o, 3
order orden (*f.*), 8; ordenar, 20
organize organizar, 5
other otro(a), 4
  the — s los (las) demás, 5
our nuestro(a), 5; nuestros
  (as), 15
out (*light*) apagado(a), 9
  — on bail en libertad bajo
  fianza, 16
  — on one's own recognizance
  en libertad bajo palabra, 16
outside fuera, 4
oven horno (*m.*), 19
over there para allá, 1
overdose sobredosis (*f.*)

owe   deber, 11
owner   dueño(a) (*m.*, *f.*), 3

P

paid (for)   pagado(a), 11
pants   pantalón (*m.*), pantalones
   (*m. pl.*), 4
paramedic   paramédico(a) (*m.*, *f.*), 1
pardon   perdón, 8
parents   padres (*m.*), 3
park   parque (*m.*)
parked   estacionado(a), 11
parking lot   zona de
   estacionamiento (*f.*), 7
part   parte (*f.*)
party   fiesta (*f.*), 10
pass (a car)   pasar, rebasar
   (*Méx.*), 13
   do not —   no pasar; no rebasar
   (*Méx.*)
pass away   fallecer, 11
passenger   pasajero(a) (*m.*, *f.*), 13
patrol   patrulla (*f.*), 5
   — car   carro patrullero (*m.*), 1
pawn   empeñar, 14
pay   pagar, 6
   — attention(to)   hacer caso(a), 2;
   prestar atención, 9
   — attention (to someone)
   hacerle caso a, 8
payment   pago (*m.*), 11
pearl   perla (*f.*), 14
   cultured —   perla de cultivo
   (*f.*), 14
pedestrian   peatón(ona) (*m.*, *f.*)
penetration   penetración (*f.*), 18
people   gente (*f.*), 20
perform   realizar, 18
perhaps   tal vez, 28
permission   permiso (*m.*), 20
permitted   permitido(a), 16
person   persona (*f.*), 1
   in —   en persona, 1
personal data   dato personal (*m.*), 1
personally   en persona, 1
phone   teléfono (*m.*)
   by —   por teléfono, 1
   on the —   por teléfono, 1
   — call   llamada telefónica (*f.*), 5
   — number   número de teléfono
   (*m.*), P
photograph   fotografía (*f.*), 3;
   retratar, 16

pick up   recoger, 5
picklock   llave falsa (*f.*), ganzúa (*f.*)
pierced   atravesado(a), 18
pimple   grano (*m.*)
pinstriped   a rayas
pistol   pistola (*f.*), 4
place   lugar (*m.*), 5; colocar
   to — nearby   arrimar, 9
plaid   a cuadros
plan (to do something)   pensar
   (e:ie) (+ *inf.*), 5
please   por favor, P
pocket   bolsillo (*m.*), 6
point (a gun)   apuntar, 20
poison   veneno (*m.*), 19
police (force)   policía (*f.*), 1
   — officer   policía (*m.*, *f.*), 1
   — station   comisaría (*f.*),
   estación de policía (*f.*), jefatura de
   policía (*f.*), P
polka dot   de lunares
porch   portal (*m.*), 5
pornographic   pornográfico(a)
portly   grueso(a)
possible   posible, 5
post office   estación de correos (*f.*),
   oficina de correos (*f.*)
pound   libra (*f.*), 20
practice   practicar
precaution   precaución (*f.*), 13
prefer   preferir (e:ie), 5
pregnant   embarazada
preliminary   preliminar, 16
premium   prima (*f.*), 16
present (*adj.*)   presente, 6
prevent   prevenir, 5
preventive   preventivo(a), 16
print   estampado(a)
prison   cárcel (*f.*), prisión (*f.*)
private   privado(a)
   — property   propiedad privada
problem   problema (*m.*), 3
program   programa (*m.*), 5
prohibited   prohibido(a)
promise   prometer, 20
property   propiedad (*f.*), 11
prosecutor   fiscal (*m.*, *f.*), 16
prostitute   prostituto(a) (*m.*, *f.*)
prostitution   prostitución (*f.*)
protect   proteger, 5
protest   protestar, 3
pull over (a car)   arrimar, 9
punch   trompada (*f.*), puñetazo (*m.*)
punish   castigar, 8

purse cartera (*f.*), bolsa (*f.*), bolso (*m.*), 17
push empujar, 18
put poner, 9; colocar
  — **away** guardado(a), 10
  — **on** ponerse, 18
  — **one's hands against the wall** poner las manos en la pared
  — **out (a fire)** apagar, 13

Q

question interrogar, 6; pregunta (*f.*)
questioning interrogatorio (*m.*), 6
quick(ly) rápido, 5
quiet callado(a), 6; quieto(a), 13
quite bastante, 8

R

race raza (*f.*), 18
railroad ferrocarril (*m.*)
rain llover (o:ue); lluvia (*f.*)
raincoat impermeable (*m.*)
ransom rescate (*m.*)
rape violar, 18; violación (*f.*), 18
rather más bien, medio, 7; bastante, 8
razor navaja (*f.*), 8
reach llegar (a), 2
read leer, 6
ready listo(a), 19
realize darse cuenta (de), 13
reason por qué (*m.*), 8
receive recibir, 4
recent reciente, 17
recently recientemente
recite recitar, 9
recklessly imprudentemente, 12
recognize reconocer, 7
recommend recomendar (e:ie), 16
record player tocadiscos (*m.*), 10
recover recobrar, 11
red rojo(a), 4
red-haired pelirrojo(a), 7
refuse to negarse (e:ie) a, 6
register matricularse, 15
registered registrado(a), 11
registration registro (*m.*), 6
relative pariente (*m., f.*)
remain permanecer, 6
remaining ones los (las) demás, 10
remember recordar (o:ue), 6; acordarse (o:ue) (de), 10

report reporte (*m.*), informe (*m.*), 1; (*of a crime*) denuncia (*f.*); (*a crime*) denunciar, 1; avisar de, notificar, 1
represent representar
rescue rescatar
residential residencial, 9
resist hacer resistencia, 18
resisting arrest resistencia a la autoridad (*f.*)
respond responder, 15
rest: the — lo demás, 6
restaurant restaurante (*m.*)
return regresar, 2; volver (o:ue), 6
review revisar, 10
revolver revólver (*m.*), 4
rich rico(a)
rifle rifle (*m.*)
right derecho (*m.*), 6; (*adj.*) derecho(a), 13
  —**?** ¿verdad?, 2
  — **away** enseguida, 1
  — **-hand side** a la derecha (*f.*), 16
ring anillo (*m.*), 17
  — **finger** anular (*m.*)
risk riesgo (*m.*), 11
road camino (*m.*), 13
rob robar, 10
robbery robo (*m.*), 1
rock (*col. crack cocaine*) piedra (*f.*), 15
roof techo (*m.*)
room cuarto (*m.*), habitación (*f.*), 10
rope soga (*f.*)
run correr, 7
  — **away** escaparse, fugarse, 17
  — **into** chocar, 13

S

safe seguro(a)
safety seguridad (*f.*)
  — **belt** cinturón de seguridad (*m.*)
  — **(bike) helmet** casco de seguridad (*m.*), 2
same mismo(a), 9
sandal sandalia (*f.*), 17
save salvar, 2
saved guardado(a), 10
say decir (e:i), 7
scar cicatriz (*f.*), 17
school escuela (*f.*), 7
  — **crossing** cruce de niños (*m.*)
scream gritar, 18

sealed sellado(a), 16
seat asiento (*m.*)
secret secreto(a), 15
section sección (*f.*), división (*f.*), 1
sedative calmante (*m.*), sedante (*m.*), sedativo (*m.*), 19
see ver, 2
  — you later hasta luego, P
seem parecer, 4
seen visto(a)
self-defense: in — en defensa propia
sell vender, 3
semiautomatic semiautomático(a), 20
send enviar, mandar, 1
sentence dictar sentencia, sentenciar; sentencia (*f.*), condena (*f.*)
sentimental sentimental, 14
separate separar
sergeant sargento (*m.*, *f.*), P
serial number número de serie (*m.*), 10
series serie (*f.*), 10
serious grave, 1; serio(a), 13
serve servir (e:i)
service servicio (*m.*), 15
set on fire dar fuego, pegar fuego, incendiar
several varios(as), 5
sex sexo (*m.*), 15
sexual sexual, 18
shake temblar (e:ie), 13
shave afeitarse, 20
shirt camisa (*f.*), 4
shiver temblar (e:ie), 13
shock absorber amortiguador de choque (*m.*)
shoe zapato (*m.*)
shoelace cordón (del zapato) (*m.*), 16
shoot disparar, 3; tirar, dar un tiro, dar un balazo, pegar un tiro, pegar un balazo
  — up pullar (*col.*) (*Caribe*)
short (*in height*) bajo(a), bajito(a) (*Cuba*), chaparro(a) (*Méx.*), 4; (*in length*) corto(a)
shorts shorts (*m. pl.*)
short-sleeved de mangas cortas
shot balazo (m.)
shotgun escopeta (*f.*)
should deber, 2
shoulder hombro (*m.*)

shout gritar, 18
show mostrar (o:ue), enseñar, 7
shower ducharse
shut up! ¡cállese!, 20
side lado (*m.*), 13
sidewalk acera (*f.*), banqueta (*f.*) (*Méx.*), 9
silent callado(a), 6
silver plata (*f.*), 11
silverware cubiertos (*m. pl.*), 11
sincerely sinceramente, 14
single soltero(a), P
sir señor (Sr.) (*m.*), P
sister hermana (*f.*)
  — -in-law cuñada (*f.*)
sit down sentar(se) (e:ie)
  sit down tome asiento, siéntese, 8
situation situación (*f.*)
size tamaño (*m.*)
skeleton key llave falsa (*f.*), ganzúa (*f.*)
skin piel (*f.*)
skinny flaco(a)
skirt falda (*f.*), 17
slap bofetada (*f.*), galleta (*f.*) (*Cuba y Puerto Rico*)
  — on the buttocks nalgada (*f.*)
sleep dormir (o:ue), 6
sleeveless sin mangas
slow despacio
slowly despacio, 1
small pequeño(a), 1
smell olor (*m.*), 19
  — of olor a, 19
smoke humo (*m.*), 5; fumar, 7
smuggle contrabandear
smuggling contrabando (*m.*)
snow nevar (e:ie); nieve (*f.*)
so tan, 12; por lo tanto, 20
  — long hasta luego, P
  — that para que
sobriety test prueba del alcohol (*f.*), 9
solicit solicitar, 15
some algún, alguno(a), 6
someone alguien, 4
something algo, 5
sometimes a veces, 2
son hijo (*m.*)
  —-in-law yerno (*m.*)
soon pronto, 4
sorry: I'm — lo siento, 6
south sur (*m.*)

southeast   sureste *(m.)*
southwest   suroeste *(m.)*
Spanish (language)   español *(m.)*, 1
spanking   nalgada *(f.)*
sparkplug   bujía *(f.)*
speak   hablar, 1
special   especial
speed   velocidad *(f.)*, 9; (drugs)
   clavo *(m.) (col.)*
   — limit   límite de velocidad *(m.)*,
   velocidad máxima *(f.)*, 9
spell   deletrear, 1
sports car   carro deportivo *(m.)*
spot   mancha *(f.)*
spread   extender (e:ie), 9
   — one's feet   separar los pies
spreadeagle   abrir las piernas y los
   brazos
spring   primavera *(f.)*, 10
   — break   descanso de primavera
   (m.), vacaciones de primavera
   (f. pl.), 10
stab   dar una puñalada
stand   pararse, 16
   — up!   ¡póngase de pie!
standing   parado(a), 7
start (a car)   arrancar
starter   arranque *(m.)*, motor de
   arranque *(m.)*
state   estado *(m.)*, 2; *(adj.)* estatal, 9
statue   estatua *(f.)*
stay   permanecer, 6; quedarse, 10
steal (from)   robar, 10; llevarse, 11
steering wheel   volante *(m.)*, timón
   (m.) (Cuba)
stenographer   taquígrafo(a)
   (m., f.)
stepbrother   hermanastro *(m.)*
stepdaughter   hijastra *(f.)*
stepfather   padrastro *(m.)*, 8
stepmother   madrastra *(f.)*
stepsister   hermanastra *(f.)*
stepson   hijastro *(m.)*
still *(adv.)* todavía, 2; *(adj.)*
   quieto(a), 13
stolen   robado(a), 10
stomach   estómago *(m.)*
stone   piedra *(f.)*
stop   suspender, 5; detener, 6;
   parar, 12
   —!   ¡alto!, 3; ¡párese!, ¡pare!
   — mail (newspaper) delivery
   suspender la entrega del periódico
   (de la correspondencia)

— (doing something)   dejar de
   (+ *inf.*), 6
— line   línea de parada *(f.)*, 12
store   tienda *(f.)*
straight *(hair)* lacio(a)
   to go — ahead   seguir (e:i)
   derecho, 2
strange   extraño(a), 4
stranger   extraño(a) *(m., f.)*, 5;
   desconocido(a) *(m., f.)*
street   calle *(f.)*, 1
step   paso *(m.)*, 9
stretch out   extender (e:ie), 9
stretcher   camilla *(f.)*
strike   golpear, 18
struggle   luchar, 18
student   estudiante *(m., f.)*, 7
study   estudiar, 17
stutter   tartamudear
stutterer   tartamudo(a) *(m., f.)*
submit (oneself) to   someterse a, 9
succeed in (doing something)
   llegar a (+ *inf.*), 18
such a thing   tal cosa, 19
sue   demandar
sufficient   suficiente, 15
suggest   sugerir (e:ie), 16
summer   verano *(m.)*
supermarket   mercado *(m.)*, supermercado *(m.)*
support   apoyo *(m.)*
supreme court   tribunal supremo
   (m.)
sure!   ¡cómo no!, 7
surname   apellido *(m.)*, P
suspect   sospechar, 7
suspicion   sospecha *(f.)*, 8
suspicious   sospechoso(a), 5
swear   jurar
sweater   suéter *(m.)*, 17
swimming pool   alberca *(f.)*
   (Méx.), piscina *(f.)*
swindle   estafar, 14; estafa *(f.)*, 14
switchblade   navaja *(f.)*, 8
system   sistema *(m.)*, 5

T

take   llevar, 2; tomar, 6
   — a seat   tomar asiento, P
   — a step   dar un paso, 9
   — away   quitar, 8
   — care of   cuidar, 5
   — drugs   endrogarse

— **measures** tomar medidas, 5
— **off (clothing)** quitarse, 16
— **out** sacar, 6
talk hablar, 1; conversar
tall alto(a), 4
tank tanque (*m.*)
tape recorder grabadora (*f.*), 11
tattoo tatuaje (*m.*), 7
teacher maestro(a) (*m., f.*)
technician técnico(a) (*m., f.*), 10
teenager adolescente (*m., f.*),
  jovencito(a) (*m., f.*), 17
telephone teléfono (*m.*), 1; tele-
  fónico(a), 4
— **book** guía de teléfonos (*f.*), 16
— **operator** telefonista (*m., f.*), 1
television set televisor (*m.*), 10
tell decir (e:i), 7; contar (o:ue), 18
temperature temperatura (*f.*), 12
tennis shoe zapato de tenis (*m.*)
tenth décimo(a), P
tequila tequila (*f.*), 15
terrace terraza (*f.*)
terrified aterrorizado(a), 18
test prueba (*f.*), 9
thank you (very much) (muchas)
  gracias, P
that que, 3; eso (*m.*), 5; aquel,
  aquello(a), 18
— **is to say . . .** es decir... , 18
— **one** ése(a), 8
then entonces, 4
there para allá, 1; allá, allí, 2; ahí, 16
— **is (are)** hay, 1
— **was (were)** hubo, 11
therefore por lo tanto, 20
these estos(as), 6
thief ladrón(ona) (*m., f.*), 3
thin delgado(a), 7; flaco(a)
thing cosa (*f.*), 6; artículo (*m.*), 14
think creer, 4; pensar (e:ie), 5
  to — so creer que sí, 7
third tercero(a), 8
this este(a), 2
— **one** éste(a) (*m., f.*), 8
— **time** esta vez, 8
threat amenaza (*f.*), 20
threaten amenazar, 18
through por, 2
throw echar
— **away** tirar, 10
thumb pulgar (*m.*)
ticket multa (*f.*), 6
tie corbata (*f.*)

tile roof techo de tejas (*m.*)
tilt one's head back echar la
  cabeza hacia atiás, 9
time hora (*f.*), 3; tiempo (*m.*), 5;
  vez (*f.*), 8
  just in — a tiempo, 13
  on — a tiempo, 13
tip punta (*f.*), 9
tire llanta (*f.*), goma (*f.*) (*Cuba*),
  neumático (*m.*), 20
tired cansado(a), 8
title título (*m.*)
to a, 2; hacia; para, 5
— **the** al, 3; del, 3
— **the left (right)** a la izquierda
  (derecha), 2
today hoy, P
toe dedo del pie (*m.*)
together juntos(as), 9
tomorrow mañana
tongue lengua (*f.*)
tonight esta noche, 5
too también, 5
— **much** demasiado(a), 12
tooth diente (*m.*)
top quality de primera calidad, 14
totally totalmente, 11
touch tocar, 9
toward hacia, 7
town pueblo (*m.*), 10
toy juguete (*m.*)
— **store** juguetería (*f.*)
traffic tráfico (*m.*); tránsito (*m.*)
  slow— tránsito lento (*m.*)
— **light** semáforo (*m.*), 12
— **sign** señal de tránsito (*f.*)
— **violation** infracción de tránsito (*f.*), 6
trained entrenado(a), 4
trash basura (*f.*), 10
treat tratar, 8
tremble temblar (e:ie), 13
trespassing: no — prohibido pasar
trial juicio (*m.*)
trim bushes (trees) podar arbustos
  (árboles)
trip viaje (*m.*)
trousers pantalón (*m.*), pantalones
  (*m. pl.*), 4
truck camión (*m.*), 13
true? ¿verdad?, 2
trunk (of a car) maletero (*m.*),
  cajuela (*f.*) (*Méx.*), baúl (*m.*) (*Puerto
  Rico*), 20; portaequipajes (*m.*)

truth verdad (*f.*), 11
try (to) tratar (de), 4
T-shirt camiseta (*f.*)
turn doblar, 2
— **around** darse vuelta, voltearse,
(*Méx.*), virarse, 2
— **off** apagar, 9
— **on (a light)** prender, 4; encender (e:ie), 5
— **over (something to someone)**
entregarle a, 11
— **signal** indicador (*m.*)
twice dos veces, 17
two-way traffic doble circulación
(*f.*), doble vía (*f.*)
type clase (*f.*), 7

U

uncle tío (*m.*), 5
uncomfortable incómodo(a), 2
under debajo (de), 13
— **the influence (of)** bajo los
efectos (de), 6
undercover police policía secreta
(*f.*), 15
underneath debajo de, 13
understand entender (e:ie), 6;
comprender, 18
united unido(a), 5
unless a menos que, 19
until hasta, 2; hasta que, 19
unusual no usual, 5
up to . . . hasta el/la…
up-to-date al día, 11
upholstery tapicería (*f.*)
urgent urgente, 4
urgently urgentemente, 14
urine orina (*f.*), 9
use uso, 2; usar, 4
can be used puede usarse, 6
will be used se usará, 6
used usado(a)
usual usual, 5
usually generalmente, 17

V

vacant desocupado(a), 3
vacation vacaciones (*f. pl.*); descanso (*m.*)
valid válido(a), 12
value valor (*m.*), 11
vandalism vandalismo (*m.*), 6

vehicle vehículo (*m.*), 13
venereal disease enfermedad
venérea (*f.*), 18
verb verbo (*m.*)
verdict fallo (*m.*), veredicto (*m.*)
very muy, P
— **much** muchísimo, 15
veterinarian veterinario(a)
victim víctima (*f.*), 17
video camera cámara de vídeo (*f.*),
videocámara (*f.*), 10
videocassette recorder (VCR)
videocasetera (*f.*), videograbadora
(*f.*), 11
visible visible, 5
vocabulary vocabulario (*m.*)
voluntarily voluntariamente, 20

W

waist cintura (*f.*)
— **-high** a nivel de la cintura
wait (for) esperar, 7
walk caminar, 2
wall pared (*f.*), 6
wallet cartera (*f.*), billetera (*f.*), 16
want desear, 1; querer (e:ie), 5
warrant orden (*f.*), 8;
permiso (*m.*), 20
wart verruga (*f.*)
waste perder (e:ie), 6
watch reloj (*m.*), 16; mirar
watching mirando
water agua (*f. but* el agua)
— **pump** bomba de agua (*f.*)
watering riego (*m.*), 5
way manera (*f.*), modo (*m.*), 5
forma (*f.*), 8
weapon arma (*f. but* el arma), 8
wear llevar, llevar puesto(a), 2;
tener puesto(a), 17
week semana (*f.*), 4
a—ago hace una semana, 14
weigh pesar, 20
weight peso (*m.*)
welcome: you're — de nada, no
hay de qué, P
well bien, P
west oeste *(m.)*
what lo que, 8
what? ¿qué?, 1; ¿cuál?, 4
— **can I (we) do for you?** ¿en
qué puedo (podemos) servirle?,
¿qué se le ofrece?, P

— else? ¿qué más?, 7
— time was (is) it? ¿qué hora
era (es)?, 18
—'s new? ¿qué hay de
nuevo?, P
—'s wrong? ¿qué tiene?, 7
wheel rueda (*f.*)
wheelchair silla de ruedas (*f.*)
when cuando, 6
when? ¿cuándo?, 4
where? ¿dónde?, 1
— to ¿adónde?, adonde, 5
whereabouts paradero (*m.*)
which? ¿cuál?, 4
while mientras, 20
white blanco(a), 4
who? ¿quién?, 1; ¿qué?, 2
whole todo(a), 8
the — ... todo(a) el (la)...
whose cuyo(a), 15
why? ¿por qué?, 2
widow(er) viudo(a) (*m.,f.*)
wife esposa (*f.*), mujer (*f.*)
wig peluca (*f.*)
will voluntad (*f.*), 17
willing dispuesto(a), 8
window ventana (*f.*), 5; (*in a car*)
ventanilla
windshield parabrisas (*m.*)
— wiper limpiaparabrisas (*m.*)
wine vino (*m.*), 20
winter invierno (*m.*)
wish desear, 1; querer (e:ie), 5
with con, P
— (black) hair de pelo
(negro), 17
— blue eyes de ojos azules, 7
— her con ella; consigo
— him con él, 6; consigo
— me conmigo, 6
— you contigo (*informal*), 15;
consigo(a) (*formal*)

within dentro de, 6
without sin, 3, 9
— fail sin falta, 19
witness testigo (*m.*, *f.*), 14
woman mujer (*f.*), 1
word palabra (*f.*)
work trabajo (*m.*), 8
working: not — descompuesto(a),
19
wrist muñeca (*f.*)
write escribir, 6
— down anotar, 10

X

X-ray radiografía (*f.*), 13

Y

yard patio (*m.*), 3
year año (*m.*), 11
yellow amarillo(a), 7
yes sí, 1
yesterday ayer, 8
yet todavía, 2
young joven, 4
— boy (girl) chico(a) (*m.*, *f.*),
chamaco(a) (*m.*, *f.*) (*Méx.*), 13
— lady señorita (Srta.) (*f.*), P
— man (woman) joven (*m.*, *f.*), 6
younger menor, 4
your su, 1; tu, 2
yours suyo(a), tuyo (a)
yourself sí mismo(a)

Z

zone zona (*f.*), 9